KNOSSOS

Sir Arthur Evans auf den Spuren
des Königs Minos

Sylvia L. Horwitz

KNOSSOS

Sir Arthur Evans auf den Spuren des Königs Minos

Aus dem Englischen übertragen von Dr. Joachim Rehork

Gustav Lübbe Verlag

Originaltitel: »The Find of a Lifetime«

Übertragen aus dem Englischen von Dr. Joachim Rehork
Redaktion: Dr. Maria Wellershoff

Motiv des Schutzumschlages: Fresko »Stierspringer« aus dem Palast in Knossos
Gesamtherstellung: Friedrich Pustet, Regensburg

Printed in West Germany 1983
ISBN 3–7857–0342–2

Inhaltsverzeichnis

Vorbemerkung der Verfasserin

Wer sich über das ereignisreiche Leben Arthur Evans' informieren möchte, ziehe zunächst die von seiner verstorbenen Schwester Joan Evans verfaßte Biographie *Time and Chance* zu Rate – ein bewundernswertes Werk, das Evans' Persönlichkeit und das Erbe seiner Vorfahren, das Bild des Menschen und das seines Werkes zu einer einheitlichen Gesamtschilderung von Wagnis und Leistung verknüpft. Ich hatte das außerordentliche Glück, noch kurz vor ihrem Tode ein paar bezaubernde Stunden mit Dame Joan verbringen zu dürfen, und wenn sie ihren Erinnerungen nachhing, hatte ich fast das Gefühl, daß aus ihr ihr Bruder spräche – so groß war die Familienähnlichkeit, die Ähnlichkeit in Stimme und Haltung. Ich bin ihr außerordentlich dankbar für die vielen Einsichten, die sie mir eröffnete, sowie für die Erlaubnis, ihrem Buch die entscheidenden Fakten und Zitate, die Licht auf Arthur Evans' Leben werfen, zu entnehmen.

Zu Dank verpflichtet bin ich auch dem gleichfalls verstorbenen Doyen der griechischen Archäologen, Professor Spyridon Marinatos, der Evans einen geradezu ans Seherische grenzenden archäologischen Spürsinn bescheinigte. Weiterhin danke ich Professor Doro Levi vom italienischen archäologischen Institut in Athen, der einst gleichzeitig mit Evans auf Kreta forschte, desgleichen Dr. Richard Barnett, ehedem Kustos der Abteilung für westasiatische Altertümer im Britischen Museum (London), der mir manche wichtige Information zugänglich machte. Weiterhin gilt mein Dank Dr. Sinclair Hood, dem ehemaligen Direktor der *British School of Archaeology* in Athen, sowie Dr. Stylianos Alexiou, dem einstigen Direktor des Museums von Herakleion (Iraklion) auf Kreta, die mich gemeinsam bei meinen Recherchen unterstützten. Sehr wesentliche Beobachtungen, sowohl was Evans' Persönlichkeit als auch sein Wirken als Archäologe angeht, steuerte Frau Mercy Money-Coutts Seiradakis bei, Leon Pomerance vom *Archaeological Institute of America* half mir durch manches kritische Wort ebenso wie durch manche

Anregung, und Professor J. N. L. Myres reagierte, als ich ihn anschrieb, mit einem außerordentlich charmanten und inhaltsreichen Brief, der mir wesentliche Aufschlüsse über Evans' Persönlichkeit gab – kannten Myres und Evans sich doch, seit Myres als Kind mit seinem Vater, einem der engsten Freunde Evans', in Youlbury Wochenenden, ja ganze Ferien verbrachte.

Dr. Daniel B. Harden, ehemals Kustos der altertumskundlichen Abteilung des *Ashmolean Museum* in Oxford, nahm sich nicht nur die Zeit, sich mit mir ausführlich über Evans' Persönlichkeit zu unterhalten, sondern erbot sich aus freien Stücken, die Erstfassung meines Manuskriptes zu lesen. Frau Professor Trude Dothan von der Hebräischen Universität in Jerusalem ging mit äußerster Sorgfalt die Endfassung durch. Beiden spreche ich für ihre Ratschläge, Korrekturen und insbesondere für ihre Interpretationen der archäologischen Befunde meinen tiefempfundenen Dank aus. Sollten sich gleichwohl noch Fehler eingeschlichen haben, gehen sie allein zu meinen Lasten.

Um sich über Arthur Evans' Schaffen zu informieren, gibt es keine bessere Quelle als seine eigenen Schriften. Sein sechsbändiges Werk *The Palace of Minos at Knossos* ist einer der außergewöhnlichsten archäologischen Fundberichte, die je veröffentlicht wurden. Ich habe ausgiebig auf sie zurückgegriffen, um einige besonders dramatische Augenblicke in Evans' Forscherleben mit seinen eigenen Worten zu schildern.

Meiner Reise in Sir Arthurs Vergangenheit verdanke ich viele angenehme Stunden im Kreise von Personen, die sich noch lebhaft seiner erinnern. Zu ihnen gehören Betty Coxon, die als Kind auf Boars Hill lebte, P. Denison Haskins, einer der jüngsten »Stammgäste« in Youlbury, vor allem aber James S. Candy, der mich an seinen unvergeßlichen Erinnerungen an all die Jahre teilhaben ließ, die er unter Sir Arthurs Dach verbrachte.

Doch auch anderen gilt mein Dank: so dem verstorbenen George Androulidakis, der mich mit seiner Liebe zu seiner kretischen Heimat förmlich infizierte, Victor Waddington, der so viel tat, um meine Recherchen zu erleichtern, Ann Brown vom *Ashmolean Museum* in Oxford, der Copyrightabteilung der Londoner *Times* sowie schließlich all den Bibliothekaren und Gelehrten, deren Zahl viel zu groß ist, als daß man sie alle namentlich anführen könnte, die aber alle so geduldig meine Fragen beantworteten und mir ihre kostbare Zeit opferten.

1

Neulinge in der Geschichte

Dank Arthur Evans begann das 20. Jahrhundert mit der erregendsten archäologischen Sensation seit der Entdeckung des homerischen Troja durch Schliemann. Kein Londoner, der in der ersten Hälfte des Jahres 1900 die *Times* durchblätterte, sollte je diese Erregung vergessen: Ein längst verschollenes Volk hatte auf Kreta seine Spuren hinterlassen, – verborgene Spuren freilich, die erst durch Evans der Vergessenheit entrissen wurden. Bemerkenswert an dieser Fundmeldung war nicht nur, daß eine derartige Kultur einst an der Schwelle Europas existiert hatte, sondern daß Evans schon nach weniger als einer Woche fündig geworden war, nachdem er am 23. März 1900 zu graben begonnen hatte.

Nichts an Evans' Erscheinung verriet, was in ihm steckte. Mit seinen kaum 1,57 m Körpergröße wirkte er eher unscheinbar. Kurzsichtig, in mittlerem Alter, war er von seinen glattgewienerten Schuhen bis zum Homburg ganz und gar Repräsentant des Viktorianischen Zeitalters. Doch seine Zeitgenossen sollten bald erfahren, daß Arthur Evans sich darauf verstand, Ereignissen etwas Dramatisches abzugewinnen, das auch andere mitriß. Die Minoer, wie er die Träger der von ihm der Erde entrissenen alten Kultur nach ihrem sagenhaften König Minos nannte, hätten sich kaum einen beredteren Anwalt wünschen können, um ihren verlorenen Platz in der Geschichte wiederzuerobern.

Das ›Goldene Zeitalter‹ der Minoer lag in der Bronzezeit etwa um 1700 v. Chr. Sie wohnten in zwei- bis dreistöckigen Häusern mit Fenstern von vier, ja sogar sechs Scheiben, mit ›Spülklosetts‹ und Springbrunnen, mit Blumentöpfen und Gartenterrassen sowie mit Flügeltüren, die man schließen konnte, um der heißen kretischen Mittagssonne den Zugang zu verwehren, und dann wieder öffnete, um die kühlende Abendbrise einzulassen. Minoische Hofdamen brachten Stunden damit zu, raffiniert geschnittene Gewänder anzuprobieren, zu nähen, zu besticken und abzusteppen, mit denen sie sich auch im Buckingham-Palast hätten sehen lassen können. Ihr Schönheitssinn war seinerzeit konkurrenzlos und wurde auch seither nur selten übertroffen. Sogar ihre Kochgeräte waren bemalt und verziert. Kurz: die hinreißenden Minoer waren Menschen ganz nach Evans' Geschmack.

Für die frühgeschichtlichen Bewohner Kretas muß jeder Tag voll prallen Lebens, voller Heiterkeit, voll jener Lebenskraft gewesen sein, die sie jene prachtvollen Paläste erbauen und neuerbauen ließ, welche Evans' Arbeiter freilegten. Je tiefer Schaufel und Spitzhacke in das alte Knossos eindrangen, desto mehr offenbarte sich ihre Großartigkeit. Selbst dreißig Jahre nach Grabungsbeginn stieß Evans noch auf Überraschungen. Im Lauf dieser dreißig Jahre war aus seiner Leidenschaft Besessenheit geworden. Am Anfang stand sein Wunsch, die Kultur des bronzezeitlichen Kreta zu finden. Am Ende sah er sich der seine ganze Kraft beanspruchenden Notwendigkeit gegenüber, den Palast von Knossos so zu erhalten und so zu rekonstruieren, daß diese »schwer überschaubare Masse zerbröckelnder Ruinen« der Nachwelt ihre Geschichte selbst zu erzählen vermochte.

Zum Glück für die Minoer vermochte Evans bei ihrer Wiedererweckung nicht nur seine Begeisterung und sein enormes Wissen einzubringen, sondern auch das Vermögen seines Vaters. Als die Kosten seines Unternehmens in Knossos stiegen, je tiefer er grub, fand er bei seinem Vater ein offenes Ohr. Im Gegensatz zu vielen anderen konnte Evans sich seine Leidenschaft leisten. Die Schicksalsgöttinnen hatten den Ausgräber von Knossos nicht nur mit seltenen persönlichen Gaben bedacht, sondern es auch gefügt, daß er zur rechten Zeit am rechten Ort geboren war.

Das Jahr 1851 war ein idealer Zeitpunkt für jeden, der als erstgeborener Sohn einer Familie des aufsteigenden englischen Mittelstandes das Licht der Welt erblickte. Arthur Evans, der nicht nur ein Vermögen erbte, sondern auch in einem geistigen Umfeld ganz besonderer Art aufwuchs, erwies sich als doppelt begünstigt. Er wurde in jener »besten aller Welten« groß, der viktorianischen, in der für einen begüterten und gebildeten Engländer nichts unerreichbar schien. Das Britische *Empire,* für das in der ersten Hälfte des 19. Jahrhunderts die Weichen gestellt worden waren, war inzwischen dabei, sich ein grenzenloses Selbstvertrauen zuzulegen. Als Evans schließlich 1900 auf Kreta zu graben begann, herrschten etwa 39 Millionen Einwohner einer kleinen Insel über 300 Millionen Untertanen (es kamen also fast zehn Angehörige eines Kolonialvolkes auf jeden Briten). Sie hegten keinerlei Zweifel daran, kraft höherer Begabung und überlegenen Unternehmungsgeistes zum Herrschen berufen zu sein. Arthur Evans, mehr als reich mit beidem ausgestattet, wurde in eine viktorianische Gegenwart hineingeboren, die ebenso vielversprechend war wie die minoische Vergangenheit.

1851 hatte Königin Viktoria bereits vierzehn Jahre den Thron inne (und noch nahezu fünfzig Regierungsjahre vor sich) und das löste eine Welle von Optimismus aus und rief ein Gefühl von Beständigkeit hervor, dessen sich kein anderes Volk auf Erden erfreute. Sie drückte ihren unauslöschlichen Stempel einem Zeitalter der Erfindungen und des industriellen Wachstums auf, das zwar ernste soziale Probleme für die unteren Bevölkerungsklassen heraufbeschwor, der mittleren und oberen Bevölkerungsschicht einer hochgradig vom Kastendünkel beherrschten Gesellschaft jedoch geradezu berauschende Möglichkeiten eröffnete. Die Wunder der Technik, die dem Alltag ein ganz neues Gesicht gaben, reichten von der Hochdruckdampfmaschine bis zur drahtlosen Telegraphie. Eisenbahnlinien begannen Großbritannien und den Kontinent mit ihrem Schienennetz zu überziehen. Man sprach vom Bau einer Untergrundbahn in London. Veränderungen aller Art lagen buchstäblich in der Luft. Das einzig Beständige im Viktorianischen England war Königin Viktoria selbst.

Für die Welt war die Königin ein Symbol der Beständigkeit des *Empire*, für ihre Untertanen verkörperte sie ihre Zeit. Mit solchem Nachdruck setzte Ihre Majestät die Maßstäbe in puncto Moral und Schicklichkeit, daß auch spätere Generationen noch alles, was nach Prüderie schmeckte, mit dem Etikett »viktorianisch« versehen sollten. Trotz enger Konventionen bildeten Wirtschaftswachstum und imperiale Expansion gleichwohl einen Nährboden für Unternehmungsgeist und Kreativität. Das Zeitalter, das die großen Viktorianischen Prosaisten – Thackeray, Trollope, Dickens, die Brontë-Schwestern und George Eliot – widerspiegeln, brachte Scharen Lesehungriger, aber auch zahlreiche produktive Autoren hervor. Der Funke intellektueller Unruhe zündete nicht nur im Bereich der Wirtschaft, sondern auch in den Naturwissenschaften. Es war ein Zeitalter vielseitig gebildeter Persönlichkeiten, die lange Homerpassagen im griechischen Originaltext zu zitieren vermochten, aber auch imstande waren, ein mathematisches Problem oder die Schwächen des gerade amtierenden Premierministers sachkundig zu diskutieren. Selbst Menschen dieses überlegenen Bildungsstandes – und Arthur Evans zählte zu ihnen – hielten sich allerdings an die allgemein anerkannten

Verhaltensweisen, so kühn sie die Barrieren starrer Denkmuster auch durchbrechen mochten.

Arthur Evans hielt bis zu seinem Tode an den Gewohnheiten seiner Klasse und seiner Zeit fest: Mochten die Sommertage auf Kreta noch so heiß sein – er kam nie in kurzen Hosen zur Grabung. Obwohl er Sohn eines Papierfabrikanten war, bewies er seine viktorianische Erziehung, indem er kein zweites Blatt seines Notizbuches begann, bevor er nicht das erste bis zum Rande vollgekritzelt hatte. Untergebene blieben für ihn Untergebene, Diener Diener. Doch unter dieser Oberfläche der Konvention entfalteten sich reiche Phantasie, Abenteuerlust und sardonischer Witz – ein Erbteil seines walisischen Großvaters. Andere Gaben, die Arthur Evans besaß, waren der analytische Verstand und das Kombinationsvermögen seines Vaters, dazu ein Gespür für Dramatik, ein Hang zum Grandiosen, verbunden mit dem einzigartigen Talent, nicht ins Triviale abzugleiten. All dies brachte er mit, als er auf den Fund seines Lebens stieß, und diese seine Begabungen ermöglichten es ihm nicht zuletzt, sich von seinem Vater abzusetzen, der seinerseits nicht nur wohlhabend, sondern auch berühmt war.

John Evans ragte weit über viele seiner umfassend gebildeten und vielseitig interessierten Zeitgenossen hinaus. Lange bevor Arthur in der *Times* Schlagzeilen machte, war John in der wissenschaftlichen Fachwelt durch seine wegweisenden Beiträge zur Geologie, Anthropologie und Vorgeschichte bekannt geworden. Ja – in einem sehr realen Sinne hatte John Evans schon ein Stück der Spatenforschung auf Kreta vorweggenommen, ehe Arthur auch nur wußte, daß Knossos existierte, und ohne Knossos wäre Arthur vielleicht »der kleine Evans, der Sohn John Evans des Großen« geblieben, wie man ihn einmal nannte.

Einen beträchtlichen Teil seiner Ausbildung, seines Wissens, ja den größten Teil seiner Energie verdankte der Entdecker der Minoer seinem Vater. Vielleicht lag es daran, daß beider Interessen einander so ähnlich waren. Denn wenn der Sohn als Begründer der archäologischen Erforschung Kretas die weite Wissenslücke über eine mehrere Jahrtausende zurückliegende Zeit zu füllen vermochte, gehörte sein Vater zu den wenigen Menschen, die es seinerzeit wagten, ihr Augenmerk auf die Ursprünge der Menschheit selbst zu richten. Die neuen Wege, die sich bei seinen Forschungen abzuzeichnen begonnen hatten, erleichterten seinem Sohn Arthur den Start nach Kreta erheblich.

An Sir John Evans Pfad zurück in die Urzeit standen keinerlei Wegzeichen. Die Passage war rauh und unmarkiert, umnebelt von Unwissenheit und Unverständnis, nur hier und da gab bereits der eine oder andere Trittstein Halt. Verblüffenderweise fand ausgerechnet John Evans selbst einen derartigen »Trittstein«. Jahrtausende hatte er tief verborgen in den Kiesen der Somme (in Frankreich) gelegen, um schließlich zum Markstein einer entscheidenden Wende in John Evans' Forscherlaufbahn zu werden.

2

Auf seiten der Engel

Arthur Evans war acht Jahre alt, als sein Vater John seinen ersten entscheidenden Beitrag zur Paläontologie leistete, einer damals noch so jungen Wissenschaft, daß kaum jemand überhaupt von ihr gehört hatte. John Evans begab sich 1859 auf der Suche nach Steinbeilen und Skelettresten früher Menschen und Tiere nach Frankreich. Dort wollte er sich mit einem englischen Kollegen, Joseph Prestwich, sowie mit einem Franzosen treffen, den beide noch nicht kannten.

Was die drei Männer zusammenführte, hatte nichts mit ihrem Lebensunterhalt zu tun. John Evans betrieb eine Papiermühle. Joseph Prestwich gehörte einer Weinhandelsfirma an. Jacques Boucher de Perthes war Zollbeamter in Abbeville. Was diese drei Angehörigen so verschiedener Berufe miteinander und mit einer kleinen Schar gleichgesinnter Zeitgenossen verband, war der leidenschaftliche Wunsch, Licht in unvorstellbar weit zurückliegende Bereiche der menschlichen Vergangenheit zu bringen. Langsam aber sicher bezeugten sie aufgrund dessen, was sie mit eigenen Augen beobachteten, und durch so viel Beweismaterial, wie sie nur immer der Erde entreißen konnten, die Existenz des Menschen bis zurück in die Steinzeit. Gern hätten die englischen Besucher mehr Zeit damit verbracht, die uralten Feuersteinbeile und -geräte im Hause ihres französischen Gastgebers (einem wahren Museum vom Dach bis hinab in den Keller) zu untersuchen, doch für Männer, deren Verpflichtungen in erster Linie mit der Gegenwart zu tun hatten, zählte jede Stunde. So begaben sie sich nach Amiens, das ebenso wie Abbeville im Tal der Somme liegt und wo Boucher de Perthes all die Steinwerkzeuge gefunden hatte, die nun sein »Museum« füllten. In Amiens, hatte er ihnen geschrieben, würden sie ein Steinbeil noch in seiner ursprünglichen Position tief in einer Kiesgrube finden. Evans und Prestwich hatten ähnliche Objekte aus Kiesgruben in England geborgen. Diese Suche im Nachbarland versprach aber eine noch größere Sensation.

»Wir näherten uns der Grube«, schrieb Evans damals nach Hause, »wo in einem gänzlich unversehrten Lager 11 Fuß (= 3,35 m) unter Bodenniveau zweifelsfrei die Schneide eines Beiles sichtbar war.« Schon das wäre außergewöhnlich genug gewesen, aber das Beil war nicht alles, was sie fanden. Schon seit Jahren behauptete Boucher de Perthes, er habe zusammen mit Pfeilspitzen und Feuersteinbeilen die Knochen längst ausgestorbener Tierarten gefunden. Was Evans und Prestwich jetzt mit eigenen Augen in der tiefen Grube bei Amiens sahen, bestätigte die Behauptung des Franzosen.

Sie waren klug genug gewesen, einen Fotografen mitzubringen, um das, was sie sahen, auch fotografisch belegen zu können. Obwohl damals schon viele Gelehrte der Auffassung zustimmten, daß es sich bei diesen alten Steinüberresten um vor langer Zeit geschaffene Geräte von Menschenhand handelte, wagten doch nur wenige, die entscheidende Frage zu stellen: *Wie* alt waren sie wirklich? Von nun an machten es die Gruben in den grauen Kiesen des Somme-Tales unmöglich, diese Frage einfach auszuklammern.

»Ich kann es kaum glauben«, vertraute John Evans nach seiner Rückkehr seinem Tagebuch an: »Es macht meine alten Britannier geradezu zu Kindern der Neuzeit, wenn es schon Menschen in England gab, als gleichzeitig noch Elefanten, Nashörner, Flußpferde und Tiger das Land bevölkerten.« Und doch – wenn die von Menschen geschaffenen Steinbeile in Kiesbetten lagen, die sich vor Jahrtausenden gebildet hatten, als prähistorische Tiere im Lande umherstreiften, mußten auch die Gerätehersteller ihrerseits zur gleichen Zeit gelebt haben! Aber zu *welcher* Zeit? Und was für Menschen waren es? Woher und auf welchem Weg waren sie gekommen?

Im Jahre 1859 hatten solche Gedanken noch etwas durchaus Revolutionäres. Nicht viele brachten ihre Freizeit mit derartigen Überlegungen zu, wie John Evans es ohne jeglichen äußeren Zwang tat. Selbst unter den Gebildeten, die er zu seinen Freunden zählte, nahm er eine Sonderstellung ein. Obwohl er lediglich an Sonn- und Feiertagen Zeit fand, sich der Urzeit des Menschen zu widmen, trug er doch entscheidend dazu bei, die Fundamente der modernen Geologie, Paläontologie, Anthropologie und Archäologie zu legen. An den langen, arbeitsreichen Wochentagen war er dagegen ganz Mensch des Industriezeitalters, dessen Vorteile für sein persönliches Vorankommen er klar erkannte.

Neben seiner angeborenen Begabung zum Gelehrten, die sein Sohn Arthur erbte, besaß John Evans auch einen robusten Geschäftssinn, der seinem Sohn abging. John hatte seine berufliche Laufbahn mit sechzehn

Jahren als Lehrling in der Papiermühle seines Onkels John Dickinson begonnen. Zehn Jahre später wurde er Juniorpartner seines Chefs – er hatte sich in dessen Tochter Harriet Dickinson verliebt und sie geheiratet. Nicht nur diese »Einheirat« brachte ihn voran, sondern auch seine unbezweifelbare Tüchtigkeit und Arbeitsfähigkeit. »Feuerstein-Evans«, wie er in der Gelehrtenwelt hieß, genoß auch in der Geschäftswelt einen hervorragenden Ruf.

Evans verstand es ausgezeichnet, mit der Zeit zu gehen, ja ihr vorauszueilen. Kaum daß die zunehmende Schriftkundigkeit und die neue »*Penny Post*« aus den Menschen des Viktorianischen Zeitalters leidenschaftliche Briefschreiber machten, führte er die Produktion von Briefumschlägen ein. Um das Briefpapier zu verbessern, experimentierte er mit neuartigen Glanztonverfahren. Und seit es öffentliche Kundenwerbung gab, erkannte John die profitable Zukunft dieses neuen Massenmediums. Und während Arthur Evans, ein publizistisches Talent, um die Macht des geschriebenen Wortes wußte, begriff John das Bedürfnis nach Papier, um Geschriebenes drucken zu können. Unter seiner Leitung wuchs die Produktion im gleichen Schrittmaß wie die gesamte Wirtschaft Großbritanniens, und so gut wie dieser ging es ihm.

Sein Sohn Arthur erwarb nach seinen eigenen Worten »nie die Gewandtheit, völlig verschiedene Dinge gleichzeitig zu tun«. Für John Evans dagegen schien dergleichen keine Unmöglichkeit. Weit davon entfernt, das Papiergeschäft als schnöden Gelderwerb zu verachten, legte er sich immer mehr Papierfabriken zu. Gleichzeitig aber nahmen ihn auch seine Urweltforschungen zunehmend in Anspruch. Das Beweismaterial, das er und seine Forscherkollegen aus dem Boden scharrten, trug wesentlich dazu bei, langgehegte Vorstellungen über den Ursprung und die Entwicklung des Menschengeschlechtes zu verändern. Wenn sein Sohn Arthur mit einem sehr viel weiteren historischen Horizont aufwuchs als noch die Menschen nur einer Generation vor ihm, ist dies weitgehend dem Wirken von Männern wie John Evans zuzuschreiben, die den Boden dafür bereitet hatten.

Für »Feuerstein-Evans« bestätigte sein Ausflug nach Abbeville nur, was er schon lange vermutet hatte. Einen Monat nach seiner Rückkehr formulierte er seine Schlußfolgerungen vor der *Society of Antiquaries of London* wie folgt: »So viel scheint über jeden Zweifel erhaben, daß in einer Periode des Altertums, weit früher als jede andere, von der wir bisher Spuren fanden, dieser Teil des Erdballs von Menschen bewohnt war.« Von den zahlreichen gelehrten Vorträgen, die seit 1707 vor dieser altehrwürdigen Gesellschaft gehalten worden waren (die *Society of Antiquaries* ist die älteste Vereinigung ihrer Art), fanden nur wenige ein so zwiespältiges Echo. Von begeisterter Zustimmung bis zu tiefer Beunruhigung reichten die Reaktionen auf Evans' unzweideutige Feststellung. Die Auswirkungen spürte John Evans sogar zu Hause. Manche der häuslichen Tischgespräche, deren Zeuge Arthur wurde, waren ebenso lebhaft, wenn nicht gar leidenschaftlich, wie viele andere ähnliche Debatten, die damals überall in englischen Salons und Versammlungsräumen geführt wurden.

Vielen Menschen des 19. Jahrhunderts sagte noch immer die Kirche, was die Stunde geschlagen hatte, und keine der Kirchen hatte es für nötig befunden, die Zeiger ihrer Uhren nachzustellen – dies seit 1642. Damals hatte ein gewisser Dr. Lightfoot ein Buch mit dem bombastischen, selbstgefälligen Titel veröffentlicht: *A Few and New Observations on the Book of Genesis, the most of them certain, the rest probable, all harmless, strange and rarely heard of before**.

Mit bewundernswerter Genauigkeit hatte Dr. Lightfood bestimmt: »Himmel und Erde, das Zentrum und alles andere ringsumher« seien »alle zusammen in einem einzigen Augenblick erschaffen« worden, »dazu Wolken voll Wasser ... Der dreifaltige Gott schuf den Menschen um die dritte Stunde des Tages, das heißt um neun Uhr morgens am 23. Oktober 4004 v. Chr.« Doch all denen, die ihre Uhren nach dem Alten Testament gestellt hatten, standen noch schlimmere Überraschungen bevor als Abbeville. Im selben Jahr 1859, fünf Monate nach John Evans' Vortrag vor der *Society of Antiquaries*, veröffentlichte Charles Darwin sein epochemachendes Werk *On the Origin of Species.* Dieses Werk, das die Evolutionstheorie begründete, suchte zu beweisen, daß die einzelnen Arten von Lebewesen durch Anpassungs- und Ausleseprozesse aus älteren Stammformen hervorgegangen seien. Für Fundamentalisten, die glaubten, Gott habe alle Arten von Lebewesen zugleich geschaffen, war dies ein schwerer Brocken. Doch indem sie Boucher de Perthes' Entdeckungen als zutreffend bestätigten, hatten Evans und Prestwich die Grenzen für das Alter des Menschengeschlechtes weit in die Vergangenheit zurückverlegt und somit Darwins Thesen unmittelbar auf unsere frühen menschlichen Vorfahren (bzw. auf das, was von ihnen seinerzeit

---

* »Einige wenige und neue Beobachtungen zum biblischen Buch Genesis, die meisten von ihnen zutreffend, der Rest wahrscheinlich, allesamt harmlos, seltsam und bisher selten vernommen«.

bereits bekannt war) anwendbar gemacht. Dies aber grenzte an ein Sakrileg.

Die Kirchen schrien Zeter und Mordio, etablierte Universitätsprofessoren ritten wütende Attacken, ja sogar Englands künftiger Premierminister äußerte sich zur Sache: »Worin besteht die Frage«, so Benjamin Disraeli, »vor der man heute mit der denkbar bestürzendsten Leichtfertigkeit und Überheblichkeit die menschliche Gesellschaft stellt? Diese Frage lautet: Ist der Mensch ein Affe oder ein Engel? Mein Gott – ich bin auf seiten der Engel!«

Schade nur, daß der angehende Ausgräber von Knossos noch zu jung war, um sich an diesem Streit zu beteiligen. Immerhin war Arthur alt genug, um die Erregung seines Vaters über die in der *Times* abgedruckten Briefe zu spüren, deren Verfasser teilweise so heftig gegen die Affentheorie zu Felde zogen, daß sich der sonst meist innerlich ausgeglichene John Evans zu einer Entgegnung herausgefordert fühlte. Dennoch, all die Aufregung hinderte weder ihn noch seine Freunde daran, verbissen weiter nach den fernen Ursprüngen der Menschheit zu forschen.

Für Evans' dänischen Freund J. J. A. Worsaae in Kopenhagen stand es fest: Die Fundstücke aus den Kiesgruben Englands und Frankreichs müßten »von einer besonderen Rasse stammen«. Allmählich sei dann, glaubte Worsaae, eine höhere Kultur eingeführt »und der Übergang von der Stein- zur Bronzezeit vorbereitet« worden. Schließlich sei die Eisenzeit gefolgt, obwohl »die allgemeine Verbreitung der Metalle« – so abermals Worsaae – »nur schrittweise vor sich gegangen« sein könne. Mit anderen Worten: Die drei Perioden der menschlichen Ur- und Frühgeschichte (die Stein-, Bronze- und Eisenzeit) hatten sich an verschiedenen Orten zu verschiedenen Zeiten abgespielt, während sich der Mensch nach und nach auf Erden ausbreitete. Eine unbequeme Vorstellung für Fundamentalisten, die die Bibel wörtlich nahmen, und die Dr. Lightfoot gewiß erheblich mißfallen hätte!

Den Geschichtsdarstellungen, die der junge Arthur schon bald lesen würde, und die wir noch immer in die drei Abschnitte »Alte Geschichte«, »Mittelalter« und »Neuzeit« einteilen, wurde damals eine ganz neue Dimension hinzugefügt. 1865 verfaßte John Lubbock, ein reicher Bankier und Nachbar Darwins, ein Buch, das er ohne jede Umschweife *Prehistoric Times* überschrieb. In ihm prägte er die Begriffe *Paläolithikum* (Altsteinzeit) und *Neolithikum* (Jungsteinzeit), um den Unterschied zwischen den (älteren) Feuerstein-Abschlaggeräten und den (jüngeren) geschliffenen Steinwerkzeugen, die ihnen folgten, deutlich zu machen.

Gleichsam über Nacht war sein Buch ein Bestseller. Offenbar stand nicht jeder, der zum geistigen Sauerteig intellektueller Kreise gehörte, auf seiten der Engel.

Man begann sich an die Vorstellung zu gewöhnen, daß es eine Vorgeschichte gab – eine Menschheitsgeschichte vor Erfindung der Schrift. Und auch an die Folgerung gewöhnte man sich: Wenn man nicht erwarten durfte, die frühesten Phasen menschlicher Existenz durch Schriftzeugnisse belegen zu können, mußte man den Spuren nachgehen, die der Mensch im Boden hinterlassen hatte. Diese Spuren konnten von beliebiger Form sein. Es konnte sich ebenso um rohe Steinhämmer wie um Höhlenmalereien handeln, um fossile Menschen- und Tierknochen ebenso wie um winzige Samenkörner und Pflanzenpollen. Für die moderne Wissenschaft birgt die Erde unendlich subtiles Belegmaterial, doch zu John Evans' Zeit bestand der greifbarste Beweis für die frühe Existenz des Menschen in Werkzeugen und Waffen, die eben dieser Mensch einst geschaffen hatte, um sich mit Nahrung zu versorgen und zu schützen.

Evans suchte weiter nach Feuersteingeräten und nahm bisweilen seinen Sohn Arthur dabei mit. Mehr noch, wie es seine Art war – Autodidakt, aber von enormem Wissen, voll unersättlicher Wißbegier, aber auch praktisch veranlagt –, lernte er, selbst Feuersteinwerkzeuge herzustellen, um desto besser echte Artefakte von Fälschungen unterscheiden zu können, die skrupellose Zulieferer begeisterter, aber unerfahrener Antiquitätensammler auf den Markt warfen. Außerdem lernte er, die verschiedenen Arten von Gerätschaften zu zeichnen, derer sich die Menschen des Paläolithikums bedient hatten. Von diesen Geräteformen ließ er eine große Schautafel anfertigen und in England wie auch in Frankreich an Arbeiter verteilen, die in Kiesgruben, beim Straßenbau oder beim Verlegen von Eisenbahntrassen beschäftigt waren. Die Arbeiter hoben, was immer sie fanden, für seine Besuche auf. Evans' eigenes Privatmuseum konnte es bald mit dem von Boucher de Perthes aufnehmen. Dabei beschränkte Evans sich durchaus nicht auf das Sammeln steinerner Faustkeile.

John Evans, ein Pionier der Vorgeschichtsforschung, sammelte vielmehr auch römische Gläser und Fibeln, jahrhundertealte Waffen und Töpferware – also Gegenstände aus zwar weit zurückliegender, andererseits aber doch literarisch dokumentierter Zeit. Für die meisten seiner Zeitgenossen freilich reichte diese Vergangenheit nicht allzu weit zurück. So war es für jeden eine Selbstverständlichkeit, daß die bedeutendste

Hochkultur des Altertums die der Griechen war. Aus ihr war die Kultur des Abendlandes hervorgegangen. Noch in seiner 1846 (also fünf Jahre vor Arthurs Geburt) erschienenen, monumentalen *History of Greece* konnte der bekannte Historiker George Grote lapidar erklären: »Für mich beginnt Griechenlands eigentliche Geschichte mit der ersten schriftlich belegten Olympiade, also 776 v. Chr.« Diese Art, die Uhr zu stellen, war nicht weniger willkürlich als die Festsetzung des Schöpfungstages durch Dr. Lightfoot und veranlaßte Arthur, als Student Ansichten über das Studium der Altertumswissenschaft von sich zu geben, die seine Lehrer äußerst beunruhigend fanden.

Tatsächlich waren bis zur Mitte des 19. Jahrhunderts bereits viele ältere Seiten der schriftlich dokumentierten Menschheitsgeschichte aufgeschlagen worden. Die Dokumente hatten schon immer vorgelegen. Es fehlte nur der Schlüssel, ihnen ihre Geheimnisse zu entlocken. Seit es 1822 einem hochbegabten jungen Franzosen namens Jean-François Champollion gelungen war, mit Hilfe des Dreischriftensteins von Rosette die ägyptischen Hieroglyphen zu entziffern, waren die Schöpfer des Sphinx und der Pyramiden nicht länger zum Schweigen verurteilt. Auch ihre schriftlichen Aufzeichnungen, weit älter als die der Griechen, doch seit fünfzehn Jahrhunderten nicht mehr verständlich, fanden nun Eingang in die historischen Archive. Die Annalen der Assyrer folgten, nachdem der Engländer Henry Rawlinson anhand einer dreisprachigen Inschrift an der Felswand von Behistun (Iran) auch die Keilschrift lesen und verstehen gelernt hatte.

Für John Evans gab es noch eine andere Methode, alte Geschichte zu »lesen«, und zwar mit Hilfe von Münzen! Mit fünfundzwanzig Jahren war er Experte für britannische Goldmünzen aus der Zeit vor der Römerinvasion und hatte über diesen Gegenstand eine Abhandlung verfaßt. Mitglied der Numismatischen (= Münzkundlichen) Gesellschaft und Autor von Beiträgen für die Fachzeitschrift *Numismatic Chronicle*, schrieb er auch ein vielbachtetes Buch: *The Coins of the Ancient Britons* (»Antike Britannier-Münzen«). John Evans hatte dieses Interesse an Münzen von seinem Vater, Arthur Benoni Evans, geerbt, der schon in jungen Jahren die Sammelleidenschaft in ihm geweckt hatte, und er seinerseits vermachte diese Leidenschaft – nun schon in dritter Generation – seinem Sohn.

Arthur Benoni Evans war eine tatkräftige, begabte Persönlichkeit, von der eine starke Prägkraft ausging – nicht nur auf seinen Sohn, sondern in gewisser Hinsicht noch mehr auf seinen Enkel. Er war walisischer

Abstammung, und seine weitgespannten Interessen reichten vom Fossiliensammeln bis hin zu Folklore, Dichtung und insbesondere Musik: Ein hervorragender Cellist, war er vor allem ein ausgezeichneter Händelkenner. Von Berufs wegen war er ein wenig begüterter Landpfarrer, seiner Neigung nach jedoch ein Altertumskundler, der das Ausgefallene liebte. Auch wertvolle Bücher und kalligraphische Kostbarkeiten liebte er – ganz und gar ein so ausgesprochener Ästhet wie sein Enkel. Eine neueröffnete Galerie im Britischen Museum erschien ihm so verwirrend und abstoßend, daß er sie als »Nationale Kulturschande« schmähte, und den Turm im Seebad Margate (Grafschaft Kent) bezeichnete er als »zuckergußgotisches Arabesken-Dingsbums mit einer Bogenzwickellaterne aus eisernem Ingwerbrot«. Seinen Lebensunterhalt verdiente er mit erbaulichen Predigten, doch zu seinem und seines Enkels ganz privatem Vergnügen veröffentlichte er ein Buch mit dem Titel *The Cutter* (hier etwa: »Der Drückeberger«) und dem vielversprechenden Untertitel: »Von der Kunst und Praxis, sich vor Freunden, Bekannten und Verwandten zu drücken«. Zweifellos – er war ein Mann von hintergründigem Humor. Zwar reichten Arthur Benoni Evans' Mittel nie aus, um ihm eine Reise zu ermöglichen. Aber seine Bücher und seine Träume entführten ihn in unerforschte, exotische Länder. Als er starb, war sein Enkel gerade erst drei Jahre alt, und doch war er es, der ihm das Fenster zu einer Welt außerhalb der heimischen Bannmeile öffnen sollte. In seiner Freude über Arthurs Geburt durchwühlte er seine Schränke und Schatullen nach kleinen Kupferstichen und Radierungen all der fernen Orte, die er auf seinen literarischen Gedankenflügen im Geiste besucht hatte. Seine Frau Anne klebte sie in zwei Alben mit hellen Baumwolldeckeln, in die der Enkel sich dereinst vertiefen sollte.
So kam es, daß Arthur sich schon in frühestem Kindesalter Bilder von Schlössern am Rhein und *palazzi* in Italien, von griechischen Statuen und dem rätselvollen Sphinx, von geflügelten Löwen aus Ninive und von Schiffen einprägte, die unter vollen Segeln nach fernen Ländern unterwegs waren. Später, als er lesen konnte, geriet er an das Reisebuch, das sein Großvater am meisten geliebt hatte. Sein Titel lautete: *Overland Tour from Vienna to Constantinople* (»Zu Land von Wien nach Konstantinopel«). So kam es, daß der Junge eines Tages einen Wissensdurst stillen sollte, den er einem Großvater verdankte, an den er sich kaum mehr erinnern konnte.

3

Kies an der Fensterscheibe

»Er ist ein sehr seltsames Kind«, schrieb sein Vater, als er einen Vorfall schilderte, der sich ereignete, als Arthur acht Jahre alt war, »und obwohl ich doch selbst in sehr hohem Maße ein Evans bin, kann ich ihn nicht völlig verstehen.«

Auch vor Arthur hatten schon Achtjährige zerbrochene Puppen im Garten begraben. Aber wie viele von ihnen hatten der begrabenen Puppe schon einen Gefährten sowie die besten Gewänder mitgegeben und über dem Grab eine Inschrift angebracht? »KÖNIG EDWARD VI. und der Schmetterling und ihre Kleider und Sachen.« John hätte nur allzugern gewußt, was in dem Kopf des Kindes vorging.

Und doch waren sie einander sehr ähnlich. Beide waren von kleinem Wuchs und drahtig, besaßen enorme Vitalität und Widerstandskraft. Ihre strammen Beine, pflegte Arthur zu sagen, verdankten sie ihren walisischen Vorfahren, die stets bergauf und bergab zu klettern hatten. Arthur hatte seines Vaters kurzen Wuchs, sein dichtes, schwarzes Haar, seine ziemlich hervorstehenden Backenknochen, seine Adlernase und die gleichen langfingrigen, sensiblen Hände, deren Geste wie eine Liebkosung wirkte, wenn sie eine Münze oder ein Stück antiken Glases berührten. Seine Mutter Harriet war glücklich, wenn ihr kleiner Sohn mit dem gleichen Ausdruck der Konzentration wie sein Vater die winzigen Details auf den Münzen aus dessen Sammlung studierte. Seine Augen waren – wie die ihren – Handikap und Vorteil zugleich. Haselnußbraun, saßen sie tief in ihren Höhlen und waren extrem kurzsichtig. Da Arthur nicht gern Brillen trug, kniff er die Augen zusammen, wenn er in die Ferne blickte, und hielt dabei seinen Kopf, als starre er über jemandes Schulter hinweg. Betrachtete er aber einen kleinen Gegenstand aus einer Sichtweite von nur wenigen Zentimetern, besaß er fast mikroskopisches Sehvermögen.

Seine Großmutter väterlicherseits, ihren eigenen hochbegabten Sohn vor Augen, klagte einmal, Arthur habe »etwas von einem Dummerchen«, doch Harriet versicherte, davon könne keine Rede sein. Er war ein zärtliches, zutrauliches Kind, wenn auch mit etwas von jenem »Pfeffer«, den sein Großvater als »vulkanische Natur« bezeichnete, und er neigte dazu, Autorität in Frage zu stellen. Doch an seiner raschen Auffassungsgabe und seiner außerordentlichen Sensibilität war nichts auszusetzen. Harriet war sicher, daß ihr Sohn bei diesen Geistesgaben seinen Weg machen würde.

Mutter und Sohn verband leidenschaftliche Musikliebe. Dies erfüllte die Mutter mit besonderer Liebe zu ihrem Erstgeborenen, der auch sehr viel von ihrem eigenen Naturell hatte. Ebenso wie sie, wußte er stets, was er wollte. Er hatte ihr rasches Temperament, den gleichen erlesenen Geschmack und die gleiche Liebe zu schönen Dingen. In einem reichen Hause großgeworden, war Harriet, geborene Dickinson, an livrierte Kutscher und an Dienstmädchen in weißen Schürzen gewöhnt, und was ihrer Auffassung nach »einer Dame zustand«, grenzte geradezu ans Fürstliche. Selbstverständlich kam es auch Arthur zu, Befehle zu erteilen. Was er jedoch niemals lernte, waren Harriets Bereitwilligkeit zum Kompromiß und ihre Fähigkeit, eigene Wünsche zurückzustellen, ja ihre Opferbereitschaft, wenn andere ihrer Hilfe bedurften.

Vielleicht hatte er nicht genug Zeit dazu. Arthur war sechseinhalb Jahre alt, als seine Mutter nach der Geburt ihres fünften Kindes, einer Tochter, schwer erkrankte. Ihn und seine Geschwister schickte man nach Abbot's Hill, dem Wohnsitz ihres Großvaters mütterlicherseits. Zuvor hörte Arthur zufällig, wie sein Vater und die Gouvernante ein Geheimzeichen vereinbarten, das das sensible Kind zutiefst beunruhigen sollte. Künftig klang Arthur immer wieder das Geräusch von Kies in den Ohren, den man an eine Fensterscheibe wirft. Nacht für Nacht versuchte er sich in dem ihm ungewohnten Bett im Hause seines Großvaters wachzuhalten, lauschte er voller Angst und hoffte inständig, das Geräusch werde ausbleiben. Doch in der Nacht des 1. Januar 1857 war es nicht zu überhören. Es bedeutete: Seine Mutter war gestorben.

Als man die Kinder von Abbot's Hill nach Hause zurückbrachte, sollte Arthur seine Mutter ein letztes Mal sehen. Tief prägte er sich ihre Züge ein. Doch er sagte wenig. Er stellte keinerlei Fragen. Wollte er, als ältestes der Kinder in einem viktorianischen Haushalt, seinen jüngeren Geschwistern ein Beispiel an Selbstbeherrschung geben? Vielleicht gelang ihm das nur allzugut. Oder vielleicht war sein Vater zu sehr von seinem eigenen Schmerz gefangen genommen, um die sprachlose Trauer seines Sohnes zu erkennen. Jedenfalls hätte John, wenn er erkannt hätte, wie tief Arthur innerlich litt, wohl kaum in sein Tagebuch geschrieben, den Kindern mache der Tod ihrer Mutter offensichtlich nicht allzuviel aus. Mehr als siebzig Jahre später stieß Arthur auf dieses Tagebuch und schrieb ein unwilliges »NEIN« an den Rand.

Nach außen hin schien der Knabe einfach, geradeheraus in seinem Handeln und tief in der Familie verwurzelt. Doch Harriets Tod, der ihn in einer entscheidenden Phase seiner Kindheit getroffen hatte, hinterließ tiefe Narben. Wie wenig er sich ihrer anfangs bewußt war, so bewußter wurden sie ihm, als er älter wurde. Er vermied es, engere Beziehungen einzugehen, um keinen Menschen verlieren zu müssen, der ihm nahestand. Er war ein warmherziger und großzügiger Freund, der auch mit seinen Gewohnheiten brechen konnte, wenn es Menschen zu helfen galt, aber er ließ sich bei alldem möglichst nicht in die Probleme anderer hineinziehen. Die Kontrolle seiner Gefühle wurde ihm dermaßen zur zweiten Natur, daß er geradezu eine Barriere des Rätselratens rings um sich aufbaute. Selbst Menschen, die ihn liebten, vermochten diese Barriere nur selten zu durchdringen. Sogar seine Schwester Alice, die ihm, weil sie ihrer Mutter ähnelte, von seinen Geschwistern am nächsten stand, mußte sich geschlagen geben. Viele Jahre später schrieb sie an Arthurs Verlobte: »Ich wünschte, ich könnte Dir mehr über Arthur berichten, aber er ist dermaßen reserviert, daß ich kaum etwas über ihn weiß.« John Evans, tief betroffen vom Tode seiner Frau, suchte Trost in der Arbeit. Er besaß inzwischen fünf Papierfabriken, und seine zunehmenden geschäftlichen Obliegenheiten füllten seine Tage völlig aus. Münzkundliche Studien und die Abfassung von Artikeln für den *Numismatic Chronicle* halfen ihm über die Abende hinweg. Auf Versammlungen der Geologischen Gesellschaft, deren Mitgliedschaft man ihm kurz nach Harriets Tode angetragen hatte, traf er Gleichgesinnte. Und trotz Trauer und Überarbeitung tat er alles, damit Nash Mills ein glückliches Heim seiner fünf Kinder blieb, die, als ihre Mutter starb, zwischen sechseinhalb Jahren und zwei Wochen alt waren. Demselben Tagebuch, das die Bemerkung enthielt, die Kinder hätten den Tod ihrer Mutter leichtgenommen, vertraute er nun seine Sorgen und Beobachtungen an.

Die beiden jüngeren Söhne, Lewis und Norman, desgleichen Alice, die nur siebzehn Monate älter war als die neugeborene Harriet, nehmen in diesem Tagebuch nur wenig Raum ein. Arthur war es, um den seines Vaters Denken am meisten kreiste. »Arthur hat die Absicht geäußert, Dichter und Astronom zu werden.« »Arthur verlegt sich fleißig auf das Zeichnen von Münzen und aufs Briefeschreiben.« Arthur erwies sich schon als »sehr aristokratisch in seinem Geschmack und seinen Neigungen«. Der Junge starrte weiter kurzsichtig auf Feuersteingeräte, Bronzewaffen und römische Münzen. Bücher waren sein Leben. Daneben gab es die üblichen Spiele und Balgereien mit seinen Brüdern. Tatsächlich – das einzige, was ihm in dieser kritischen Phase seiner Entwicklung, einer Phase des Alleingelassenseins und der Sehnsucht im Alter von nur sechs Jahren, fehlte, war eine Mutter.

Sein Vater sorgte für den besten nur möglichen Ersatz, indem er etwa anderthalb Jahre nach Harriets Tod Fanny Phelps heiratete. Fanny, eine Cousine aus der Dickinson-Familie, war damals zweiunddreißig Jahre alt. Sie war klein, gedrungen, voller Zärtlichkeit und hochbegabt. Sie war ebenso kurzsichtig wie Arthur und Harriet, und sie spielte ebenso Klavier – ja sie spielte so hervorragend, daß sie damals, als nur wenige Frauen von einer eigenen beruflichen Karriere träumten, sich gleichwohl mit der Absicht trug, Klaviervirtuosin zu werden. Sie hatte mehrere Jahre auf Madeira zugebracht, sprach fließend Portugiesisch und brachte etwas von einem neuen Geist nach Nash Mills – einen Hauch von Exotik, eine lässige, mediterrane Lebensauffassung, die sie irgendwie mit den sehr viel strengeren Sitten des viktorianischen Unternehmertums und den gelehrten Bestrebungen ihres Ehemannes in Einklang zu bringen verstand.

Fanny, selbst kinderlos, verwandelte das Haus allmählich in ein Heim für die fünf Kinder ihres Mannes. Manch andere Frau hätte vielleicht entmutigt resigniert. Sie jedoch nahm freudig die ihr zugefallene Rolle als Mutter auf sich. Harriet, die Kleinste, war noch im Krabbelalter, Alice war kaum drei, Norman fünfeinhalb, Lewis ein Jahr älter. Ihren individuellen und kollektiven Wünschen, beachtet zu werden – oft ging es allerdings mehr um aufgeschlagene Knie als um das Bedürfnis nach Zuwendung – entsprach sie mit natürlicher Herzlichkeit. Schwieriger war es schon, Arthur zu gewinnen, dieses seltsame Kind, das kurz vor seinem achten Geburtstag seine Puppe mit allen ihren »Kleidern und Sachen« begraben hatte. Man feierte seinen Geburtstag zwei Wochen vor dem Eintreffen seiner Stiefmutter. Während John noch immer rätselte, was sein Sohn wohl über Leben und Tod dachte, war Fanny viel zu sensibel, um nicht zu spüren, was mit der Puppe begraben worden war. Mit Behutsamkeit und viel Einfühlungsvermögen gewann Fanny Arthurs Vertrauen. Allmählich wurde sie für seine Jugendjahre, was

Harriet in seiner Kindheit für ihn gewesen war: Jemand, der ihn verstand, auf den Verlaß war und der ihm zur Seite stand. Sie war es, die John klarmachte, als sich einmal der Hausmeister an Arthurs Schule über Arthurs Unsauberkeit und Unordentlichkeit beschwerte, daß ein Junge, der bereits seine eigene Antiquitätensammlung katalogisierte, wohl über andere schätzenswerte Eigenschaften verfügen müsse. Ihr Rosenholzflügel im Salon war ein Quell reinster Freuden. John, dem Musik nichts bedeutete, zog sich in seine Bibliothek zurück, um sich seinen Feuersteinen zu widmen, während die fünf Kinder sich um Fanny drängten. Für Harriet, die Jüngste, bald aber auch für Lewis, Norman und Alice, war sie binnen kurzem die einzige Mutter, an die sie sich erinnern konnten. Nur in Arthur lebte die Erinnerung fort, daß es einst eine andere gegeben hatte.

In Nash Mills gab es viel Betriebsamkeit und Lachen, und man gab überraschend wenig auf Förmlichkeiten. Jeder Raum hatte seinen Stellenwert für Arthurs Charakterentwicklung. Seine Persönlichkeit und das Milieu, aus dem er stammte, waren miteinander verwoben wie die Fäden eines Wandteppichs. Das Speisezimmer mit der Darwinbüste über der Tür sah oft bis zu sechzehn oder achtzehn Dinnergäste rings um den enormen Tisch. Als man Arthur für alt genug hielt, sich unter sie zu mischen, kam er mit einigen der anregendsten Geister seiner Zeit in Berührung. Die Diskussionen in der Tafelrunde waren stets lebhaft, eine jedoch vergaß der inzwischen zwölf Jahre alt Gewordene nie. Es ging um eine Affäre, in der sein Vater sich als eine Art Detektiv bewährt hatte. Und zwar war es John Evans gelungen, einen wissenschaftlichen Ulk zu entlarven, der hitzige Debatten bei vielen anderen Vorgeschichtlern, darunter seinem alten Freund Boucher de Perthes, auslöste: die »Entdeckung« des »paläolithischen Menschenkiefers« von Moulin-Quignon in Frankreich. Evans vermochte schlüssig zu beweisen, daß der fragliche Kiefer zwar alt sei, jedoch von einem Menschen stammte, der so wenig Ahnung von seinen steinzeitlichen Vorfahren gehabt haben muß wie die meisten Untertanen Königin Viktorias noch immer. Es handelte sich um eine geschickte Fälschung. Ein französischer Grabungsarbeiter hatte sie begangen, nachdem für den Fund fossiler Menschenknochen 200 Francs ausgesetzt worden waren. Diese »Detektivarbeit« trug John Evans die ganz besondere Anerkennung Edouard Lartets, eines der berühmtesten französischen Pioniere der Vorgeschichtsforschung, ein, der ihn im Scherz zum »Generalinspekteur sämtlicher Fälschungen beiderseits des Kanals« ernannte. Die Anerkennung erfreute auch Johns Sohn Arthur, der eines Tages seinerseits ein Stück archäologischer Detektivarbeit leisten sollte.

Führte John Evans im Speisezimmer den Vorsitz, so war der Salon in Nash Mills das Reich seiner Frau Fanny. Ihre Meisterschaft auf den Tasten machte aus dem bloßen Musikliebhaber Arthur einen Musikkenner. Ihr aus wohlriechendem Madeiraholz gearbeitetes Mobiliar duftete nach Exotik und war für ihn der erste sinnfällige Kontakt mit einem fremden Land. Im Sommer hingen frischgestärkte Musselinvorhänge an den Fenstern, im Winter kamen schwere, rote Vorhänge dazu, um die Wärme des Kaminfeuers festzuhalten. Wenn auch überladen mit goldgerahmten Bildern an den Wänden und kreuzstichgeschmückten Sesseln, atmete der Raum doch die gleiche Würde, Wärme und Heiterkeit wie Fanny selbst. Dann gab es noch Johns Bibliothek, voll von Bücherregalen und anderen Schätzen – der Raum, wo Fanny ebenso wie einst Harriet glücklich war, wenn sie Arthur auf eine Münze schielen sah »wie eine Dohle auf einen Markknochen«. Hier entwickelte Arthur sein bemerkenswertes optisches Gedächtnis: Eine Gabe, die ein Archäologe nicht hoch genug einzuschätzen vermag. Von Zeitansätzen, von Anwendung, Typologie und Formgebung vorgeschichtlicher Werkzeuge sprach man hier ebenso selbstverständlich wie anderswo über Kricket und Viehzucht, und Arthur nahm all dies spielend auf. Einige dieser Beile, derer sich Menschen vorgeschichtlicher Zeit bedient hatten, nannte man – so lehrte sein Vater ihn – Kelte oder Palstäbe, und beide lachten gemeinsam über manch seltsamen Aberglauben, der mit ihnen verknüpft war. Beispielsweise hielten die Landleute in Westengland insbesondere steinzeitliche Waffen für vom Himmel gefallene »Donnerkeile«. Kein Märchen der Brüder Grimm konnte Arthur stärker fesseln, wenn er das Schlafengehen hinauszuschieben suchte.

Alle fünf Evanskinder wuchsen, von Zeugnissen der Vergangenheit umgeben, in einem Heim voll ästhetisch ansprechender Dinge auf, und jedes von ihnen nahm von dem, was Nash Mills zu bieten hatte, etwas anderes auf seinen künftigen Lebensweg mit.

Harriet und Alice wurden vorzügliche Musikerinnen, und besonders Alice verlor nie jene geistige Beweglichkeit und Vitalität, die sie und Arthur von ihrer Mutter geerbt hatten. Lewis und Norman widmeten sich schließlich der Papierherstellung – Lewis ab seinem zwanzigsten Lebensjahr als Geschäftsmann, Norman mit einunddreißig als Wissenschaftler. Jeder von ihnen reagierte anders auf ihres Vaters wissenschaftliche Neigungen und seine Sammelleidenschaft. Lewis legte sich eine ganz anders geartete eigene Sammlung alter mathematischer Instrumente, Reißzeuge und Kompaßbussolen aus dem 18. Jahrhundert an. Norman dagegen revoltierte dermaßen heftig gegen das Altertum, daß er einst an einem Feiertag seine fossiliensammelnden Brüder mit Steinen bewarf, so daß diese taumelnd einen Steilhang hinabstürzten und erst unten am Strand wieder Halt fanden. Arthur war der einzige, der sich in der Vergangenheit ebenso heimisch fühlte wie in der Gegenwart, ja sogar, so schien es seinem Vater, in der Vergangenheit noch viel mehr.

Seine glücklichsten Augenblicke verbrachte Arthur, so lange er zu Hause war, mit altertumskundlichen Studien. Bereits mit sieben Jahren zeichnete er Münzen ab und begann, eine eigene Münzsammlung zu ordnen. Mit neun half er seinem Vater, aus einem Steilhang bei Dunwich antike Tonware zu bergen. Mit zwölf nahm er an einer archäologischen Exkursion nach Reculver teil, und mit vierzehn verbrachte er ganz allein mit seinem Vater zehn herrliche Tage auf Grabung in Nordfrankreich. Es waren großartige Ferien, gekrönt durch einen Vaudeville-Theaterbesuch in Paris.

Im Jahr darauf nahm John seinen Sohn zu einem Treffen der *Society of Antiquaries* mit, bei dem »Feuerstein-Evans« einen Vortrag über seine neuesten Funde in Irland hielt. Es war berauschend für den angehenden Archäologen – eine Schule ohne Mauern, ein Aufnehmen des Wissensstoffes durch Osmose. Doch bei alldem hatten Vater und Sohn gänzlich verschiedene Temperamente, war der Sohn voller Phantasie und Spontaneität – ein romantischer Liberaler; der Vater dagegen bedächtig, praktisch und konservativ.

Fanny, nicht John, war es, die Arthur verstand. Sie fand Entschuldigungen für ihn, versuchte sein Verhalten zu erklären. Sie spürte, wie wichtig es für Arthur war, sich durchzusetzen, so sehr er seinen Vater wirklich liebte und verehrte. Es war weniger Rebellion als Rivalität oder zumindest der Entschluß, ein anderer zu werden als lediglich »der kleine Evans, Sohn John Evans des Großen«. Dieser sehr entschiedene Wunsch, »ein anderer« werden zu wollen, begann seine Entwicklung schon in seinem zweiten Lebensjahrzehnt, als er noch in Harrows war, entscheidend mitzuprägen.

Als Sekretär der Naturwissenschaftlichen Gesellschaft, der ältesten naturwissenschaftlichen Gesellschaft an einer öffentlichen Schule in England, sah sich Arthur zum ersten Male gedruckt. Die beiden Abhandlungen, über die er vor seinen Studiengenossen referierte – eine über Moose und die andere über das Alter der Menschheit – erregten lebhaftes Interesse. Gleiches galt für eine von ihm arrangierte Ausstellung von Mineralien, Fossilien und Münzen aus den Sammlungen seines Vaters sowie den genauen, mit sorgfältigen Tuschzeichnungen versehenen Katalog seiner eigenen Schätze, den er anlegte. Darüber hinaus besaß er ausgeprägtes literarisches Feingefühl, war ein begieriger Leser insbesondere viktorianischer Dichtung und Mitbegründer der Schulzeitschrift *The Harrovian*, zu der er häufig Beiträge, und zwar nicht selten satirische, beisteuerte. Einer der Sketche, die er schrieb, hätte aus der Feder seines Großvaters stammen können, der einst jenes *Der Drückeberger* überschriebene Kompendium des Anderen-Menschen-aus-dem-Wege-Gehens verfaßt hatte. Gewiß hätte sich Arthur Benoni Evans im Diskurs seines Enkels über »Tiere in Harrow« wiedererkannt, in dem es um Arten wie den »Langweiler«, den »faulen Hund« und den »Speichellecker« ging.

Zu seinem Glück verfaßte Arthur in Harrow auch mit schulischen Preisen gekrönte literarische Essays und griechische Epigramme, die ihm das Wohlwollen seiner Lehrer eintrugen, was für viele andere seiner Aktivitäten durchaus nicht galt. Beispielsweise wandte er sich offen gegen den altsprachlichen Unterricht, in dem die Schüler sich lustlos durch Homer, Vergil und Cicero hindurchquälten, von anderen Autoren ganz zu schweigen. Im Debattierklub vertrat er stets den unpopulären Standpunkt. Er erwies sich bereits als ausgesprochener Widerspruchsgeist und hatte für die negativen Folgen nur stirnrunzelnde Verachtung.

Arthur zeichnete sich in Harrow weder als Musterschüler aus, noch war er sonderlich beliebt. Zwar war er kräftig und aktiv, doch seine Kurzsichtigkeit hinderte ihn daran, Kricket zu spielen. Während der Wintermonate war er dermaßen nachtblind, daß er sich von Freunden zu den Nachmittagskursen führen lassen mußte. Der einzige Sport, in dem er sich hervortat, war nach seinen eigenen Worten das »Springen zu Schlußfolgerungen«. In einer Gesellschaft, wo es vor allem zählte, daß man hinter einem Ball hersprang, war es schon allerhand, daß er es fertigbrachte, schließlich doch zum Helden zu werden. Er verdankte dies zwei ausgesprochen ausgefallenen Einfällen. Der erste bestand in der Dressur einer Ringelnatter, die er zum größten Vergnügen aller mit Ausnahme des Lehrers während des Mathematikunterrichtes in seinen Jackenärmel hinein- und aus seinem Kragen wieder herauskriechen ließ. Der zweite war die Ausarbeitung einer *The Pen-Viper* (»Die Schreibfeder-

Schlange«)* überschriebenen Respektlosigkeit, die es nur zu einer einzigen Nummer brachte und dann von der Schulverwaltung verboten wurde. Unter anderen Ratschlägen, die sie Schulanfängern aus der Sicht des erfahrenen älteren Bruders gab, enthielt sie die Empfehlung, »so laut zu sein, wie ihr könnt. Das bringt mehr als alles andere, und wenn ihr es gut macht, seid ihr ganz sicher beliebt.« Außerdem legte sie ihren Lesern nahe, »nicht so viele Skrupel zu hegen, wenn man den Lehrern ein paar Lügen erzählt«, sobald die Situation es erforderte und die Chancen gut stünden, damit durchzukommen.

Solange sie zu haben war, verkaufte sich die *Pen-Viper* im Handumdrehen. Als Arthur Harrow verließ, stand sein Witz in besserem Ruf als seine schulische Leistung. Sein Vater, der ihn gern als Nachfolger gesehen hätte, bot ihm einen aussichtsreichen Posten in seinen Papierfabriken an, doch Arthur lehnte entrüstet ab. Er – ein Geschäftsmann? Zwar hatte er ausgefallene Liebhabereien, aber keinerlei Interesse daran, sie durch Arbeit in Vaters Papiermühlen zu finanzieren. Statt dessen bewarb er sich um Zulassung zum Studium in Oxford.

Fanny verzeichnete im März 1868 in ihrem Tagebuch: »Arthur soll für *New College* eingeschrieben werden, doch da hierzu harte Arbeit erforderlich ist, nämlich eine Aufnahmeprüfung mit scharfer Konkurrenz, wird man ihn auch für *Brasenose* eintragen müssen, falls er weder *Balliol* noch *New College* schafft.« Die Vorsichtsmaßnahme erwies sich als angebracht. Arthur erhielt einen Studienplatz am *Brasenose.*

Wenn er sich in Oxford überhaupt hervortat, dann durch die Unabhängigkeit seines Denkens. Beispielsweise machte es ihm gar nichts aus, bei einer Geschichtsklausur vier oder fünf Fragen völlig zu übergehen, weil sie ihn langweilten. Dafür aber schrieb er dann über die eine, die ihn interessierte, einen regelrechten Aufsatz. Außerdem hielt er sich keineswegs streng an die akademischen Spielregeln. Die schärfste Kritik übte er am Studium der Alten Geschichte mit seiner engstirnigen Fixierung auf das klassische Griechenland und Rom. Auch Arthurs gegenwärtiges Leben beschränkte sich nicht auf die Teilnahme an Lehrveranstaltungen in Oxford. Vielmehr kam nun allmählich der Abenteurer in ihm zum Durchbruch, der rastlose, von

---

* Im Deutschen nicht nachvollziehbares Wortspiel mit *pen-wiper* (»Federwischer«, »Tintenwischer«), also etwa – ganz frei übertragen – »Tintenzischer« *(Anmerkung des Übersetzers).*

unstillbarer Neugier erfüllte Reisende, dessen weitgespannte Interessen von der entlegensten Vergangenheit bis zur Zeitgeschichte reichten.
In den Osterferien 1871 unternahm Arthur einen Kurzausflug nach Paris, um mit eigenen Augen zu sehen, welche sozialen und politischen Verhältnisse in dieser Stadt herrschten, die noch immer unter den Folgen des Deutsch-Französischen Krieges litt. Zu diesem Zweck staffierte er sich – hier haben wir ihn, seinen Hang zur Dramatik! – mit einem auffälligen, karmesinrot gefütterten Umhang aus, den er für die angemessene Reisekleidung hielt. Arglos wie ein jugendlicher Poet ließ er das Kleidungsstück bei der Überfahrt über den Kanal im Winde flattern, doch an der französischen Küste warnte ihn ein menschenfreundlicher Zollbeamter und erklärte ihm, er sehe darin eher aus wie ein Spion. Widerstrebend packte Arthur das wehende Gewand in seinen Koffer, und dort blieb es auch bis zu seiner Rückkehr nach England. Ein paar Monate später, während der langen Sommerferien, trat er seine nächste Reise an.
Arthur Benoni Evans hätte seinen Enkel sicher nur allzugern auf dieser Fahrt begleitet, war sie doch von jenem Buch inspiriert, das beide mit Eselsohren versehen hatten: *Overland Tour from Vienna to Constantinople.* Von seinem Bruder Lewis und einem Freund begleitet sowie mit Ruck- und Schlafsack ausgerüstet, brach Arthur auf, um eine Neugier zu befriedigen, die noch aus seinen Kindertagen stammte. Sein Weg führte ihn an die Schwelle des Osmanischen Reiches. Er tat einen ersten Blick in die rätselvolle Welt der Balkanländer, wenn auch vorerst nur ganz von der Peripherie her.
»Balkan« war 1871 gleichbedeutend mit »Unruhe«. Dieser von Osmanen beherrschte, durch den Gegensatz zwischen Christen und Moslems zerrissene Teil Europas vom heutigen Jugoslawien bis zum heutigen Bulgarien war eine Welt voll unterschwellig brodelnder Unruhe, voll politischer Intrigen, dem Anschein nach verschlafen, doch unter der Oberfläche wie ein Vulkan, und auf jeden Fall ganz und gar unbritisch.
Arthur war begeistert. Wie stets, zog ihn das Fremde, Unbekannte, ja möglichst mit Gefahr Verbundene an. Die Sprachbarriere überwand er, indem er mit katholischen Priestern lateinisch sprach. Kostajnica, die damalige Grenzstadt zwischen dem seinerzeit habsburgischen und türkischen Teil Kroatiens (und der Endpunkt der damaligen Reise Arthurs) wurde für ihn zum Inbegriff des krassesten Zusammenpralls unversöhnlicher Gegensätze zwischen Orient und Abendland. Die Gefahr eines Ausbruchs offener Feindseligkeiten lag in der Luft.

Kostajnica gab Arthur einen Vorgeschmack des Orients. Hier spürte er erstmals etwas von orientalischer Basar-Atmosphäre, und hier kaufte er sich türkische Kleidung. Und auf jeden Fall stand eines für ihn fest: Er würde wiederkommen!

Dasselbe Jahr 1871 bescherte der Welt, kurz nachdem Arthur nach Oxford zurückgekehrt war, eine der erregendsten archäologischen Sensationen des Jahrhunderts. Verlacht von der Fachwelt, hatte ein reicher deutscher Ex-Kaufmann namens Heinrich Schliemann schon seit Jahren immer wieder behauptet, die im 8. Jahrhundert v. Chr. niedergeschriebenen Dichtungen Homers, die *Ilias* und die *Odyssee,* beruhten auf historischen Tatsachen. Sich genau an die Texte beider Epen haltend, hatte er versucht, die Stätten zu finden, über die Homer geschrieben hatte, und etwas über die Menschen in Erfahrung zu bringen, die einst dort lebten. Schließlich verkündete Schliemann, er habe im Ruinenhügel von Hissarlik unweit vom Südeingang der Dardanellen die Überreste Trojas, einer der berühmtesten Stätten der klassischen Heldensagen, entdeckt.

Wenn diese Meldung zutraf (und sie *traf* zu, obwohl Schliemann die falsche Bodenschicht für das homerische Troja hielt), war hier ein entscheidender Durchbruch in die Kultur des vorgeschichtlichen Griechentums gelungen. Dies hatte ungeheure Konsequenzen. Denn wenn sich beweisen ließ, daß es lange vor der archaischen und klassischen Periode (also lange vor etwa 600–300 v. Chr.) eine eigenständige Hochkultur im ägäischen Raum gegeben hatte, dann hatten nicht einige wenige Generationen von »Übermenschen« wie Perikles, Sophokles, Platon und Aristoteles das Goldene Zeitalter der griechischen Klassik aus dem Nichts geschaffen, und Arthurs ganz persönlicher Streit mit den Oxforder Altertumskundlern erwies sich als wohlbegründet.

Von Schliemann inspiriert, begann Arthur mit eigenen Forschungen. Zwanzig Jahre alt, veröffentlichte er 1871 seine erste münzkundliche Abhandlung unter dem Titel: *On a Hoard of Coins found at Oxford with some remarks on Coinage of the first Three Edwards* (»Ein in Oxford gefundener Münzenhort nebst einigen Bemerkungen über die Münzprägung unter Eduard I. bis Eduard III.«). Nach diesem ersten Forschungsbeitrag schien ihm angesichts seiner Begabung und der großzügig gewährten Mittel seines Vaters die Laufbahn eines wohlhabenden Privatgelehrten vorgezeichnet zu sein – eine Karriere, die bei Viktorianern der gehobenen Stände hoch im Kurs stand. Der Weg, den man einschlug, führte einen gewöhnlich zunächst nach Deutschland, wo man

nach bestandenem Examen in Göttingen den letzten akademischen Schliff erwarb, und schließlich zu eigenen Forschungen.
Arthur ließ sich also in Göttingen einschreiben. Allerdings war seiner Familie durchaus klar, daß er nicht ohne einige Umwege dorthin gelangen würde. In der Tat hatte er gehört, daß es in Trier römische Ruinen gab. Also unterbrach er seine Reise hier, um sie sich anzusehen und die erste Ausgrabung seines Lebens durchzuführen – ein ganz und gar improvisiertes Unternehmen. »Ich versicherte mich dreier Männer«, schrieb er nach Hause, »von denen einer außerordentlich intelligent war, und wir legten gemeinsam an einem Tage etwa 20 Quadratyards (16 Quadratmeter) Boden frei.« Die römischen Lampen, Tonscherben und Münzen, die dabei zum Vorschein kamen, waren nur von geringem Wert. Trotzdem sandte Evans sie für die Sammlung seines Vaters nach Hause. Vor allem aber war diese seine erste Grabung ein Markstein in seinem Leben.
Zwar war das geistige Klima in Göttingen erfrischender als in Oxford, doch Arthur empfand schon bald die Formen des akademischen Lebens an *beiden* Universitäten als zu starr. So beschloß er nach nur einem Semester in Göttingen, seine Studien durch Reisen abzurunden. Vor allem wünschte er, mehr über jenen Teil Europas zu erfahren, der vor ihm schon seinen Großvater begeistert hatte. Was der *Overland Tours* überschriebene alte Reisebericht zu schildern wußte, nahm sich noch recht vertraut aus, solange es um Wien und Umgebung ging, doch es wurde immer rätselhafter, je mehr man sich lesend Konstantinopel näherte.
Noch als Oxford-Student hatte Arthur ein zweites Mal seine Ferien auf dem Balkan verbracht. Fleißig und ehrgeizig, wie er war, hatte er sogar einen Reisebericht verfaßt, der den blumigen Titel trug: *Over the Marches of Civilized Europe* (»Jenseits der Grenzen des zivilisierten Europa«). Als Arthur im Juli 1875 in Göttingen nach der kroatischen Hauptstadt Zagreb (dem heutigen Agram in Nordwest-Jugoslawien) aufbrach, hatte er jedoch mehr als eine bloße Ferienreise im Sinn. Er wollte Experte für Politik, Archäologie, Volkskunde und Kultur der Balkanländer werden. Dies war zumindest eine Möglichkeit, sich als Arthur gegenüber John zu profilieren, wenn der Name Evans fiel.

4

Zu Fuß durch den Balkan

Auf einer Europakarte des 19. Jahrhunderts sehen weite Teile der Balkanhalbinsel wie ein Flickenteppich aus Provinzen des Osmanischen Reiches aus. Die meisten ihrer Probleme (und der größte Teil der Faszination, die sie auf Arthur Evans ausübten) ergaben sich aus dem unentwirrbaren Durcheinander von Slawen und Türken, Christen und Moslems, Europäern und Asiaten, die miteinander nur eines gemeinsam hatten: Sie unterstanden dem Großherrn in Konstantinopel. Für einen angehenden Archäologen bot diese seit vorrömischer Zeit besiedelte Region schier unerschöpfliche Möglichkeiten, den Spuren der Vergangenheit nachzugehen. Für jemanden, der sich der Volkskunde verschreiben wollte, war die komplexe Vielfalt ihrer Bevölkerung eine Art Experimentierfeld, das noch voll in Betrieb war. Evans begann seine Reisen in die Balkanländer in der erklärten Absicht, sowohl Vergangenheit als auch Gegenwart kennenzulernen. Am Ende stand sein leidenschaftliches Eintreten für die Befreiung der Slawen von türkischer Fremdherrschaft. Geographisch betrachtet, hatte der Balkan seit Jahrhunderten als Pufferzone zwischen Ost und West gedient. Historisch gesehen, war er nacheinander von den verschiedensten Erobererwellen überrollt worden: von Kelten und Skythen über Hunnen, Slawen und Awaren bis hin zu Tataren und Türken. Politisch gehörte er zum Osmanischen Reich und bildete einen Teil dessen, was als »Orientalische Frage« durch Europas Regierungskanzleien geisterte. Aber wenn die Großmächte gedacht haben sollten, es genüge, die Balkanprobleme auf ein Schlagwort zu reduzieren, dann irrten sie sich. Jede Macht – England, Frankreich, Deutschland, Österreich, Rußland – suchte aus der »Orientalischen Frage« so viel Profit wie möglich zu schlagen. Nur in einem Punkt stimmten sie alle mit dem russischen Zaren Alexander II. überein: der Türke war der »kranke Mann am Bosporus«. Dies brachte die »Orientalische Frage« auf den kleinsten gemeinsamen Nennen: Wer sollte den »kranken Mann« beerben?

Die Balkanhalbinsel war ein Land wilder, vielfältiger Schönheit, ein Schaukasten voll Naturwunder aller Art von wilden Gebirgsszenerien bis zu kristallklaren Meeresbuchten und Seen, und die Menschen, die hier wohnten, waren ebenso voller Gegensätze wie ihre Heimat. Die meisten Balkanbewohner freilich waren Bauern, eingebunden in das Gleichmaß des Wandels der Jahreszeiten. Christen gab es dreimal so viele wie Moslems. Slawen litten unter der Unterdrückung durch die Türken. Arthur Evans spürte, welch explosiver Zündstoff sich angesammelt hatte, und füllte sein Notizbuch ebenso mit Eintragungen über Landbesitzverhältnisse wie Teppichknüpferei. Er lauschte wandernden Sängern, die ihre Lieder zu den klagenden Tönen der bei den Südslawen bespannten Kniegeige, der *Gusla,* zum besten gaben, und er vertraute seinem Notizbuch ausführliche, stimmungsvolle Beschreibungen der Berge, des Meeres und der Wolken an – alles in einer so winzigen Handschrift, daß nur seine kurzsichtigen Augen sie zu entziffern vermochten.

Arthur plante, ein Buch über die Balkanländer zu schreiben. Eigensinnig auf Brillengläser verzichtend, erwarb er einen Spazierstock, mit dem er sich durch unvertraute oder dunkle Winkel tasten konnte. Aus unbekannten Gründen nannte er diesen Stock Prodger. Prodger gehörte bald ebenso zu ihm wie seine steifen viktorianischen Kragen und trug zu dem Bild bei, das man sich nach einer flüchtigen Begegnung von ihm machte: entschlossen, selbstbeherrscht, ein Patrizier – all das, was Arthur in Wirklichkeit am allerwenigsten war. Begleitet von Prodger, war er mit der Bahn aus der Universitätsstadt Göttingen nach Agram gereist, das – ebenfalls Universitätsstadt – im damals österreichischen Kroatien lag. Er war weder überrascht noch erschrocken zu hören, daß nur ein wenig weiter im Süden, in Bosnien und der Herzegowina, ein Aufstand gegen die dortigen türkischen Machthaber ausgebrochen war.

In Agram stieß sein Bruder Lewis zu ihm. So verschieden sie waren – als Reisegefährten ergänzten sie einander ausgezeichnet. Immer mehr sickerte über den Aufstand in der Herzegowina nach Agram durch. Die beiden nur wenig über zwanzig Jahre alten Männer machten sich – ausgerüstet mit ihren britischen Pässen, Bologneser Brötchen und türkischem Honig – zu Fuß auf den Weg, um selbst nach dem Rechten zu sehen. Sie kamen bis Brood (heute Brod), rund 240 km weiter saveabwärts, wo man sie als russische Spione verhaftete. Fast kann man es den türkischen Khawassen (Polizisten) nachempfinden, daß sie sich durch das Verhalten eines Engländers verunsichert fühlten, der mit seinem

Stock in Erdhügeln herumstocherte, sich die Taschen mit Pfeilspitzen vollstopfte und seine Notizen in einer Handschrift zu Papier brachte, die sich wie eine Geheimschrift ausnahm. Die Brüder verbrachten eine unangenehme (wenn auch im nachhinein als prickelnd empfundene) halbe Stunde hinter Schloß und Riegel, bis ihnen ihre britischen Pässe und ihr selbstbewußtes Auftreten wieder zur Freiheit verhalfen. Weit davon entfernt, Arthurs Reiselust zu dämpfen, beflügelte ihn dieser Zwischenfall geradezu, seinem nächsten Ziel entgegenzustreben: Sarajewo – der Hauptstadt Bosniens.

Hier herrschte angespannte Ruhe vor dem Sturm, aber noch ließen sich Türken und Slawen Zeit, bevor sie losschlugen. Sarajevo, wo 1914 der Erste Weltkrieg ausgelöst werden sollte, war bereits 1875 eine Stadt voller Zwietracht und brodelnder Leidenschaften. Nur widerstrebend bewahrten ihre unterschiedlichen Bevölkerungsgruppen Ruhe. Alles an ihnen – von der inneren Überzeugung bis zum äußeren Erscheinungsbild – war angetan, Annäherung unmöglich zu machen und die bestehenden Differenzen nur zu vertiefen. Jede Gruppe fürchtete die andere, mißtraute ihr und betrachtete die zu ihr Gehörenden als Ungläubige. Nun hatte der im Süden der Stadt tobende Aufstand zu einem offenen Ausbruch langgestauten Hasses geführt, und die einst von wimmelndem Leben erfüllten Basare waren menschenleer.

Aber wenn auch die Kaufleute ihre Läden dichtmachten – Arthurs brennende Neugier und seine Mißachtung jeglicher Gefahr führten ihn dennoch in Winkel von Sarajewo, in die auch in ruhigeren Zeiten kaum ein Fremder kam. Er schrieb lange Briefe nach Hause, die seine Stiefmutter Fanny sorgsam aufbewahrte – Briefe über Volkstypen, Religion, Eßgewohnheiten und Marktplätze. Abermals erregte sein unermüdliches Umherstreifen in Alleen und Basaren den Argwohn der Polizei. Dem britischen Konsul fiel ein Stein vom Herzen, als die beiden jungen Leute Sarajewo verließen, um ihren Marsch weiter nach Süden fortzusetzen. Manchen Tag marschierten sie bis zu elf Stunden. Nach jeder Biegung der steilen Gebirgspfade sah die Welt anders aus. Die Slawen in den Dörfern, durch die sie kamen, stürzten aus ihren Hütten, um sie zu begrüßen, erstaunt, zwei verschwitzte und durstige Ausländer vor sich zu sehen – nicht minder erstaunt als Arthur, als seine auf englisch ausgesprochene Bitte um Wasser (englisch: *water*) bewirkte, daß unverzüglich ein Junge mit einem Krug zum Dorfbrunnen stürzte. »Wasser«, so stellte sich heraus, hieß in der serbokroatischen Mundart der dortigen Gegend *woda.* Als eine weitere Bitte um Milch (englisch: *milk*) einen

überschäumenden Milchkrug herbeizauberte (das entsprechende einheimische Wort lautete *mlijeko*), nahm Arthur sich vor, der Sache nachzugehen. Später äußerte er, die Ähnlichkeit der Wörter sei kein Zufall. Sie ginge vielmehr »auf die primitiven Vorfahren von Slawen und Engländern« zurück, die beide zur »selben Ackerbauerngesellschaft irgendwo in den Hochländern Zentralasiens« gehörten.
Daß die beiden jungen Engländer ein wenig serbokroatisch sprachen, machte die Einheimischen gesprächig. Junge Leute füllten die Becher der beiden Brüder immer wieder aufs neue. Arthur hatte es sich damals schon angewöhnt, mit der Hand durch sein Haar zu streichen oder sich mit der rechten Hand am linken Ohr zu kratzen, wenn ihn etwas besonders beschäftigte, und die Dorfleute ahmten diese Gesten mit großem Vergnügen nach. Er stellte ihnen Fragen auf lateinisch und deutsch, ließ hin und wieder ein englisches Wort einfließen, bediente sich dann wiederum der Zeichensprache und notierte die Antworten, die er erhielt. Während Lewis seine schweren englischen Stiefel auszog, um sich Erleichterung zu verschaffen, machte Arthur in seiner winzigen Handschrift Aufzeichnungen.
Was ihn faszinierte, war die Art des Zusammenlebens dieser freiheitsliebenden Hochlandbewohner, die so arm und rauh waren wie die Felsklippen ringsumher. Sie hatten sich zu Familienverbänden zusammengeschlossen. Ihre bescheidene Habe gehörte allen gemeinsam, und über alles wurde gemeinsam entschieden. Generationenlang hatten sie Gefahren und Besitz miteinander teilen müssen, um zu überleben. Arthur lernte ihr Brauchtum kennen, forschte nach ihrem Ursprung, lauschte ihren Liedern und Epen. »In den südslawischen Ländern«, schrieb er später, »gibt es keine Lichtung im Ufergebüsch, wo nicht Elfen tanzen.« Tatsächlich – »nach ausgedehnten Wanderungen unter diesen interessanten und unverbildeten Menschen, deren Heimstatt die illyrischen Länder zwischen Donau und Adria sind« – glaubte er, mit Sicherheit voraussagen zu können, es werde sich eines Tages herausstellen, »daß die Slawen in *puncto* dichterisch-musikalischer Empfindung und Phantasie vermutlich das meiste zur Erhaltung des Erbes vergangener Zeiten beigetragen haben«.
Mit seinen vierundzwanzig Jahren war Evans voller Romantik, aber auch sehr selbstbewußt. Die Schönheit der bosnischen Natur und die Herzlichkeit der Landesbewohner berührten ihn zutiefst. Die aristokratische Seite seines Wesens fühlte sich eher zu den Türken mit ihrem Flair des Erobertums, ihrem arroganten Auftreten, ihrer hochmütigen

Reserviertheit hingezogen. Doch als Verfechter liberaler Ideen ergriff Evans für die Slawen Partei. Er, der es vermied, Menschen allzu nahe zu kommen, konnte jede Zurückhaltung aufgeben, wenn er jemanden für unterdrückt hielt. So machte er die Sache der Slawen ganz zu seiner eigenen, obwohl ihn die aufdringliche Neugier und der Überschwang der Landesbewohner eher abstießen, wie er in einem Brief ganz freimütig bekannte:

»In diesen illyrischen Ländern wurde ich oft als *brat* oder ›Bruder‹ angesprochen, und von den Bosniaken ist bekannt, daß ein Fremder bei ihnen *šija*, ›Nachbar‹, heißt. Persönlich mag ich diese Gleichmacherei gar nicht. Mir liegt nichts daran, daß mir jeder hergelaufene Barbar erklärt, er sei ein Mann und mein Bruder.«

Doch hatte er selbst gesehen, wie sehr die slawischen Familiengemeinschaften durch die türkische Gewaltherrschaft bedroht wurden. Und so fügte er mit geradezu visionärem Blick hinzu: »Es ist leicht einsehbar, was eine solche demokratische Gesinnung bei einem Volk bedeuten muß, dessen Selbstachtung in Jahrhunderten der Unterdrückung mit Füßen getreten wurde . . . Man muß entweder blind oder Diplomat sein, um nicht zu erkennen, daß die slawischen Provinzen der Türkei vor der Wahl zwischen Despotie und einer Demokratie nachgerade sozialistischen Charakters stehen.«

Das Ziel der Evansbrüder war Ragusa, das heutige Dubrovnik an der süddalmatinischen Küste. Als sie dort eintrafen, war Arthur längst begeisterter Anhänger panslawistischer Befreiungsbestrebungen. Was immer er noch an Zweifel hegen mochte, wurde durch den überwältigenden Eindruck dieser Stadt zerstreut.

In seine Mauern geschmiegt, lag Ragusa an der Adriaküste zu Füßen einer ungeheuren Felsmasse, die sich in einem Aufschwung vom Meer bis zu einer Höhe von 412 m erhebt. Im 7. Jahrhundert v. Chr. von griechischen Flüchtlingen aus der Peloponnes gegründet und Epidauros genannt, wurde es später römische Kolonie. Im 7. Jahrhundert n. Chr. begründeten slawische Flüchtlinge aus Epidauros und Salona das eigentliche Ragusa auf der Halbinsel, das dann byzantinisch und später, formal unter venezianischer Oberhoheit, Freistaat war. Seine späteren Herren waren Ungarn, Türken, Franzosen und Österreicher. Obwohl schon lange von serbokroatisch sprechenden Südslawen bewohnt, war die Stadt doch von lateinischer Urbanität. Es gab eine Zeit, da sie es mit Venedig aufnehmen konnte, und ihre literarische wie künstlerische Blüte im 16.–17. Jahrhundert veranlaßte Historiker gar zum Vergleich mit dem antiken Athen. Für Arthur verbanden sich in Ragusa/Dubrovnik »südslawisches Feuer und venezianisches Raffinement auf so reizvolle Weise«, daß er sofort ganz im Banne dieser Stadt war. Der auch *Placa* genannte *Stradun*, die Hauptachse, die die beiden Stadttore miteinander verbindet, erweitert sich an beiden Enden zu Plätzen, deren malerische Brunnen über fünfhundert Jahre alt sind. Seitwärts münden schmale Nebengäßchen in den *Stradun*. Arthur durchstreifte sie, und hier und da glückte ihm ein Blick auf marmorne Treppenhäuser mit schwungvollen Balustraden. Sie führten in Salons, deren hohe Decken reichen Freskenschmuck aufwiesen. Alte Schnitzmöbel, damastüberzogene Sessel, vom Alter ausgebleichte Fauteuils und schwere Messingtürgriffe zeugten von einer reichen Vergangenheit. Über allem lag schwer der Duft reifer Früchte und frischer Blumen. Arthur beschloß: in Ragusa wollte er leben.

So kehrte er nach Nash Mills zurück und verkündete, er beabsichtigte, nach Ragusa zu ziehen. Erst aber mußte er sein Buch herausbringen.

In einem ganz buchstäblichen Sinne war dieses Buch eine Familienangelegenheit. William Longman (dessen Bruder John Evans' Partner im Papiermühlengeschäft war) freute sich, es auf Kosten des Autors zu veröffentlichen, und dies bedeutete nichts anderes, als daß John die Zeche zu zahlen hatte. Fanny überwachte das Werden dieses Buches in seinen Endphasen, da sich ihr allzu aktiver Stiefsohn bereits wieder auf- und davongemacht hatte, um Lappland kennenzulernen. Und doch konnte nur Arthur allein *Through Bosnia and the Herzegovina on foot* (»Zu Fuß durch Bosnien und die Herzegowina«) geschrieben haben, das den langatmigen, erläuternden Untertitel trug: »Während der Erhebung im August und September 1875 mit einer historischen Übersicht über Bosnien sowie einem Seitenblick auf die Kroaten, Slawonen und die alte Republik Ragusa.« Die leidenschaftliche Prosa, frisch, lebhaft, wenn auch hier und da ein wenig dick auftragend – sie stammte von ihm. Von ihm auch stammten die minuziösen, so vielsagenden Beobachtungen.

Der angesehene Historiker Edward Freeman äußerte voller Bewunderung: »Wie Ihnen nichts entgeht, gleich, ob es sich um Geigen oder Kochtöpfe handelt, Dinge, die mir nie auffallen, und die ich doch so gern bemerken möchte, desgleichen Einzelheiten an Nasen und Augen, die ich selbst gern beobachten möchte, ich weiß nur nicht wie. Je mehr festgehaltene Einzelheiten, desto besser.« Nicht weniger begeistert waren die Rezensenten. Der *Examiner* nannte Arthur Evans einen »Schilderer von ungewöhnlicher Kraft. Wir könnten uns kein umfassenderes und lebendigeres Bild aller Lebensäußerungen in Bosnien, der Häuser und Kleidungsstücke, der Tier- und Pflanzenwelt wünschen.« Die *Pall Mall Gazette* pries Arthurs »kenntnisreichen und klaren Stil«, und der *English Independent* erklärte sogar: »Mister Evans hat ein Werk veröffentlicht, das zum gegenwärtigen Zeitpunkt kein intelligenter Engländer ungelesen lassen darf.«

Selbstverständlich gab es dennoch intelligente Engländer genug, die es ungelesen ließen, doch überraschend viele lasen es. *Through Bosnia* erschien in einem Augenblick, als man sich immer intensiver mit den Balkanländern beschäftigte, von denen das Kräftegleichgewicht in Europa abhängen konnte. 1876, ein Jahr, bevor das Buch auf den Markt kam, hatten sich Serbien und Montenegro der in Bosnien und in der Herzegowina ausgebrochenen Revolte gegen den Sultan angeschlossen. Ganz Europa sah mit Spannung zu, wie sich die offenen Feindseligkeiten immer mehr ausbreiteten.

Zar Alexander II. erblickte in der Volkserhebung eine Chance für Rußland, auf dem Balkan Fuß zu fassen. Kaiser Franz Joseph von Österreich fürchtete Rußland zwar, richtete aber nichtsdestoweniger selbst begierige Blicke auf bisher unter türkischer Oberhoheit stehende Gebiete. Fürst Otto von Bismarck, der Kanzler des Deutschen Reiches, suchte zu vermitteln. Dabei berief er sich auf das Dreikaiserabkommen von 1873, an dessen Zustandekommen er selbst beteiligt war. Er hatte nicht die Absicht, die »Orientalische Frage« zu lösen. Ihm ging es lediglich darum, Übereinstimmung zwischen den Großmächten für den Fall zu gewährleisten, daß sich das Osmanische Reich auflöste.

Die britische Politik war recht unterschiedlich, je nachdem, welche Partei und welcher Premier das Sagen hatten. Benjamin Disraeli und die Konservativen waren dafür, die Türken als Puffer gegen Rußlands Expansionsdrang zu stützen. William Gladstone und die Liberalen dagegen interessierten sich mehr für die Untertanen des Großherrn als für den »kranken Mann am Bosporus« und traten für starke Nationalstaaten auf dem Balkan ein. Arthur Evans mochte bei alldem nicht abseits stehen, sondern ergriff entschieden Partei. Er sandte Gladstone ein Exemplar seines Buches und genoß das erhebende Gefühl, im Unterhaus zitiert zu werden. »Klein-Evans, der Sohn Evans' des Großen« war im Begriff, sich einen Namen zu machen – zumindest als Autor, als Balkanexperte und leidenschaftlicher Verfechter liberaler Ideen, obwohl er nur wenig von Politik verstand. Seine Diskussionen mit seinem Vater, der sein Leben lang konservative Standpunkte vertreten hatte, zeichneten sich eher durch Heftigkeit als durch Logik aus. Für Arthur hatte Politik nichts mit Wirtschaft, Handel, Macht und Einflußsphären zu tun. Für ihn ging es um Ideen und Rechte. Er beteiligte sich an der Einrichtung einer Hilfsorganisation für Balkanflüchtlinge, arbeitete als deren Sekretär und half mit, Lebensmittel und Kleidung für die Opfer bewaffneter Auseinandersetzungen zu sammeln. Bei alldem blieb er ein aufmerksamer Beobachter der Ereignisse in Südosteuropa.

Die Aufständischen konnten den ausgebildeten Truppen des Sultans nicht standhalten. Berichte über von Türken angerichtete Blutbäder und über flüchtende Dorfbewohner füllten die Presse, Serbien, das zwar autonom, aber in die Ereignisse hineingezogen und besonders schlimm betroffen war, sah sich schließlich gezwungen, die Großmächte zu Hilfe zu rufen, die nun abermals die »Orientalische Frage« in den Griff zu bekommen suchten. Auf dem Berliner Kongreß (13. 6.–13. 7. 1878) wurde der Türkei und ihren aufmüpfigen Untertanen ein Waffenstillstand auferlegt, und Österreich erhielt unter anderem das Mandat für Bosnien und die Herzegowina. Für den Panslawisten Arthur Evans bedeutete dies, daß er nun Österreich ebenso zu den Feinden seiner geliebten Slawen zählte wie zuvor die Türken.

Arthurs ganzes Denken kreiste nur noch um die Ereignisse in Südosteuropa. Das viktorianisch geprägte Leben in Nash Mills fand er außerordentlich stumpfsinnig. Rezensionen über Balkanbücher anderer Autoren zu schreiben und die Arbeit für die Hilfsorganisation boten keinen Ersatz für die unmittelbare Tuchfühlung mit den Ereignissen, für die Teilnahme an einem Kampf, den er ganz und gar zu seinem eigenen gemacht hatte. Und wieder einmal half sein Vater, der schon zu Oxford und Göttingen ja gesagt, zahllose Reisen finanziert und selbst keinerlei Vorliebe für Balkanisches hatte, seinem Sohn, das zu bekommen, was er wollte.

John Evans' Freund Joseph Prestwich hatte einen Neffen, der den *Manchester Guardian* herausgab. Dieses Blatt war entschieden pro-Gladstone und antitürkisch. Für ein Gehalt, das kaum mehr als die Kosten seiner Telegramme deckte, wurde Arthur als Sonderkorrespondent für die Balkanländer eingestellt. 1877 befand er sich auf der Rückreise in sein geliebtes Ragusa.

5

Von Očievo nach Kulen Vakuf

Nicht als Reisender, nein, als Kreuzfahrer kehrte Arthur Evans auf den Balkan zurück, entschlossen, das Gewissen seiner Landsleute zu Hause wachzurütteln und ihnen bewußt zu machen, daß es hier an der Schwelle Europas um Menschenrechte ging. Wenige Tage nach seinem Abschied von Nash Mills sandte er dem *Manchester Guardian* seinen ersten Bericht. Er schilderte das Elend slawischer Flüchtlinge – »einen solchen Abgrund menschlichen Jammers, wie ihn wohl nur wenige lebende Menschen durchleiden müssen«. Aus einer Höhle kroch »ein Schwarm abgerissener, halbnackter Frauen, Kinder und Greise, denen Hunger und Krankheit förmlich die Gesichter zerfressen hatten«. Die Szene, so schrieb er, glich einer »gespenstischen mittelalterlichen Darstellung der Auferstehung der Toten«.
Er hatte sich im besten Hotel von Ragusa einquartiert. Der dunkelhaarige junge Engländer mit seinem Spazierstock wurde zu einem vertrauten Anblick auf dem Stradun und zum willkommenen Gast einiger der Salons in den hinter ihren Marmorportalen in den Nebengäßchen versteckten Patrizierhäusern. Er kannte die meisten Notabeln der Stadt und sämtliche Kaufleute. Bald hatte es sich herumgesprochen, daß er sich für Antiquitäten interessierte, und so traten gänzlich Fremde an ihn heran und boten ihm zum Kauf an, was sie in nahe gelegenen römerzeitlichen Fundstätten entdeckt hatten. Obwohl er erst sechsundzwanzig Jahre alt war, hatte Arthur Evans etwas an sich, das die Menschen auf ihn aufmerksam werden ließ. Mag sein, daß dies nur an seiner unüberbietbaren Geringschätzung aller Autorität und jeglicher Gefahr lag.
Wann immer er Ragusa verließ, geschah es, um in Rebellenverstecken, geplünderten Dörfern oder auf niedergebrannten Feldern zu recherchieren, über denen noch der Pulverdampf kaum beendeter Gefechte lag. Seine dramatischen Schilderungen der Kämpfe auf dem Balkan mit all ihren Greueln erweckten allmählich das Mitgefühl einer entsetzten Leserschaft und erregten nicht zuletzt auch in protürkisch eingestellten

offiziellen Kreisen Aufsehen. Man blieb freilich dort zunächst skeptisch und tat Evans als Slawophilen ab. Er sei voreingenommen, so hieß es, und übertreibe. Evans' Antwort bestand in einer zunehmenden Flut sorgfältig dokumentierter Depeschen an seinen Verleger.
In Ragusa berichtete man von einem Blutbad, das die Türken hoch in den Bergen Bosniens, in Očievo, angerichtet hatten. Evans machte sich auf, um der Sache nachzugehen. Eine für ihn qualvolle Dampferfahrt brachte ihn nach Zara (dem heutigen Zadar), einer Hafenstadt im Norden der dalmatinischen Küste. Hier begann ein mühevoller Aufstieg durch wildes, felsiges Ödland ins Landesinnere. Prodger half ihm, seinen Weg durch verfilztes Buschwerk zu finden. Selbst seine Führer – bosnische Bauern, die inmitten dieses Wirrwarrs von Steilhängen großgeworden waren – staunten über die Strecken, die er zurücklegen konnte, ohne zu ermüden. Schließlich erreichten sie das Flüßchen Unac. Der Weiler Očievo lag hinter den Höhen am anderen Ufer.
Regengüsse und Schneeschmelze hatten den sonst friedlichen Wasserlauf anschwellen lassen. Die eisigen Fluten gischteten und schäumten über Felsblöcke und rissen Baumstämme mit sich fort. Die Führer erklärten es für Wahnsinn, hier ans andere Ufer zu schwimmen. »Doch ich mußte und wollte hinüber. Also entledigte ich mich, während ich die etwas abschüssigen Felsen zum Fluß hinabstieg, des größten Teils meiner Kleidungsstücke, packte mein Notizbuch und ein paar unerläßliche Dinge in meinen Hut, überließ Kleider, Revolver und anderes Hinderliche der Obhut der erstaunten Bosniaken und tat den Sprung, der mich hätte das Leben kosten können.«
Glücklicherweise fühlte er sich im Wasser wohler als an Bord eines Schiffes. Er kämpfte sich erfolgreich durch die brodelnden Wassermassen des Flusses hindurch, kletterte – triefnaß, spärlich bekleidet, aber noch immer mit Hut – nach Očievo hinauf, um sich mit eigenen Augen von dem Gemetzel zu überzeugen, das die Türken hier angerichtet hatten. Sein Bericht, der im *Manchester Guardian* erschien, schilderte nicht nur das Dorf in allen Einzelheiten, dessen Häuser sämtlich bis auf die Grundmauern niedergebrannt waren, sondern enthielt auch Augenzeugenberichte und die Namen der zitierten Augenzeugen.
Als Evans wieder in Ragusa eintraf, hatte er hohes Fieber, doch das kümmerte ihn nicht. Sobald er sich einigermaßen gekräftigt fühlte, machte er sich erneut auf den Weg – diesmal zu einem wirklich waghalsigen Abenteuer. Denn so kühn sein Vorstoß nach Očievo auch war, was er nun vorhatte, war schlechterdings lebensgefährlich. Evans

wollte – um der journalistischen Objektivität willen – auch die Gegenseite zu Wort kommen lassen und daher das nicht weit von Očievo unterhalb des Zusammenflusses von Unac und Una gelegene Dorf Kulen Vakuf besuchen, das ausschließlich islamische Einwohner hatte.
Seit mehr als zwei Jahren war kein Fremder mehr bis zu der Bergfestung Kulen Vakuf vorgedrungen. Das Dorf war Zentrum etwa dreitausend fanatischer Moslems, die der festen Überzeugung waren, mit den Christen in Frieden zu leben, sei unmöglich. »Statt uns damit abzufinden«, erklärte einer der Händler von Kulen Vakuf Arthur Evans, »erschießen wir uns lieber in unseren Häusern mitsamt unseren Frauen und Kindern. Eigenhändig bringen wir unsere Frauen und Kinder um, um uns schließlich selbst die Kehlen durchzuschneiden!«
Evans hatte für die Reise ungewöhnliche Vorsichtsmaßnahmen getroffen. So schrieb er an den Ortsvorsteher, den er »Rechte Hand des Großherrn in Kulen Vakuf« titulierte, einen Brief und bat um freies Geleit für den Inhaber eines englischen Reisepasses mit einem Visum der türkischen Botschaft in London. Als die Antwort eintraf, gerichtet »An den, der da kommt im Namen zweier Reiche, er sei ohne Furcht!«, holte er sein Opern-Cape, das er zuletzt vor sechs Jahren auf der Reise nach Paris getragen hatte, aus seinem Koffer. Nun trug er es mit dem karmesinroten Futter nach außen! Das leuchtendrote Karmesinfutter bildete einen lebhaften Kontrast zu seiner sonnengebräunten Haut und seinem tiefschwarzen, windzerzausten Haar. Die Schärpe, die er um seinen Tropenhelm wand, sah fast wie ein Turban aus. So ausstaffiert und so sicher, wie er auftrat, konnte er selbst sehr gut für die »Rechte Hand des Großherrn« gehalten werden.
Am Rande des Dorfes wartete ein türkischer Beamter auf Evans. Er bestand darauf, daß Evans ein herrliches Araberpferd bestieg. So zog Arthur mit durchgedrücktem Kreuz, hoch zu Roß und mit großer Eskorte wie ein Triumphator in Kulen Vakuf ein. Das ganze Dorf war auf den Beinen, um ihn zu begrüßen, war er doch das erste fremde Gesicht nach mehr als zwei Jahren. Die würdevolle, stolze Haltung seiner türkischen Gastgeber und ihre mutige Entschlossenheit beeindruckten ihn wie stets. Das Gespräch begann mit den üblichen orientalischen Höflichkeiten. Winzige Täßchen dicken, süßen Kaffees wurden herumgereicht und immer wieder nachgefüllt. Doch bald hatte man sich in der Sackgasse religiöser und nationaler Vorurteile verfangen. Evans verließ Kulen Vakuf in der Überzeugung, die Lage auf dem Balkan sei so ausweglos, daß nur Gewalt etwas zu ändern vermöge.

Die Zwietracht wurzelte tief in der Vergangenheit. Evans ging dieser Vergangenheit nach, wo immer er auf der Balkanhalbinsel herumkam. Für historische Stätten und Funde schien er geradezu einen sechsten Sinn zu haben. In einem seiner Briefe schrieb er: »Ich entdeckte und durchforschte zwei große, alte, mittelalterliche Burgen, von denen außerhalb Bosniens wohl noch niemand je gehört hat. Auch fand ich zwei alte bosnische Inschriften, die Überreste eines großen Bauwerkes aus römischer Zeit und ein sehr schönes Basrelief des (römischen Gottes) Merkur . . . Sage Pa, ich habe für ihn ein hübsches Flachbeil aus Topolje an der dalmatinisch-bosnischen Grenze. Außerdem habe ich einige reizende Gemmen und römische Kameen aufgelesen.« Und er hätte hinzufügen können: ich habe eine prächtige Nase für Antiquitäten erworben, die gefälscht sind. Doch das behielt er für sich, um es später Pa persönlich zu erzählen.

Die Sache begann damit, daß er einen Privatsammler in der Nähe von Belgrad besuchte, der eine herrliche Münzsammlung besaß. Evans war voller Bewunderung. Als die beiden Kenner – beide mit jenen starken Vergrößerungsgläsern bewaffnet, die kein Münzkundiger jemals mitzunehmen vergißt – Münze für Münze unter die Lupe nahmen, gratulierte Arthur seinem Gesprächspartner. Im Westen, so erklärte er, müsse man stets vor Nachahmungen und Fälschungen auf der Hut sein. Im Osten sei es gewiß anders. Der einheimische Sammler lachte nur und zeigte ihm, wie er einst eine außerordentlich geschickte Nachahmung einer antiken Goldmünze als Fälschung entlarvt habe. Erstens wies das Stück eine winzige Gußnaht auf, war also nicht geschlagen, sondern gegossen, und zweitens stellte sich bei starker Vergrößerung heraus: Man hatte es mit einem Werkzeug bearbeitet, das eine feingezahnte Schneide besaß. So häufig derartige Werkzeuge von modernen Goldschmieden verwendet werden – im Altertum kannte man sie noch nicht. »Ich forschte nach«, fuhr Evans' neuer Sammlerkollege fort, »und fand den Namen des Mannes heraus, der mir das Stück angedreht hatte. Er war selbst Goldschmied, und sein Name lautete Alexander Larides.« Monate später ereignete sich die Fortsetzung dieser Geschichte, die sicher ein großartiges Gesprächsthema für Nash Mills abgab. Schauplatz war diesmal eine kleine Kirche, weit von Belgrad entfernt. Evans betrachtete gerade eine alte Ikone, als man ihm meldete, soeben sei ein junger Mann herbeigeritten gekommen, um ihn zu sprechen. Evans wußte, es hatte sich herumgesprochen, daß er an Altertümern interessiert sei. Er war daher keineswegs erstaunt, als der junge Mann ein goldenes Kreuz aus der Tasche zog

– ein sehr schönes Kreuz, offenkundig byzantinisch, mit einer Inschrift auf der Rückseite, die griechisch sein sollte, doch zum Unglück für den jungen Mann und seinen Auftraggeber keinen Sinn ergab. Evans zückte seine Lupe. Nur wenige Zentimeter hielt er das Stück vor seine kurzsichtigen Augen, und da waren sie – die Spuren des gezähnten Werkzeugs! Der junge Mann wurde immer nervöser und war schließlich froh, sich aus dem Staube machen zu können, als der Engländer die Inschrift wie folgt »übersetzte«: »Ich, das heilige Kreuz, das nicht lügen kann, wurde 1881 von dem schurkischen Goldschmied Alexander Larides gemacht.«
Erst wenige Wochen in Ragusa, wollte er schon einen mächtigen, runden Steinhügel ausgraben, der ein Plateau nicht weit von der Stadt überragte. Sobald sich die politische Lage ein wenig beruhigt hatte, heuerte er fünfzehn Arbeiter an und begann zu graben. Die in der strahlenden Maisonne schwitzenden Ausgräber näherten sich gerade dem Zentrum des Hügels, als abermals ein Ereignis von außerordentlicher Brisanz das Vorhaben störte.
Am 4. Juni 1877 griff das unmittelbar im Süden an die Herzegowina angrenzende Fürstentum Montenegro in die seit 1876 tobenden Kämpfe gegen die Türkei ein. So überließ Evans die Toten der Vergangenheit sich selbst und machte sich auf den Weg, um für den *Manchester Guardian* einen Bericht über die noch Lebenden durchzugeben, die gegeneinander in die Schlacht zogen. In Cetinje, der winzigen, dorfartigen Hauptstadt Montenegros, erfuhr er, von fünfhundert Männern seien dreihundertfünfzig ins Feld gezogen, um am Kampf teilzunehmen. Die Frauen, die zu Hause geblieben waren, fand er »hochgewachsen und majestätisch, nicht anders als die Männer ihres Volkes«. Jede Frau trug sich »wie eine Königin . . ., jedes Mädchen (wie) eine geborene Prinzessin«. Während er sich noch in Cetinje aufhielt, traf die Nachricht ein, man habe den Türken ganz in der Nähe ein Dorf abgerungen. »Den wilden Ausbruch nationaler Begeisterung, dessen Zeuge ich wurde, muß man erlebt haben, um ihn zu glauben«, berichtete er den Lesern des *Manchester Guardian*, und sein Ton ist dabei keineswegs der eines Reporters, der sich zur Objektivität verpflichtet fühlt.
Noch immer war er hochgestimmt, als er zwei Wochen später Montenegro wieder verließ, um sich erneut der Ausgrabung des Hügelgrabes bei Ragusa/Dubrovnik zu widmen. Doch nun mußte er die schon einmal unterbrochene Grabung endgültig aufgeben. In Ragusa war Besuch eingetroffen: der Historiker Edward Freeman mit seinen beiden Töchtern Margaret und Helen. Evans fand die Gesellschaft der Freemans,

insbesondere Margarets, der älteren Tochter, weit interessanter als alles, was ihm der Grabhügel hätte bieten können.
Die beiden Männer kannten sich bereits flüchtig. Freeman hatte Evans zu seinem Buch über den Balkan beglückwünscht und seitdem mit ihm über die Politik dieser unruhigen Region korrespondiert. In mancher Hinsicht waren sie verwandte Seelen. Freeman nahm sich gleichfalls schwieriger Fälle an, insbesondere wenn sie aussichtslos schienen, und auch er liebte die Freiheit über alles. Ein unermüdlicher Reisender, ging auch er stets den historischen Ursachen der Dinge nach. Evans fand Freemans liberale Ansichten und weitgespannte Ideen erfrischend. Noch erfrischender freilich fand er Freemans Tochter Margaret.
Sie war ein kleines Persönchen, zart, bezaubernd, mit zierlichen Händen und Füßen; eine angenehme Erscheinung, wenn auch nicht unbedingt eine Schönheit. Ihre Gesichtszüge waren reizvoll, ihr Haar locker gekämmt. Ruhige Gelassenheit ging von ihr aus. Unter ihrem bescheidenen Äußeren spürte Arthur ihre überragende Tüchtigkeit und Intelligenz. In ihren langen, engtaillierten Kleidern, mit Hut und Handschuhen hielt Margaret sich wacker, wenn Arthur mit ihr auf schmutzstarrenden Schotterpisten anstrengende Besichtigungstouren unternahm. Weder über Staub noch über Müdigkeit beklagte sie sich. Von den Naturschönheiten des Landes war sie begeistert. Griechisch und Latein beherrschte sie ebensogut wie Arthur. Französisch und Deutsch sprach sie fließend, außerdem auch ein wenig Italienisch. Einige Jahre hatte sie als Sekretärin ihres Vaters gearbeitet. Dabei hatte sie nicht nur enormes historisches Wissen erworben, sondern, wie ihr Vater es ausdrückte, auch einen »liebenswerten Ordnungssinn«, der Arthur ganz entschieden abging. Vor allem aber besaß Margaret Freeman die seltene Gabe, zuhören zu können.
Margaret war drei Jahre älter als Arthur. Mit neunundzwanzig schon weit über das durchschnittliche Heiratsalter viktorianischer Damen hinaus, hatte sie vielleicht die Hoffnung auf die große Leidenschaft ihres Lebens schon aufgegeben. Und doch verliebte sie sich in diesen energiegeladenen, nie um einen Ausweg verlegenen jungen Mann mit seinem Schielen und seiner einnehmenden Gewohnheit, sich an der »anderen Kopfseite« zu kratzen, wenn er einmal doch nicht weiterwußte, diesen Überredungskünstler, der Prodger, seinen Spazierstock, wie einen verlängerten Zeigefinger benutzte, um einer Sache Nachdruck zu geben, dessen spitzbübischer Humor nie versiegte und der noch immer so lose Wortspiele von sich gab wie einst in der Schule als Herausgeber des

»Tintenzischers«*. Der sich jedoch auch – und dies sollte sie sehr bald erfahren – nur selten durch Gefühle von seiner Arbeit abbringen ließ, so sehr er jemanden auch lieben mochte.

Schon kurz, nachdem die Freemans Ragusa verlassen hatten, füllte die »Orientalische Frage« erneut die Schlagzeilen. Nunmehr kämpften Russen und Türken um Rumänien, Bulgarien und Serbien. Arthurs Briefe an Margaret drehten sich weit mehr um den Balkan als um Liebe. Dennoch reifte ihre Zuneigung weiter heran, und die Dinge entwickelten sich mit dem für Arthur typischen Ungestüm. Im November 1877 kehrte er nach Nash Mills zurück, um sein zweites Buch über den Balkan zu schreiben, dem er den, wie er sagte, »guten, altmodischen« Titel *Illyrian Letters* (frei übersetzt: »Briefe aus dem Illyricum«) gab. Die illyrischen Stämme, die schon vor den Römern den Balkan bevölkerten, spielten in seinem historischen Denken stets eine wichtige Rolle.

Im Februar des folgenden Jahres gaben Arthur und Margaret ihre Verlobung bekannt. Die Hochzeit wurde auf den Herbst festgesetzt. In Nash Mills herrschte große Aufregung, und man nahm allgemein an, Arthur werde sich schließlich doch in England niederlassen. Dies tat er auch, aber nur, um einen Vortrag über »Die Slawen und die europäische Kultur« auszuarbeiten, den er am *Sion College* hielt. Sechs Wochen später brach er abermals nach Ragusa auf. Noch immer tobte der Russisch-Türkische Krieg. Österreich bereitete sich darauf vor, in Bosnien und die Herzegowina einzumarschieren. Evans glaubte, es sich selbst und den Lesern des *Manchester Guardian* schuldig zu sein, sie über die Vorgänge in jenem Lande zu unterrichten, das ihm zur zweiten Heimat geworden war. Am festgesetzten Hochzeitstag im September war er pünktlich in Nash Mills, zuvor hatte er noch flammende Artikel über die Aufteilung des Balkans durch die Russen geschrieben und in Ragusa ein Haus gemietet. John Evans war entsetzt, als er erfuhr, daß der Mietvertrag, den Arthur unterzeichnet hatte, auf zwanzig Jahre lautete.

Er versicherte Margaret, sie werde das von ihm gemietete Haus liebgewinnen. Nach kurzen Flitterwochen in England machten sich Arthur und seine vom Möbelkauf und den Umzugsvorbereitungen total erschöpfte junge Frau auf den Weg nach Ragusa. Arthurs Schwester Alice blickte den Neuvermählten auf dem Bahnhof in London nach. Warmherzig, mutig und rasch bei der Hand, wenn es jemandem zu helfen galt, hatte Alice ihr Bestes getan, um Margaret das Einleben in der etwas zu

---

* *The Pen-Viper:* Vgl. Fußnote S. 30 *(Anmerkung des Übersetzers).*

groß geratenen, einschüchternden Evans-Familie zu erleichtern. Rasch hatten sich die beiden Frauen angefreundet. In ihrem ersten Brief an ihre Schwägerin schrieb sie: »Schon oft habe ich Deine guten Eigenschaften bemerkt, doch habe ich Dich noch nie so bewundert wie gestern abend auf dem *Charing Cross*-Bahnhof, als Du so ganz ruhig bliebst und keinerlei Nervosität zeigtest, obwohl der Gepäckschein weg war und die Zeit drängte. Im stillen sagte ich zu mir: ›Die beiden gehen miteinander durch dick und dünn!‹«

6
Casa San Lazzaro

Zur *Casa San Lazzaro* gelangte man durch ein Tor an der oberen, zum Meer parallellaufenden Straße. Hundertdrei Stufen führten von hier hinab zum Strand. Es war ein ungewöhnliches, malerisches Haus, und Arthur ließ ihm, ohne sich – wie gewöhnlich – um die Kosten zu kümmern und mit sehr präzisen Vorstellungen davon, was er wollte, den »letzten Schliff« angedeihen. Margaret dagegen hatte Arbeiten und Arbeiter zu beaufsichtigen, zu kaufen, was man brauchte, und Rechnungen zu begleichen. Als der neue Boden des Speisezimmers gelegt und das Obergeschoß in genau dem Taubengrau ausgemalt wurde, das Arthur gefiel, wurde Margaret krank. Kein geeigneter Augenblick für ihren jungen Ehemann, sie mit einem italienischsprechenden Dienstmädchen allein zu lassen, um Flüchtlingen zu helfen.

Während Arthur in Höhlen hausende, vom Krieg heimgesuchte Familien aufsuchte und Material für den *Manchester Guardian* sammelte, hatte Margaret reichlich Zeit, über den Mann nachzudenken, mit dem sie verheiratet war. Sie wußte: Er setzte seine eigenen Prioritäten, die sich aus Visionen ergaben, die nur er allein hatte. Seine Schwester Alice hatte ihr geschrieben: »Er ist dermaßen reserviert, daß ich kaum etwas über ihn weiß.«

Vernünftigerweise sorgte die junge Mrs. Evans, anstatt diesen Fragen weiter nachzuhängen, erst einmal dafür, wieder zu Kräften zu kommen und das Haus in Ordnung bringen zu lassen. Sie mietete ein Klavier, stellte ein zweites Mädchen ein, das – wie die meisten Ragusanerinnen – nur Serbokroatisch sprach, und begann, selbst die Landessprache zu lernen. Zum ersten Male in seinem Leben hatte Arthur ein eigenes Heim, und er machte die Entdeckung, daß ihm dies außerordentlich behagte.

Bald war das junge Paar bei den Mitgliedern eines kleinen Kreises sehr beliebt, dessen Aktivitäten allerdings etwas Aufgesetzes hatten. Das junge Paar lebte auf großem Fuß – auf zu großem, wie Margaret alsbald entsetzt feststellen mußte. Ihr sehbehinderter, unordentlicher Ehemann hatte die fatale Gewohnheit, Briefe, die er nicht entziffern konnte oder die er bei seiner beruflichen Anspannung gar nicht erst öffnete, in Schubfächer zu stopfen. Manchmal, wenn sie ihn erreichten, während er gerade über einem Problem brütete, warf er sie einfach auf den Boden. Als der Haushalt schließlich organisiert war, versuchte Margaret in ihrem »liebenswerten Ordnungssinn« auch die Papiere in und um Arthurs Schreibtisch zu ordnen. Zu ihrem größten Schrecken handelte es sich überwiegend um unbezahlte Rechnungen. Ein einfaches Überschlagen der Summen ließ keinerlei Hoffnung: die »Signora« und der »Milord Inglese« befanden sich tief in den roten Zahlen!

Arthur wußte eine einfache Lösung für das Problem: Er schrieb nach Hause. Doch John erwiderte, das letzte Jahr habe der Papierbranche nur geringe Gewinne gebracht, und der bescheidene Scheck, den er beifügte, sei alles, was er tun könne. Anstatt sich in seiner Lebensweise einzuschränken, entledigte Arthur sich lieber einiger seiner Wertpapiere, um seine Schulden loszuwerden.

Evans verkörperte eine seltsame Mischung aus Gelehrsamkeit und Tatkraft. Sein jüngstes Projekt war es, eine Geschichte Ragusas von der Vorgeschichte bis zur bewegten Gegenwart zu schreiben. Bis in die Nacht saß er am Schreibtisch, und Margaret hatte dann tags darauf das Kerzenwachs auszuputzen, das auf seine Kleidung getropft war. Bald schon packte ihn wieder Tatendrang. »Ich kann das seßhafte Leben nicht lange aushalten! Du kannst dir nicht vorstellen, wie viel besser ich mich nach der kleinen Wanderung fühle, die ich soeben unternommen habe ... Doch wenn ich zu lange über der Geschichte Ragusas brüte, bringe ich mich um alle guten Wirkungen.«

Eine solche Wanderung, auf der ihn nur Prodger und ein Rucksack begleiteten, führte ihn nach Bosnien hinein. Er ging der Erzählung eines Bauern nach, der von Zeichnungen berichtet hatte, die sich unmittelbar neben seinem Heimatdorf an einer Felswand befinden sollten.

»Der Ort war außerordentlich romantisch«, schrieb Arthur. »Eine riesige Felswand und darunter eine kleine Höhle. Über dieser befanden sich an der unbesteigbar scheinenden Wand ›prähistorische Fresken‹ von außerordentlichem Interesse. Ich kletterte zu einem vorspringenden Gesims empor, das einen Abgrund überragte, und konnte eines der Bilder aus ziemlicher Nähe kopieren, mehr oder weniger auch das andere, aber es war ein recht riskantes Stück Arbeit.«

Mehr als ihm bewußt war, verstrickte sich Evans in den Maschen der

Balkanpolitik. Ganz unverblümt verteidigte er die Südslawen gegen Türken, Österreicher, Russen und alle anderen (einschließlich der Engländer), die ihnen ihr Selbstbestimmungsrecht verweigern wollten. Auf den Anschein journalistischer Überparteilichkeit verzichtete er nunmehr ganz. Nach Ansicht seiner Schwester Alice sah Arthur auf einem Foto, das Margaret ihr schickte, selbst schon fast wie ein Aufständischer aus.

Margaret stand ihrem Mann treu zur Seite, war mit ihm ein Herz und eine Seele, sorgte für eine freundliche Atmosphäre in der Casa San Lazzaro, wenn er zurückkehrte, und bangte um ihn, wenn er nicht zu Hause war. Wenn Freunde ihr berichteten, es habe auf einer der Wanderungen Arthurs einen kleinen »Zwischenfall« gegeben, war sie schon erleichtert zu hören, daß man ihn lediglich verhaftet hatte. »Wie üblich«, schrieb sie nach Hause, »hatte er seinen Paß verloren und wurde in mehrstündigem Fußmarsch nach Trebinje eskortiert, wo man seine Identität feststellte und ihn freiließ.«

Es war eine glückliche Ehe. Nur Kinderlosigkeit überschattete sie, zumal beide abgöttisch Kinder liebten. So nahmen sie Simo auf, ein Waisenkind, das Arthur aus einem Flüchtlingslager mitgebracht hatte. Sowohl zu seinem als auch zu ihrem eigenen Vergnügen kauften sie einen riesigen jungen Hirtenhund, den sie Bruin, und eine Katze, die sie Miss nannten. Das Kinderfest, das die Evans Weihnachten für den Nachwuchs ihrer Freunde und Nachbarn gaben, war eines der erfrischendsten gesellschaftlichen Ereignisse in Ragusa. Es bestärkte Margaret trotz ihrer angegriffenen Gesundheit nur in dem Wunsch, eigene Kinder zu haben. Also reiste sie nach England, um sich medizinischen Rat zu holen. Sie reiste ohne Arthur.

Weder die Sorge um seine Frau noch eine Heirat in Nash Mills konnten Arthur veranlassen, seine Arbeit und seine Flüchtlinge im Stich zu lassen. Seine jüngste Schwester, Harriet, heiratete Charles Longman aus der lange mit den Evans befreundeten Verlegerfamilie. Selbstverständlich richtete Margaret es so ein, daß sie zu dieser Hochzeit in England war. Arthur dagegen blieb unerbittlich. Vielmehr betrachtete er Margarets Abwesenheit als willkommene Gelegenheit, einmal wirklich weit zu wandern – er wollte zu Fuß die gesamte Balkanhalbinsel bis nach Saloniki durchqueren.

Er versprach sich davon die Chance, Anführer der slawischen Aufstandsbewegung und Flüchtlinge zu interviewen, kurz: Material zu sammeln, das künftig der slawischen Sache dienlich sein konnte. Einen Brief

Margarets, in dem diese ihre Besorgnis über einen so weiten, gefahrvollen Fußmarsch zum Ausdruck brachte, beantwortete er recht hochtrabend. Bei jedem anderen Schreiber hätte man einen solchen Brief für selbstgerecht und gleichzeitig für einen Beweis unterschwelliger Schuldgefühle halten können. Anders bei Arthur. Hier verriet er nur, wie er war: Wenn es um seine nicht niedrig gesteckten Ziele ging, vergaß er alles.

»Selbst angenommen, es bestünde die Möglichkeit, daß man mir auflauert«, so schrieb er, »wenn meine Reise dem Wohl kommender Generationen gilt – und das soll sie, soviel an mir liegt –, glaube ich nicht, daß Du, meine Mutter oder sonstwer irgendein Recht hat, persönliche Besorgnisse ins Spiel zu bringen. Sie haben für mich nicht das mindeste Gewicht, und wenn Du meinst, sie hätten es, kennst Du mich sehr wenig. Ich sehe nicht ein, was es soll, wenn meine Mutter mir von meiner ›armen Frau‹ schreibt und mich wissen läßt, sie sei über meinen Reiseplan verärgert. Ich kann mich des Gedankens nicht erwehren, daß Frauen stets mehr dazu neigen als Männer, Dinge persönlich zu nehmen.«

Und doch war es gerade dieses Persönliche, das Evans vermißte, als er in die Casa San Lazzaro zurückkehrte. Erst jetzt, ohne Margaret, wurde ihm klar, was ihre Gegenwart für ihn bedeutete, wie viel Wärme und Zuwendung sie ihm gab. Auch wie viel Bequemlichkeit und Ordnung. Wieder häuften sich auf seinem Schreibtisch die Papiere. Simo hatte Schwierigkeiten in der Schule. Die Dienstmädchen quengelten herum. Das einzig Gute, das sich während Margarets Aufenthalt in England ereignete, war, daß er einen neuen Kollegen fand, wo er ihn am wenigsten gesucht hätte: in der österreichischen Armee.

Felix von Luschan war eigens aus Wien gekommen, um ihn zu besuchen. Er war nicht nur Militärarzt, sondern auch Sekretär der Wiener Anthropologischen Gesellschaft und ein Völkerkundler, der sich bald einen Namen machen sollte. Später wurde er Direktor des Völkerkundemuseums in Berlin. Besonderen Wert legte er auf die Untersuchung menschlicher Schädel aus alten Gräbern. Seine eigene Schädelsammlung umfaßte bereits etwa neunhundert Exemplare. Die beiden Männer wurden rasch Freunde.

Gemeinsam begaben sie sich in Höhlen auf Schädelsuche. Das mühsame Umherklettern in den Klippen am Meer und das Herumkriechen in dunklen Felsengängen waren Medizin für Evans. Er brauchte die intellektuelle Anregung. Noch lange danach erinnerte er sich an die fesseln-

den Diskussionen über Schädeltypen und ihre Herkunft, als er selbst den Ursprung der längstverschollenen Minoer zu ergründen suchte. Evans empfand tiefes Bedauern, als sich sein neugewonnener Freund wieder verabschiedete. Die Casa San Lazzaro schien noch stiller geworden zu sein, als er ganz allein nach Ragusa zurückkehrte.
Sehr viel lebhafter ging es dagegen in den Kasernen in Wien zu, wohin Felix von Luschan zurückkehrte. Gerüchte schwirrten umher. Felix von Luschan bekam von einer Sache Wind, die ihn veranlaßte, seinem neuen englischen Freund unverzüglich eine verschlüsselte Eilnachricht zukommen zu lassen. Er sandte ihm eine Karte mit einer darauf abgezeichneten »altgriechischen Inschrift, gefunden am 7. Mai 1880 in Olympia«. In Wirklichkeit enthielt die angebliche Inschrift die verschlüsselte Warnung an Evans: die österreichische Polizei werde ihn in Kürze als Spion verhaften.
Als Margaret aus England zurückkehrte, bestätigte sie, daß die leidenschaftlich antiösterreichischen Artikel Arthurs im *Manchester Guardian* ungeheure Aufregung hervorriefen. Ihren Freunden in Ragusa kam zu Ohren, Evans drohe die Ausweisung. Obwohl sie sich mehr sorgte als je zuvor, wenn Arthur unterwegs war, tat ihr Mann dies alles als »lächerliches Gerede« ab und trat nur mit verdoppelter Anstrengung für die Befreiung der Slawen ein.
Rund 130 Kilometer im Südosten von Ragusa, bei Ubli, brach ein Aufstand gegen die österreichischen Besatzer aus. Als die Revolte um sich griff, hielt Evans seine Leser über jede österreichische Niederlage auf dem laufenden. In den verschiedensten Sprachen korrespondierte er mit Politikern und slawischen Journalisten in ganz Europa. Er versteckte zu Hause Flüchtlinge. Kinder und Hirten brachten ihm Geheimnachrichten über österreichische Truppenbewegungen, und er ließ Widerstandskämpfer ein, die heimlich an seine Haustür klopften.
Ja – er besuchte sogar die Aufständischen in Ubli. Das war nicht leicht. Um ihre Bergfestung zu erreichen, mußte er sich an einem österreichischen Militärposten vorbeischleichen und Stiegen aus nacktem Fels emporklettern. »Schließlich tat sich in 3000 Fuß (rund 900 m) Höhe über einer zerklüfteten Felsenkante die Schlucht von Ubli selbst vor mir auf – ein riesiger Felsenkessel, umgeben von einem einzigen Wirrwarr bizarrer Kalksteintrümmer. Das spärliche Erdreich inmitten der Schlucht hatte man zusammengescharrt und darauf zahllose kleine Felder angelegt, und überall duckten sich die

elenden Steinhütten, in denen diese abgehärteten Menschen hausen. Doch für Verteidigungszwecke war diese Lage großartig.«
Von diesem Ausflug kehrte Margarets unerschrockener Ritter der Feder sehr zufrieden mit sich und der Welt zurück. Doch die Freude sollte von kurzer Dauer sein. Am 2. März 1882 wiesen die Österreicher Evans aus Ragusa aus. Alle außer Arthur wunderten sich, daß sie überhaupt noch so lange gewartet hatten. Anscheinend bedauerten die Behörden schließlich selbst ihr Zögern oder sahen die Dinge plötzlich ganz anders. Jedenfalls wurde Evans fünf Tage später, als er gerade im Begriff stand, dem Ausweisungsbefehl Folge zu leisten und ein Schiff zu besteigen, verhaftet.
Die Zelle, die Arthur erhielt, lag in dem Block, der die Aufschrift *condannati* (»Verurteilte«) trug. Man verweigerte ihm Schreibmaterial, ja nicht einmal eine Kerze bewilligte man ihm, damit er nicht durch sein engvergittertes Fenster nach draußen Signale geben konnte. Sein Blick fiel auf einen schmalen Hof und eine kahle Mauer. Arthur freilich brachte es fertig, selbst hier dramatische Akzente zu setzen.
Es glückte ihm, Margaret eine erste Botschaft zu senden, indem er mit einem aus einem Kamm gebrochenen Zahn seinen Arm anritzte und mit Blut schrieb. Bei seiner nahezu mikroskopisch kleinen Handschrift genügte ein winziger Papierfetzen, um einen ganzen Brief darauf unterzubringen. Es ginge ihm ganz gut, versicherte er, und er werde nicht mißhandelt. Ganz gewiß werde die Sache bald überstanden sein. Zur Zeit freilich empfehle es sich, einen Anwalt zu nehmen. Der Gefängnisbeamte, der den Kassiber überbringe, sei Slawe und vertrauenswürdig. Vor allem solle Margaret sich keine Sorgen machen. Margaret indessen schickte ihrem »arg mitgenommenen Wanderer« nicht nur sauberes Bettzeug in seine mittelalterliche Gefängniszelle, dazu frische Wäsche und eine warme Mahlzeit, sondern sorgte sich sehr. Sieben Polizeibeamte stellten die Casa San Lazzaro auf den Kopf und suchten Belastungsmaterial: Ausschnitte aus dem *Manchester Guardian,* Briefwechsel mit slawenfreundlichen Politikern, der Schlüssel zu einer »Geheimschrift«, eine sorgfältig mit der Hand gezeichnete und mit rätselhaften Anmerkungen versehene Karte. (Es handelte sich um eine von Arthur selbst angefertigte Karte prähistorischer Fundstätten auf dem Balkan, die er achtlos zusammen mit anderen Papieren in eine Schublade gestopft hatte.)
Wäre Arthur dabeigewesen, hätte er dem Rätselraten der Beamten über seine serbokroatischen Aufzeichnungen ein Ende bereiten können, ent-

hielten sie doch nichts anderes als was man ihm an Volksüberlieferungen über Drachen und Vampire zugetragen hatte, desgleichen über jene Zettel, auf die altertümliche Wörter gekritzelt waren, schließlich über die Zahlenkolonnen, bei denen es nicht, wie die Polizisten glaubten, um Beträge ging, die den Aufständischen zugeflossen waren, sondern um Aufstellungen, die er gemacht hatte, um sich über seinen Kontostand klarzuwerden. Für jeden, der Arthur kannte, gaben diese Papiere allenfalls eine Art Querschnitt seiner Persönlichkeit. Bei den Kriminalbeamten dagegen bestätigten sie nur den Verdacht, den diese bereits hegten, und erregten darüber hinaus neuen Argwohn.
Schließlich durfte Margaret Arthur im Büro der Gefängnisverwaltung sprechen, und zwar auf italienisch, wie man zur Auflage machte, und in Gegenwart zweier Wärter. Allerdings hatte man ihr nicht verboten, Bruin, den Hirtenhund, mitzubringen. In dem Durcheinander, das das riesige Tier anrichtete, als es ebenso tapsig wie stürmisch seinen Herrn begrüßte, brachte sie es fertig, Arthur eine schriftliche Mitteilung zuzustecken. Dann wandte sie sich in ihrem besten Italienisch an die Justizbeamten. Die Familie in Nash Mills, die Leser des *Manchester Guardian*, ja die gesamte Regierung Ihrer Majestät Königin Viktoria seien höchst erregt über das, was geschehen sei. Das Gefängnispersonal war keineswegs beeindruckt. Schließlich hatte Österreich sogar einen Kaiser.
Welche Erklärung, wollten die Beamten wissen, die Evans verhörten, hatte Arthur für seine Beziehungen zu den Aufständischen? Für seine Aufzeichnungen über österreichische Militärlager auf der Rückseite seines Passes? Für seinen Abstecher nach Ubli? Wer war Gopčevič? (Spiridon Gopčevič war ein leidenschaftlicher Widerstandskämpfer, der es schaffte, durch den Gefängniskoch, einen Slawen, sogar in der Haft mit Arthur in Verbindung zu bleiben: Er sandte Arthur Botschaften, die in Brot eingebacken waren.) Was wollten Schafhirten aus den Bergen in der Casa San Lazzaro? Wer war Miljan (ein anderer Widerstandskämpfer)?
Aus Nash Mills kamen empörte Briefe. »Der arme Vater«, schrieb Fanny an Margaret, »war, seit die Nachricht eintraf, Tag für Tag im Außenministerium, nur einmal nicht, und da war ich an seiner Stelle da.« Lewis hatte zu viel mit der Papierfabrikation zu tun, doch Arthurs anderer Bruder, Norman, hatte sich zusammen mit seiner Schwester Alice auf den Weg nach Ragusa gemacht, um Margaret zu helfen. John hatte mit mehreren Parlamentsabgeordneten gesprochen (Fanny unter-

ließ es, hinzuzufügen, daß diese Arthurs Verhalten für zumindest »unbedacht« erklärt hatten). Wütende Leserbriefe gingen beim *Manchester Guardian* ein. Wurde Arthur ordentlich verpflegt? Wie konnte er, der die Freiheit so liebte, das Eingeschlossensein ertragen?

Margaret tat ihr Bestes, um Fanny und John in für die Zensur zugeschnittenen Briefen zu beruhigen. Sie hatte Arthur im Gefängnis besucht. »Ich verlieh ihm Eleganz mit einer Blume aus seinem eigenen Garten.« Er habe gut ausgesehen und sei, während sie sich unterhielten, »im Garten umhergehüpft«. So, wie er »herumträllerte«, sei er ganz der alte. Man erlaube ihm, Bücher zu lesen und bewillige ihm Kerzen. Das Essen bekäme er von zu Hause. Ja, sie brachte sogar fertig, hinzuzufügen: »Ich glaube, diese Ruhe und Stille sind gut für ihn, war er doch in letzter Zeit so schrecklich viel unterwegs.«

Als dann Norman und Alice eingetroffen waren und einen Code für den Nachrichtenaustausch mit Nash Mills mitgebracht hatten, war es einfacher, die ernüchternde Wahrheit mitzuteilen. Der Brief, den Norman mit nach England zurücknahm (Alice blieb in Ragusa, um Margaret zu helfen), enthielt ein ungeschminktes Bild der Situation. Der von Margaret engagierte Anwalt beurteilte den Ausgang der Angelegenheit sehr pessimistisch, falls man es zu einer Verhandlung kommen lasse. Seiner Ansicht nach würde man Arthur kaum freisprechen, vielmehr müsse er mit mindestens zehn, schlimmstenfalls aber zwanzig Jahren Freiheitsstrafe rechnen. Der Anwalt war überzeugt: Ihre einzige Hoffnung bestand darin, Wien zu einer Einstellung des Verfahrens zu bewegen, machten doch schon Gerüchte die Runde, demnächst werde sogar Margaret verhaftet werden. »Wahrhaftig«, schrieb sie, »sie nehmen sich sogar heraus, alle meine Briefe zu lesen. Ihr könnt euch vorstellen, wie ich das vom ersten Tage an haßte!«

Sollte sie Ragusa den Rücken kehren? Sollte sie ihre Siebensachen packen? Doch wohin sollte sie gehen? »Wie lange das Warten einem scheint«, schrieb sie ihrem Mann, »heute dauert es nun schon drei Wochen. Wie ich mich danach sehne, Dich wieder ganz bei mir zu haben ... Ragusa ist mir verhaßt geworden.« Beiden gelang es, mit Hilfe der dünnsten Papierzettelchen, die Margaret auftreiben konnte und die sie in Löwenmäulchen aus ihrem Garten oder mit den täglichen Speisen einschmuggelte, miteinander in Verbindung zu bleiben. Arthur schrieb Margaret, sie solle so viel wie möglich von ihrer Habe verkaufen, den Rest zusammenpacken und mit Alice nach England gehen. Er selbst, so fügte er mit seinem üblichen Optimismus hinzu, werde sicherlich bald nachkommen. Während Arthur im Gefängnis Romane verschlang – William M. Thackerays *Die Virginier*, Charlotte Brontës *Jane Eyre* und Nathaniel Hawthornes *Der scharlachrote Buchstabe* –, begannen Margaret und Alice, Münzen und andere Sammlungen für die lange Reise von Ragusa nach Nash Mills zu verpacken. Die glücklichen Tage in der Casa San Lazzaro waren vorüber.

Inzwischen kannte Arthur jede Ritze im Pflaster des Hofes, in dessen Mitte ein eingetopfter Zitronenbaum stand. Arthur verschaffte sich hier täglich ein wenig Bewegung. Selbst er verlor jetzt allmählich die Zuversicht. Am meisten entmutigte es ihn, daß ihn, vom slawischen Koch in sein Brot eingebacken, die Nachricht erreichte, der Aufstand seiner tapferen Freunde aus Ubli sei niedergeworfen. Ihn schauderte beim Gedanken an ihr Schicksal. Allerdings hatte er wohl gerade ihrer Niederlage seine Freilassung zu verdanken.

Als sie die Zügel auf dem Balkan wieder fest in der Hand hatte, beschloß die Regierung in Wien, sich des unbequemen Engländers zu entledigen. Am 23. April 1882 ordnete man Arthurs Haftentlassung und gleichzeitig seine Ausweisung aus Ragusa an. Nach sechs Wochen Haft war Arthur wieder frei. Da seine Frau und seine Schwester die Casa San Lazzaro bereits geräumt, die Haushaltsgüter verpackt und alle Reisevorbereitungen getroffen hatten, brauchte er nur noch mit Margaret und Alice das Schiff nach Venedig zu besteigen. Von dort ging die Reise weiter nach England.

»Wie herrlich hat doch die unerschütterliche Energie seiner beiden Damen ihren Zweck erfüllt«, bemerkte seine Großmutter väterlicherseits spitz. Seine Großtante Ann Grover aus der Dickinson-Linie fügte hinzu: sie hoffe, er habe »eine Lektion erhalten, nach der er nun zu Hause bleiben wird«.

7

Ein Raritätenkabinett

»Arthur tollt den ganzen Tag im Hause und um das Haus herum, schwingt seinen Prodger und treibt sich bei den Himbeeren umher«, berichtete Alice. Seiner Familie, die so lange um ihn gebangt hatte, schien es, als ob er wirklich seine Lektion gelernt hätte und zufrieden wäre, wieder in Nash Mills zu sein.

Arthur freilich hatte sich inzwischen daran gewöhnt, ein eigenes Haus zu haben. Er konnte es kaum erwarten, sich wieder aus dem Staub zu machen. Das junge Paar mietete ein Haus in der Broad Street in Oxford, Margaret tat ihr Bestes, um es mediterran-farbenfroh einzurichten, und Arthur stürzte sich in die Arbeit – zugunsten seiner geliebten Slawen natürlich.

Als Autor zweier Bücher über den Balkan und als kürzlich entlassener Insasse des Gefängnisses von Ragusa genoß Arthur den Ruf eines profunden Kenners der Geschichte und Zeitgeschichte der Balkanländer. Für die angesehene Fachzeitschrift *Archaeologia* verfaßte er einen *Antiquarian Researches of Illyricum* (»Altertumskundliche Forschungen in Illyricum«) überschriebenen Aufsatz. Außerdem setzte er die Arbeit an seiner Geschichte Ragusas fort. Wenn er nicht schrieb, brütete er, ganz wie sein Vater, über Münzen und Gemmen, ja er entwickelte sich geradezu zum Experten für griechische und römische Münzen, auf denen er, dank seinem »mikroskopischen« Nahsichtvermögen, Münzmeistersignaturen und winzige Stilmerkmale ausmachte, die niemandem sonst auffielen.

Derartig intensive, wenn auch ortsgebundene Beschäftigungen hätten manchen weniger Energiegeladenen vielleicht zufriedengestellt. Bei Arthur verstärkten sie nur seine Sehnsucht nach strahlenderem Himmel und Abenteuern. Noch war kein Jahr vergangen, seit er den *Condannati*-Zellenblock in Ragusa verlassen hatte, als er sich schon wieder auf Reisen begab. Von Fanny beschworen, sich nicht wieder in Schwierigkeiten zu bringen – sein Vater hatte seinetwegen inzwischen schon graue Haare bekommen –, brachen er und seine Frau Margaret nach Griechenland auf. Die Reise sollte weittragende Folgen für Arthurs Zukunft haben. Höhepunkt ihres Aufenthaltes in Athen war ein Besuch bei dem inzwischen hochberühmten deutschen Archäologen Heinrich Schliemann und seiner schönen jungen Frau Sophia, einer Griechin. Schliemann war damals einundsechzig Jahre alt, fast doppelt so alt wie Arthur, und man sprach von ihm auf der ganzen Welt. Schon lange betrachtete man ihn nicht mehr als den Narren, den Traumtänzer, als den man ihn angesehen hatte, bis er 1871 verkündete, er habe Homers Troja gefunden. Zuvor hatten die Gelehrten *Ilias* und *Odyssee* als reine Mythen abgetan, obwohl Homer zur Pflichtlektüre aller Gebildeten gehörte.

Margaret und Arthur lauschten gebannt, als Heinrich Schliemann von den dramatischen Schlußtagen einer seiner früheren Grabungskampagnen in Troja erzählte. Es war 1873. Schliemann und seine erst dreiundzwanzig Jahre alte Frau Sophia hatten drei Jahre lang gegraben und waren erschöpft, wenn auch glücklich, weil sie meinten, Homers Troja gefunden zu haben. (Leider irrten sie. Spätere Forschungen ergaben: nicht die von ihnen dafür angesehene Schicht II, sondern Schicht VII A der Grabungsstätte kommt als Troja Homers in Frage!) Die Zeit war gekommen, ihre Arbeit vorerst zu beenden. Und da bemerkte Schliemann am 14. Juni, einen Tag, bevor endgültig Schluß sein sollte, den Schimmer von Gold. Die Schliemanns bargen aus der Erde, was sie für den »Schatz des Priamos« (des Königs von Troja) hielten.

Nachdem Heinrich die einzelnen Bestandteile des Schatzes aus dem steinhart gewordenen, trockenen Erdreich herausgestemmt hatte, wikkelte Sophia sie mit äußerster Sorgfalt in ihr rotes Halstuch. Zwei herrliche Diademe aus Gold befanden sich unter den Funden. Außerdem umfaßte der Hort einen goldenen Kelch sowie zahllose Ohrringe, Fingerringe, Knöpfe und andere Kostbarkeiten.

Nach Troja hatte Schliemann begonnen, Mykenai auszugraben, wo einst Agamemnon, der »Herrscher des Volks«, regiert hatte. Abermals, so erzählte er Margaret und Arthur, habe er bewiesen, daß Homer »recht hatte«. Wie erwartet, hatte er den großen *tholos*, den bienenkorbförmigen Grabbau, gefunden, den noch der seinerseits homergläubige griechische Reiseschriftsteller Pausanias im 2. Jh. n. Chr. gesehen und beschrieben hatte.

Innerhalb der Zitadellenmauern von Mykenai, geschützt von dem noch stehenden Löwentor, hatte Schliemann fünf Schachtgräber freigelegt, deren Tiefe zwischen ungefähr einem und etwa fünf Metern schwankte (später kam noch ein sechstes Grab hinzu). In einem dieser Schachtgräber lag, mit unschätzbaren goldenen Grabbeigaben für das Leben im Jenseits ausgestattet, der unter einer massiven Goldmaske ungewöhnlich gut erhaltene Leichnam eines Mannes. Schliemann war überzeugt: Es konnte sich nur um die Leiche Agamemnons handeln, der die Heerscharen der Achaier gegen Troja geführt hatte! Voller Freude telegraphierte er an den König von Griechenland: »ICH HABE AGAMEMNON INS ANTLITZ GEBLICKT.«

Das Antlitz Agamemnons! Evans hatte seinerzeit in Oxford studiert, doch erinnerte er sich noch gut, wie es damals Fachleuten wie Laien kalt über den Rücken gelaufen war. Und es lief einem noch immer kalt über den Rücken, obwohl Schliemanns eigener Assistent, Wilhelm Dörpfeld, eine der profiliertesten Persönlichkeiten der Archäologiegeschichte, Schliemann Irrtümer nachgewiesen hatte. Agamemnon hätte, vorausgesetzt, daß es ihn je gab, um 1200 v. Chr. leben müssen, um am Trojanischen Krieg teilzunehmen. Die Schachtgräber dagegen wurden schon sehr viel früher angelegt, nämlich etwa zwischen 1600 und 1500 v. Chr. während der Mittleren Bronzezeit. Gerade dies aber ließ Evans aufhorchen, bedeutete es doch, daß es rund tausend Jahre vor der Blüte der klassischen griechischen Kultur bereits eine hochentwickelte Kultur auf griechischem Boden gegeben hatte.

Ein wenig erheitert war Evans von Schliemanns brennendem Verlangen, zu beweisen, daß Homer »recht habe«. Dennoch war Evans von Schliemanns Entdeckungen zutiefst beeindruckt. Die großartigen goldenen Kostbarkeiten aus Mykenai versetzten ihn geradezu in Entzücken. Was ihn daran so faszinierte, war nicht ihre Schönheit, sondern daß sie so ganz anders waren als die Werke der klassischen griechischen Kunst. Immer dichter hielt er die winzigen kissenförmigen Siegel (sogenannte »Schieber«) und Ringsteine vor seine Augen. Seltsamerweise fühlte er sich durch sie in mancher Hinsicht an assyrische oder ägyptische Gemmen erinnert. Doch die Sache erschien ihm noch rätselhafter, als seine phänomenalen Augen Muster entdeckten, zu denen der Tintenfisch gehörte – ein Hinweis auf den ägäischen Raum, der Evans Kopfzerbrechen bereitete. Wie kam das Oktopus-Motiv von den Inseln der Ägäis auf das griechische Festland?

Arthur machte sich mit Margaret auf, um selbst nachzusehen, was Schliemanns Spaten aufgedeckt hatte. Sie reisten nicht nur nach Mykenai, sondern auch nach Orchomenos, wo Schliemann einen *tholos* ähnlich dem von Mykenai gefunden hatte, und schließlich nach Tiryns, das bei Homer die stereotype Bezeichnung »mauerumgürtet« trägt. Die gewaltige Festung war in ihrer Glanzzeit – um 1200 v. Chr. – von Mauern umgeben, deren Dicke zwischen siebeneinhalb und fünfzehn Metern betrug. Schätzungen zufolge müssen manche Blöcke dieses Kyklopenmauerwerks bis zu zehn Tonnen gewogen haben.

Evans war verblüfft, daß auch diese Architektur der Mittleren Bronzezeit, die Schliemann nach ihrem Hauptfundort als »Mykenisch« bezeichnete, so ganz anders war als die Baukunst der griechischen Klassik. Nur ein Volk, dessen Technik bereits einen hohen Stand erreicht hatte, konnte, so schien es Evans, die Schachtgräber und jene *tholoi* erbaut haben, die wie gigantische Bienenkörbe wirkten. Nur ein künstlerisch hochbegabtes Volk konnte die Kostbarkeiten geschaffen haben, die man den dort bestatteten Toten mitgegeben hatte. Ob man diese archäologischen Funde mit Homer in Verbindung brachte oder nicht – ohne Zweifel hatte es hier, etwa ein Jahrtausend vor der Vorrangstellung des klassischen Athen, schon mächtige Stadtstaaten gegeben.

Was, wenn überhaupt etwas, war Mykenai vorangegangen? Woher kam die Anregung zu dieser Kunst, die von so hohem Können zeugte? Zu diesen Grabbeigaben, die an altägyptische Traditionen erinnerten? Zu diesen Siegelsteinen mit eingravierten Tintenfischen aus dem ägäischen Raum? War es nicht denkbar, daß Menschen mit einer dermaßen hohen Kultur auch zu schreiben verstanden? Sicherlich müssen ihre Herrscher das Bedürfnis nach Aufzeichnungen irgendwelcher Art verspürt haben, und sei es auch nur nach Verzeichnissen dessen, was sie besaßen oder einnahmen. Warum gab es davon keinerlei Spur? Ohne zu wissen, hatte sich Schliemann, der große Archäologiepionier, einen Nachfolger erschaffen, als er und seine Frau sich in Athen mit Margaret und Arthur Evans unterhielten. Von Stund an galt Arthurs Interesse ganz der Mykenischen Kultur der griechischen Bronzezeit. Zusammen mit Margaret blieb er fünf Monate in Griechenland und besuchte archäologische Stätten auf dem gesamten Festland.

Kurz nach der Heimkehr des jungen Paares erklärte John Parker, der schon seit langem kränkelnde Kurator des *Ashmolean Museum* in Oxford, seinen Rücktritt. Es bedeutete für die Familie eine große Erleichterung, als man Arthur diesen Posten anbot und er ihn annahm. Fanny und John, die ihre Silberhochzeit gefeiert hatten, als Margaret und Arthur durch Griechenland streiften, sahen eine Chance, daß ihr Sohn fortan in England blieb. Margaret freute sich, ihrem Vater nahe zu sein, den man jüngst zum Professor für Neuere Geschichte in Oxford ernannt hatte.

Arthur betrachtete seine Anstellung als günstige Gelegenheit, in dem Museum einige längst überfällige Neuerungen einzuführen und seinen weit ausgreifenden Vorstellungen von Altertumskunde Ausdruck zu geben.

Der neue, erst dreiunddreißig Jahre alte Kurator gab seinem Antrittsvortrag den Titel: »Das *Ashmolean Museum* als Heimstatt der Archäologie in Oxford«. Er zögerte nicht, seinen Zuhörern zu verkünden: »Unser Thema ist Geschichte – Geschichte vom Werden und der Abfolge menschlicher Kunst, menschlicher Institutionen und menschlicher Glaubensvorstellungen in jenem Teil unseres Erdballs, auf den das Licht der Geschichte fällt. Es gibt Perioden, wie die ›Papierzeit‹, in der wir leben, in denen Archäologie wie die bescheidene Dienerin geschriebener Geschichte erscheinen mag. Und doch gibt es frühere Zeitalter, in denen unsere Wissenschaft souverän regiert. Die ungeschriebene Geschichte der Menschheit geht der geschriebenen voraus, die Botschaft der Monumente der der Bücher.«

Das heute weltberühmte *Ashmolean Museum* spielte 1884, als Evans sein Amt als Kurator antrat, museumskundlich eher eine Nebenrolle. Seinen Kern bildete das »Raritätenkabinett«, das im 17. Jahrhundert der Naturkundler und Königliche Gärtner John Tradescant zusammengetragen hatte. Nach dem 1656 veröffentlichten, 179 Seiten umfassenden und *Museum Tradescantianum* überschriebenen Museumsführer enthielt es Vögel, Landtiere, Fische, Muscheln, Insekten, Mineralien, Früchte, Kriegsgeräte, Trachten und vielerlei Utensilien. Zusätzlich hinterließ Tradescant einen in englischer und lateinischer Sprache abgefaßten Katalog seines im Volksmunde »Tradescants Arche« genannten botanischen und »naturwissenschaftlichen« Gartens, den er rings um sein Haus angelegt hatte. Es konnte gar nicht anders sein, als daß derartige Schätze von einem genialen Exzentriker auf den anderen übergingen. So kam das »Raritätenkabinett« 1659 an Elias Ashmole, den »größten *virtuoso* (›Könner‹) und *curioso* (›Wißbegierigen‹), von dem man bislang in England je hörte oder las«. Ashmole hatte von der Astrologie und Botanik bis zum Hebräischen, zur Kupferstecherei und zur Wappenkunde alles nur Erdenkliche studiert. Und er trug alles nur Erdenkliche zusammen – von Münzen und Medaillen bis hin zu ausgestopften Vögeln. 1675 bot er seine eigene Sammlung zusammen mit der von John Tradescant, dessen »Raritäten« allein zwölf Wagenladungen ausmachten, der Universität Oxford an, und zwar unter der Bedingung, daß ein geeigneter Raum geschaffen werde, um sie unterzubringen. 1683 öffne-

te dann das *Ashmolean Museum*, das erste öffentliche Museum Großbritanniens, seine Pforten.
Es enthielt Antiquitäten, Münzen, Sehenswertes aus der Naturgeschichte sowie Absonderlichkeiten wie »Fliegenketten« und »chirurgische Instrumente auf Nadelspitzen«. Seit dieser Zeit getätigte Neuerwerbungen reichten von klassisch-antiken Skulpturen bis zu Stücken, die Kapitän Cook von den Südseeinseln mitgebracht hatte. Eine klare Linie oder bestimmte Schwerpunkte gab es kaum. Als 1884 der neue Kurator sein Amt antrat, wirkte das Museum selbst ebenso versteinert wie manches seiner Ausstellungsstücke.
Es blieb Evans vorbehalten, seinen Dornröschenschlaf zu beenden. »Dieses Museum«, so erklärte er in seiner Antrittsrede, »soll nicht zu einem Kuriositätenladen herabsinken, nicht zu einer Rumpelkammer für irgendwelchen Ramsch aus der Vergangenheit werden.« Vielmehr solle es ein Zentrum archäologischer Forschung im weitesten Sinne sein. »Ich finde es völlig unmöglich«, sagte er, »meine Interessen und Forschungen auf eine bestimmte Zeit zu beschränken, ja ich vermag Schranken nicht einmal zu erkennen, wenn man mich auf sie hinweist.« Eine jener Schranken, die anzuerkennen er sich weigerte, war die zwischen Archäologie und Völkerkunde. Für ihn gab es zwischen beiden keine Grenze, sie überlagerten vielmehr einander. »Sie haben beide weitgehend das gleiche Ziel: die Gesetze der Evolution zu beleuchten, denen die Formen menschlicher Kunst unterliegen.« Und erst recht wollte er sich nicht auf die von klassischen Altertumskundlern bevorzugte Periode beschränken, für die »ruhmreiche Vergangenheit« gleichbedeutend war mit Griechenland und Rom.

zur Farbtafel rechts:
Blick auf die Palastruine von Knossos.

zu den Farbtafeln auf den beiden folgenden Seiten:
links oben: Knossos, Propyläen (Westseite) mit rekonstruierten Säulen und Resten des Prozessionsfreskos.
links unten: Säulenhalle am Nordeingang (rekonstruiert).
rechts oben: Palast von Knossos, Thronsaal (Nordseite) mit dem sogenannten »Thron des Minos«.
rechts unten: Kultsymbol Stierhörner auf der südlichen Terrasse (Rekonstruktion).

»Man betrachte einen Augenblick lang«, so Evans, »was in allerjüngster Zeit die sogenannte prähistorische Archäologie geleistet hat, die in Wirklichkeit gar nicht historischer sein könnte, was die Erweiterung unseres Horizontes im Hinblick auf die Vergangenheit angeht. Sie hat den Vorhang aufgezogen und uns den Blick auf die Morgendämmerung (der Menschheitsgeschichte) freigemacht.« Beredt skizzierte er, ganz Sohn seines Vaters, ein Bild jener fernen Zeiten, als »hier bereits der Mensch lebte« – hier, unmittelbar in dieser Talsenke, wo heute Oxford liegt –, »der seine Feuersteinwaffen schuf, die ihm im Kampf gegen Säbelzahntiger und Wollnashorn helfen sollten«. Evans bedauerte, »daß wir in unserem Museum noch zu wenig (Material) haben, um diese frühen Kapitel der Geschichte menschlicher Kunstfertigkeit zu illustrieren«.

Dann ging Arthur zu praktischeren Dingen über. Es wurde Zeit, daß die Technik den Musen zu Hilfe kam. »Um vollkommene Feuersicherheit zu erzielen und die Feuchtigkeit zu bekämpfen, die zur Zeit buchstäblich aus dem Kellerboden quillt, habe ich vorgeschlagen, die bisherige Heizung des Museums durch eine Dampfheizung zu ersetzen.«

Dieser Vorschlag allein war revolutionär. Nicht alle aus der Körperschaft der »Museumsbesucher«, die im *Ashmolean* das Sagen hatte, waren mit dem Frontalangriff des jungen Kurators auf geistige Trägheit und Tradition einverstanden. Evans merkte bald: sich gegen jahrelang eingerissenen Schlendrian und chronischen Geldmangel zu stemmen, war eine andere Art Kampf als der, den er in Ragusa gegen die österreichischen Behörden ausgefochten hatte, aber er erwärmte sich dafür mit der gleichen Begeisterung und Beharrlichkeit.

Da ein Museum nur so viel wert ist wie das Material, das es beherbergt, vergrößerte er den Bestand des *Ashmolean* möglichst rasch. Sehr zustatten kamen ihm dabei seine Fähigkeit, das Richtige zu treffen, und seine guten Beziehungen zu in- und ausländischen Archäologen. Innerhalb von nur drei Jahren berichtete er den erstaunten »Besuchern« in seinem Jahresbericht von über zweitausend Neuerwerbungen. In fünf Jahren hatte er den Bestand fast verdoppelt. Ja, er ging so rasch dabei vor, daß 1892, acht Jahre nachdem er das Amt des Kurators übernommen hatte, das Museumsgebäude nicht mehr ausreichte, die Schätze, die sich

zur Farbtafel links:
Ölpresse im Ostteil des Palastes.

angesammelt hatten, aufzunehmen. Zu ihnen gehörte nunmehr eine hervorragende Sammlung phönikischer und hethitischer Siegel, außerdem großzügige Schenkungen aus den Evans'schen Privatsammlungen antiker Münzen und steinzeitlicher Artefakte. Bald sollten reiche Funde aus den Grabungen zweier Freunde Arthurs hinzukommen: John Myres, der auf Zypern, und Flinders Petrie, der in Ägypten grub.

Daß der vorhandene Museumsbau »aus den Nähten platzte«, schreckte Evans nicht. Hatte er doch schon kurz nach seinem Amtsantritt durch Verhandlungen, die den Erwerb der Fortnum-Sammlung zum Ziel hatten, die Erweiterung des Museums in die Wege geleitet. Charles Drury Edward Fortnum war ein mit John Evans befreundeter Sammler. Arthur hatte ihn durch seinen Vater kennengelernt. Fortnum besaß einige der erlesensten Beispiele antiker und mittelalterlicher Kunst auf englischem Boden. Er bot dem *Ashmolean* seine Sammlung als Leihgabe an und versprach, sie dem Museum zu vermachen, falls es Evans gelänge, die Universität zu bewegen, für angemessene Unterbringung und Präsentation zu sorgen.

Typischerweise ging Arthur das Projekt eher lässig an: Er gab im Museum einen Empfang für zweihundert sorgfältig ausgewählte Gäste. Einer der oberen Gänge wurde in strahlend helles Licht getaucht. Fotos der Fortnum-Sammlung füllten ihn, und aus Nash Mills sowie anderswoher entliehene Schaukästen und Ausstellungsstücke flankierten die Wände. Nachdem er den Mitgliedern des »Besucher«-Komitees und den Förderern des Museums so höchst eindrucksvoll vor Augen geführt hatte, wie die Zukunft des Museums aussehen könne, trat er persönlich an jedes einzelne Komitee-Mitglied heran, um ihm seine Pläne zu erläutern.

Geduld, geschicktes Taktieren und Diplomatie waren nicht gerade Evans' starke Seite, und Universitätspolitik lag ihm ebensowenig wie Haushaltsführung. Um die Finanzen des *Ashmolean Museum* stand es so schlecht, daß er, wie er seinem Vater schrieb, schon seit Monaten seinen Assistenten aus seiner eigenen Tasche bezahlte. Dennoch kam das Projekt der Museumserweiterung voran. Das Ergebnis war jener ansprechende Neubau, der 1894 eingeweiht wurde.

Ein Vierteljahrhundert lang war Evans Triebfeder und Schutzgeist des *Ashmolean*, und er blieb Ehrenkurator bis zu seinem Tode. Kaum eine Woche, die er in Oxford zubrachte, in der er das von ihm geschaffene Werk nicht besuchte und bereicherte. Unermüdlich bestand er darauf, das *Ashmolean* dürfe nicht nur Museum sein, sondern müsse darüber

hinaus zu einer Lehr- und Forschungsstätte werden. Auch dazu trug er während der ersten zehn Jahre seiner Amtszeit persönlich bei.
Für Evans waren diese zehn Jahre eine Phase enormer Produktivität. Er hielt eine Reihe von Vorlesungen, verfaßte Aufsätze für Fachzeitschriften, suchte systematisch nach antiken Münzen und Gemmen und grub bei Frilford in der Nähe von Oxford eine römische Villa aus. Ein wirklich bedeutender Beitrag zur Vorgeschichtsforschung war seine Ausgrabung des Urnenfeldes von Aylesford in der Grafschaft Kent. In einem 1890 in der Zeitschrift *Archaeologia* veröffentlichten Artikel brachte er die Aylesford-Funde mit den Stämmen der Belgen in Verbindung, die, wie er meinte, um 100 v. Chr. in Südbritannien eingedrungen waren. Er war damit der erste Gelehrte, der innerhalb der Eisenzeit eine eigene Formengruppe aussonderte.
Evans hielt auch einen der im Rahmen des erweiterten Lehrveranstaltungsprogramms der Universität Oxford angebotenen Sommerkurse über das Thema »Altertümer aus britischer Vorzeit«. Allerdings war dies für ihn mehr eine Pflichtübung. Dies galt auch von den Vorlesungen, die man von ihm als Kurator des *Ashmolean Museum* verlangte. Dozieren, öffentliche Vorträge zu halten, lag ihm wenig. So brillant er zu formulieren vermochte, wenn er schrieb – sobald er sprach, hüstelte und räusperte er sich zu oft, so daß seine Zuhörer bald unruhig wurden. Auch seine Gewohnheit, sich beim Sprechen die Haare zu raufen, wirkte ausgesprochen störend, mochten es nun Oxfordstudenten oder Laien sein, die ihm zuhörten.
Doch gab es andere Verpflichtungen. Eine davon war das Reisen. Dem Kurator, so erklärte man ihm, als er sein Amt antrat, stehe es nicht nur zu, häufig zu verreisen, sondern man erwarte es geradezu von ihm.
Eine Krimreise, die er allein unternahm, brachte ihn von Sewastopol bis nach Tiflis, wo er ebenso fasziniert wie einst auf dem Balkan durch den Basar der Teppichhändler und die Straßen der Silberschmiede streifte.
Eine anstrengende Reise, auf der Margaret ihn begleitete, begann in Kalabrien und endete in Makedonien – beunruhigend nahe bei Ragusa.
Margaret arrangierte einen kurzen Besuch in ihrer früheren Wahlheimat, doch man verweigerte Arthur die Einreise, und er platzte vor Ärger. So mußte er sich, schäumend vor Wut, mit Erzählungen aus zweiter Hand über den Garten der Casa San Lazzaro begnügen, über den Fleischer, der die »Signora Milord Inglese« wiedererkannt hatte, und über Ragusas unveränderte Schönheit in einer Welt, in der sich alles im Fluß befand.

Kurz darauf folgte eine Sizilienreise mit seinem Schwiegervater Edward Freeman, der an einer großangelegten Geschichte der Insel arbeitete. Evans' Resultat waren drei meisterhafte Aufsätze für *den Numismatic Chronicle: The Horseman of Tarentum* (»Der Reiter von Tarent«), *Syracusan Medaillons* (»Syrakusaner Medaillons«) und *New Artist's Signatures on Sicilian Coins* (»Neue Künstlersignaturen auf sizilischen Münzen«). Freeman schrieb nach Hause, er habe »neue Interessen entdeckt«, indem er »die Dinge mit Arthurs Augen betrachtete«. Zuvor sei ihm das nicht aufgefallen, aber in Sizilien werde man zum Münzkundler und Geologen. Kurz – so oft war Arthur fern von Oxford, daß sein Assistent, Edward Evans (kein Verwandter!) bisweilen keinerlei Ahnung hatte, wo sich sein Vorgesetzter gerade aufhielt und Frager mit der vagen Antwort abspeiste: »Der Kurator, Sir, ist irgendwo in Böhmen.«

Das Leben in Oxford ging dagegen seinen ruhigen, voraussagbaren Gang, eintönig und ohne Aufregung, obwohl Evans als Wissenschaftler immer mehr Betätigungsmöglichkeiten fand. Das schon in seinen Kindertagen rege Interesse an der archäologischen Erforschung der antiken Britannier und an romano-britischen Münzen erwachte neu, und er achtete nun besonders auf Parallelen mit Südeuropa. Seine Aufsätze über sizilische Münzen und Medaillons begründeten seinen Ruf als seriöser Numismatiker (Münzkundler). Im Verein mit seinen Forschungen über die Alte Geschichte der Balkanhalbinsel trug ihm dies auch die Anerkennung sogenannter »klassischer« Archäologen ein. Wenn Arthur jetzt Sitzungen der *Society of Antiquaries* beiwohnte, bei denen sein Vater, John, den Vorsitz führte, kam keiner mehr auf den Gedanken, es hier mit einem »kleinen« und einem »großen« Evans zu tun zu haben. Sie waren nun einander ebenbürtig.

So sehr sein Ruf und der des von ihm geleiteten Museums sich mehrten – mehr als einmal drohte Evans in seinen ersten zehn Amtsjahren, von seiner Position als Kurator zurückzutreten. So viel Genugtuung und Anerkennung als Wissenschaftler er auch erfahren mochte, nichts konnte ihn mit dem Klima und dem Lebensstil in Oxford versöhnen. Margaret spürte deutlich, wie gern ihr Ehemann nur allzuoft Rang und Titel gegen ein Visum eingetauscht hätte, das es ihm ermöglicht hätte, nach Ragusa zurückzukehren.

8

Schwere Zeiten

John Evans äußerte einmal, als er in einem Café in Bari (Süditalien) saß, die *piazza* davor sei »voll von Menschen wie Arthur«. Tatsächlich – Arthur sah nicht nur eher mediterran als englisch aus, auch temperamentmäßig paßte er besser zum südländischen Überschwang als zu britischer Zurückhaltung. Er schätzte ein aktives Leben unter strahlendem Himmel ungleich höher als stumpfsinniges Hocken in muffigen Sitzungszimmern. Nach Ragusa wirkte Oxford grau und bleiern. Arthurs Reibereien mit traditionsverhafteten Akademikern waren Lappalien verglichen mit seinem heftigen Engagement bei den Kämpfen auf dem Balkan. Antiquitäten für ein Museum zu erwerben, befriedigte nicht halb so sehr wie ihre Entdeckung. Obwohl er sich so oft und so lange wie möglich außerhalb von Oxford aufhielt, fühlte er sich doch immer unglücklicher, wenn er zurückkehrte. Die Evans hatten ein neues, größeres Haus, das Haus Nr. 33 an der Holywell Road, gemietet, und Margaret versuchte es – allem zum Trotz – in eine zweite Casa San Lazzaro zu verwandeln. Arthur liebte Einladungen und war denen, die er mochte, ein warmherziger Gastgeber. Häufig besuchten ihn die Verwandten. Später sollten diese Jahre als eine Phase der Normalität und Stabilität in seinem Gedächtnis fortleben.

Arthur war, wie gewöhnlich, nicht zu Hause, als ein unerwarteter Schicksalsschlag die Familie traf. Obwohl er meist Bildungs- und Forschungsreisen unternahm, hatten sich Margaret und er diesmal doch einzig und allein Urlaub gegönnt. Sie sonnten und entspannten sich im März 1888 auf Sizilien, als sie durch die traurige Nachricht nach Nash Mills zurückgerufen wurden, Arthurs Schwester Alice sei ganz plötzlich gestorben. Die Krankheit, die zum Tode führte, hatte nur wenige Tage gedauert. Alice war einunddreißig Jahre alt und hinterließ eine kleine dreijährige Tochter. Es war, als ob sie erst gestern auf ihrem Hochzeitsball getanzt hätte. Es war ein bitterer Verlust für Arthur, dem Alice von all seinen Geschwistern stets am nächsten gestanden hatte. Für Margaret war es ein fast ebenso schwerer Schlag, denn sie hatte in ihrer Schwägerin eine wahre Freundin und Stütze gefunden. Nie vergaß sie, wie Alice ihr in jenen schweren Wochen in Ragusa zur Seite gestanden und ihr Mut gemacht hatte, als Arthur im Gefängnis saß. Die ganze Familie war schwer getroffen. Alice, so schrieb Fanny, war »unsere Lebensmitte, das Band, das uns zusammenhielt«.

Drei Jahre später war Fanny selbst todkrank. Eine Operation ergab: Es bestand keinerlei Hoffnung. Wie lange sie schon wußte, wie es um sie stand, darüber konnten ihre Angehörigen nur Vermutungen anstellen. Obwohl sie schon längere Zeit leidend war, hatte sie immer versucht, John nach Möglichkeit nicht zu belasten. Nun aber ging es nicht mehr. Margaret fuhr zu Fanny nach Nash Mills. Am 18. September schrieb sie an Arthur nach Oxford: »Morgen sind es zwölf Jahre, daß wir gemeinsam durchs Leben gehen! Diesmal bewegt mich vor allem der Gedanke, daß jener Tag mir eine zweite Mutter gab, die immer so liebevoll und gütig zu mir war – die Liebe und Zuneigung, die ich verspüre, kann nur durch die Hingabe an den aufgewogen werden, für den ihr Verlust so bitter sein wird.« Arthur kam Margaret drei Tage später nach. Einen Tag darauf starb Fanny, und Nash Mills war von tiefer Trauer erfüllt. Nachdem Fanny gegangen war, hatte das behagliche, altmodische Haus, das so voll war von den Erinnerungen zweier Generationen, aufgehört, Familien-»Ankerplatz« zu sein.

Fanny war der Magnet gewesen, der alle anzog, nicht John. Sie hatte mit allen Freud und Leid geteilt. Der Vater war untröstlich und fand sich ebenso mit seinen Sammlungen alleingelassen wie beim Tode seiner ersten Frau vor einunddreißig Jahren.

Wie sollte es mit Nash Mills weitergehen? Zuerst wollte Margaret einige Monate dort verbringen, dann Harriet. Die Hausmeister wechselten. Schließlich schrieb Arthur seinem Vater, er und Margaret würden ihren Haushalt in Oxford aufgeben, um zu ihm nach Nash Mills zu ziehen.

John war zutiefst gerührt. Und doch schrieb er seinem Sohn: »Ich möchte nicht gern zusammen mit meinem Hause mit Beschlag belegt werden.« Er verschwieg dabei, daß ihm Margarets Ordnungsliebe ein wenig auf die Nerven ging. Und er haßte es, wenn besorgte Freunde für »Ablenkung« sorgen wollten. Von wohlmeinenden Hausgeistern allzusehr umsorgt zu werden, irritierte ihn nur. Fannys Tod hatte John keineswegs seiner Unabhängigkeit beraubt. Er brauchte ein *eigenes* Heim, und nur eine *eigene* Frau konnte es ihm bieten. Also begab er sich erneut auf Brautschau.

Im Juni 1892, zwei Jahre nach Fannys Tod, wurde John Evans wegen seiner Verdienste um Geologie und Vorgeschichte von Königin Viktoria zum Kommandeur des Bath-Ordens ernannt. Einen Monat später heiratete er zu jedermanns größter Überraschung Maria Lathbury, eine Mittdreißigerin. Sie war Dozentin für griechische Kunstgeschichte. Was für Fragen diese Heirat auch aufwerfen mochte – alle waren erleichtert und stimmten dem zu, was Joseph Prestwich in seinem Glückwunschschreiben zum Ausdruck brachte: »Zwar besteht ein gewisser Altersunterschied zwischen Euch, doch Du kannst von Deinen Lebensjahren getrost zwölf oder dreizehn abziehen, da Du an Geist und Körper so überaus rüstig bist. Und im übrigen tritt diese Ungleichheit des Alters gegenüber der Übereinstimmung im Fühlen und Denken ganz in den Hintergrund.« Als ob er beweisen wollte, wie recht sein Freund hatte, konnte der siebzigjährige Sir John ein Jahr später voll ausgelassener Freude die Geburt einer Tochter Joan anzeigen.

Ihre Geburt im Juni 1893 wurde von Johns erwachsenen Kindern herzlich begrüßt. Dem Freudenfest folgte schon bald neue Trauer, denn nur sechs Monate später starb ihr Bruder Norman. Er hatte kaum sein vierzigstes Lebensjahr erreicht. Arthur hatte zwar nie so sehr an seinem Bruder gehangen wie an Alice, trotzdem traf ihn dieser Todesfall schwer, zumal es auch anderweit für ihn genügend Anlaß für Kummer und Sorgen gab.

Tatsächlich schien es fast, als sei John Evans' wiedergefundenes Glück durch eine Reihe von Tragödien im Leben seines Sohnes Arthur erkauft. In dem Jahre, in dem John geadelt wurde und sich wiederverheiratete, starb ganz plötzlich Margarets Vater. Edward Freeman war für Arthur eher ein Freund als ein Schwiegervater gewesen. Beide waren durch gleiche politische Ansichten und durch gemeinsame Erlebnisse miteinander verbunden, beide hatten ohne Rücksicht darauf, wie man es aufnehmen würde, für die gleichen Prinzipien gestritten. Fast bis zu seinem Todestage hatte der tüchtige Historiker an seiner Geschichte Siziliens gearbeitet, für die er und sein Schwiegersohn bei ihrem Besuch auf der Insel Material gesammelt hatten. Um Freemans Andenken zu ehren, vollendete Evans selbst den letzten Band, wobei ihm seine Frau bereitwillig assistierte.

Da Margaret einst Sekretärin ihres Vaters gewesen war, war sie mit seiner Handschrift bestens vertraut. So konnte sie helfen, seine Aufzeichnungen zu entziffern und zu ordnen. Sie arbeitete hart und überaus gründlich. Doch Arthur, der sich sonst um nichts anderes kümmerte,

wenn ihn eine Aufgabe in ihren Bann schlug, merkte bald, daß ihr Atem immer schwerer ging.
Wenn er vom Schreibtisch aufblickte, konnte ihm nicht entgehen, wie bleich und eingefallen ihr Gesicht war. Häufig mußte sie sich mitten beim Überprüfen einer Fußnote oder Quellenangabe hinlegen, um ein wenig auszuruhen. Robust war sie nie gewesen. Stets war sie leicht zu ermüden. Dies aber war mehr als Erschöpfung.
Evans wollte oder mochte die Diagnose des zu Rate gezogenen Arztes, Margaret habe sich mit Tuberkulose infiziert, nicht akzeptieren. Margarets Krankheit, darauf bestand er, sei nur auf die Erschütterung durch den Tod ihres Vaters zurückzuführen. Das Klima in Oxford sei ungesund für sie. Was sie brauche, sei Luftveränderung, ein wenig warme Mittelmeersonne und Seeluft. Verschloß er die Augen einfach aus Angst vor Konsequenzen, die auch er an sich für durchaus möglich hielt?
Evans brachte seine Frau nach Torre del Greco am Golf von Neapel, wo sie viele Stunden ruhend am Strand verbrachte. In Taormina auf Sizilien fühlte sich Margaret trotz ihrer Spaziergänge am Meer und der Ruhestunden auf der Terrasse des Hotels fiebrig und schwach. Nun versuchten sie es mit der Seeluft an der italienischen Riviera. Als es Margaret nach ihrer Rückkehr nach Oxford noch immer nicht besserging, beschloß Arthur, das Haus an der Holywell Street aufzugeben und ihren Wohnsitz an einen gesünderen Platz zu verlegen.
Zwanzig Jahre zuvor hatte er als Oxfordstudent seine gesamte Freizeit damit verbracht, *Boars Hill* (den »Eber-« bzw. »Keiler-Hügel«) zu durchstreifen, eine nur wenige Kilometer von Oxford entfernte, von dichtem Wildwuchs bedeckte Anhöhe. Schon damals war er ganz dem Zauber dieses Ortes verfallen und hatte davon geträumt, sich dort einst ein Heim zu schaffen. Nun wurde die Erfüllung dieses Traumes zur Besessenheit und zum Wettlauf mit der Zeit. In der reinen Luft von Boars Hill, wo von Süden und Osten her frischer Meereswind über die *Downs* strich, würde Margaret genesen. Boars Hill lag außerdem nahe genug bei Oxford, so daß er das *Ashmolean* nach wie vor im Auge behalten konnte, wo nun endlich der neue Museumsbau in die Höhe wuchs, für den er sich so lange eingesetzt hatte. Arthur begann den Hügel zu durchstöbern und suchte nach einem passenden Standort für sein Haus.
Abgesehen von einem winzigen gleichnamigen Weiler, der aus einigen Bauern- und Kleinbauernhäusern bestand, war Boars Hill unbewohnt und lediglich von Bäumen, Heidekraut und Ginster bewachsen. Weder

Zäune noch Hecken entstellten das unberührte Land, nichts beeinträchtigte die unvergleichliche Aussicht von der Anhöhe.
Evans hatte schon Spuren früherer Zeitalter auf Boars Hill entdeckt. Sie stammten zweifellos aus römischer Zeit. Er prägte sie sich ein, um sie eines Tages zu untersuchen, wenn er mit Margaret hier leben würde, doch vorerst ging es ihm lediglich darum, den richtigen Platz für das Haus zu finden. Er fand ihn ohne Schwierigkeit am äußersten Nordrand unweit des Gipfels. Das Grundstück, dem sein Herz gehörte und das er für Haus und Garten brauchte, umfaßte 24 Hektar. Er vermochte seines Vaters Einwände in keiner Weise einzusehen, die Unterhaltskosten für einen so riesigen Grundbesitz seien viel zu hoch.
Ende 1892 hatte Arthur mit finanzieller Hilfe seines Vaters das Land gekauft und auch schon eine provisorische Unterkunft geschaffen, worin er und Margaret beobachten konnten, wie ihr eigentliches Haus in die Höhe wuchs. Er hatte dazu einen reizvollen Platz mitten zwischen Nadelhölzern ausgewählt. Die Wipfel der Bäume ließ er absägen, und auf die Stümpfe setzte er ein Sommerhaus aus Kiefernbohlen. Hier sollte Margaret sitzen, die frische, reine Waldluft atmen und ihren Blick bis zu den Hügeln von Berkshire schweifen lassen. Hier würde sie sich erholen, während sich ihr neues Heim der Vollendung näherte. Auch der Name, den er diesem geben wollte, stand für ihn schon fest: Es sollte nach dem Heideland, über dem es sich erhob, Youlbury heißen. Doch Margaret war es nicht vergönnt, Youlbury zu sehen, ja nicht einmal das Baumhaus sollte sie mehr bewohnen.
Sich verzweifelt an die Hoffnung klammernd, eine Luftveränderung werde Hilfe bringen, fuhr Arthur noch einmal mit seiner Frau an die italienische Riviera, und hier starb sie am 11. März 1893 in Alassio. Ihr Tod traf Arthur furchtbar – wie sehr, »das vermag ich noch gar nicht voll zu ermessen«, schrieb er an seinen Vater. »Ich glaube nicht, daß sich irgend jemand vorstellen kann, was Margaret mir bedeutete. Alles scheint mir sehr dunkel und trostlos.« Im Laufe ihrer fünfzehnjährigen Ehe hatte sich zwischen Arthur und Margaret eine von Liebe und Kameradschaft getragene Beziehung entwickelt, wie sie für Arthur kein zweites Mal denkbar war. Künftig schrieb er, so lange er lebte, nur noch auf schwarzumrandetem Papier, ja sogar seine Notizen kritzelte er auf Papier mit schwarzem Trauerrand. Das war seine Art, Margarets Andenken in seinem Herzen lebendig zu halten und sich gegen jede Versuchung abzuschirmen, eine andere an ihre Stelle treten zu lassen.
Evans war kein introvertierter Mensch. Psychologische Begabung ging

ihm ab. Doch die Grabschrift, die er für Margaret entwarf, verrät eine unerwartete tiefe Zärtlichkeit und das Wissen um seine eigene Not. Der Text dieser Grabschrift gedachte sowohl Margarets, »die innerhalb eines Jahres zu ihrem Vater berufen wurde«, als auch Edward Freemans: »Ihm war sie einst rechte Hand in seiner Bibliothek in Somerlaze. Ihrem Gatten war sie – auf wilden Fahrten, in schwerer Zeit und bei stillem Forschen – eine Helferin, wie wenige sie hatten. Ihr wacher, kraftvoller, bis zuletzt von ihrem Leiden ungebrochener Geist und ihr ständiges Wirken für das Wohlergehen derer, die sie umgaben, machten ihr kurzes Leben lang.«

Ohne Margaret gab es für Arthur keine Rückkehr in das alte Haus an der Holywell Street. Von dem Baumhaus auf Boars Hill aus leitete er zwei grandiose Bauvorhaben: Youlbury, wo er künftig wohnen wollte, und das neue *Ashmolean Museum*, das 1894 eröffnet wurde. Beide waren gleichsam ein Spiegelbild Arthurs, und sei es nur in ihrer Zweckbestimmung. Das *Ashmolean* war nicht mehr nur als Aufbewahrungs- und Ausstellungsstätte für Ausstellungsstücke, sondern gleichzeitig als archäologisches Lehr- und Forschungszentrum geplant. Und Youlbury war ein Stück Selbstverwirklichung seines Erbauers.

»Auf wilden Fahrten, in schwerer Zeit und bei stillem Forschen« – kaum hätte sich Arthur Evans' erste Lebenshälfte treffender zusammenfassen lassen. Jetzt stand er an der Schwelle der zweiten. Vor ihm lag eine der überwältigendsten archäologischen Entdeckungen, die je einem Menschen glückten.

Emsig hatte er seit zehn Jahren den Weg dorthin abgesteckt. Die außerordentlichen Goldschätze aus Troja, die Sophia Schliemann in ihr Halstuch gewickelt hatte, hatten nie aufgehört, ihm Kopfzerbrechen zu bereiten: jene Diademe, Siegelringe, Kelche und all die anderen Kostbarkeiten, insbesondere aber die winzigen »Schieber«, wie man sie in Mykenai gefunden hatte und die unerwarteterweise das überall in der Ägäis verbreitete Oktopus-Motiv trugen. Auch andere Stücke aus Mykenai gaben ihm zu denken, beispielsweise ein Silber-Rhyton (Trankopfergefäß) in Form eines Stierkopfes mit goldenen Hörnern; dazu das Löwentor in Mykenai, die Zyklopenmauern von Tiryns, die Schacht- und Tholosgräber, die so ganz anders waren als Griechenlands klassische Architektur. Er hatte nie daran gezweifelt, daß sie einer bronzezeitlichen Kultur angehörten, die vielleicht bis in die Zeit um 1600 v. Chr. zurückging. Doch beschäftigten ihn noch weitere Fragen, die ihn nicht losließen: Wer waren die Träger dieser Kultur? Wo lagen ihre kulturellen Wurzeln? Wer oder was hatte ihre Kunst beeinflußt, die so herausfordernd an Fremdartiges erinnerte – an Altägyptisches, entfernt auch Assyrisches, vor allem aber Ägäisches? Je mehr er darüber nachdachte, desto mehr war er überzeugt: Der Ursprung der Mykenischen Kultur lag nicht auf dem griechischen Festland, sondern in einer noch älteren, dennoch vielleicht sogar noch höherstehenden Kultur. Mehr noch: in einer Kultur, die bereits ein Schriftsystem gekannt haben mußte. Wenn, wie er selbst gesehen hatte, eine uralte Bevölkerung primitive Bildzeichen an eine Felswand in den Seealpen und an die Schären Skandinaviens gekratzt hatte, dann mußten die Schöpfer der Zitadelle von Mykenai erst recht über ein Mittel schriftlicher Kommunikation verfügt haben. Ja mehr noch – sie hatten, wie ihm schien, eine Menge von Anhaltspunkten dafür hinterlassen.

Diese Anhaltspunkte – so beispielsweise der sogenannte *island-stone* (»Inselstein«) im *Ashmolean Museum* mit seinen seltsamen Petroglyphen sowie andere merkwürdige Zeichen an Steinen oder Tonware – ließen Arthur keine Ruhe, sie zogen ihn in die Ägäis und ganz besonders nach Kreta, der größten aller ägäischen Inseln. Nicht zuletzt war dabei Intuition im Spiel.

Es war gerade die Zeit seiner persönlichen Krise, als all das, was ihn seit zehn Jahren an Fragen bedrängte, das Stadium der Abklärung erreichte. Zweifellos hätte er früher oder später ohnehin seinen Weg nach Kreta gefunden, doch zwei Abstecher, die er bereits kurz vor Margarets Tode nach Kreta unternahm, sowie die Leere, die sie hinterließ, nachdem sie von ihm gegangen war, brachten seine Begegnung mit den Minoern unglaublich rasch voran.

Seine nächste Reise führte nach Rom.

9

Ein Land namens Kreta

Evans' Treffen mit dem Archäologen Federico Halbherr am 3. Februar 1892 war der Beginn einer langen, fruchtbaren Beziehung zwischen beiden Männern.

Evans' Leidenschaft für Kreta erwachte gerade erst, doch Halbherr hatte schon seit langem dort gegraben. Er hatte bereits mehrere archäologische Stätten aus der Griechen- und Römerzeit untersucht, berichtete jedoch, die Insel sei voll viel älterer, noch unerforschter und ungedeuteter Überreste. Diese stammten vermutlich aus prähistorischer Zeit, doch beweisen ließ sich dies nur mit dem Spaten.

Ein Jahr später traf Arthur in Athen mit John Linton Myres zusammen. Myres war damals noch nicht der berühmte Prähistoriker, als der er später in die Geschichte der Wissenschaft eingehen sollte. Freilich – ein grundsolider Forscher war er bereits, »der«, wie Evans nach Hause schrieb, »Geologie und Archäologie auf sehr nützliche Weise miteinander verbindet«. Die beiden Männer wurden und blieben eng befreundet. Ihre gemeinsame Begeisterung ließ vergessen, daß zwischen ihnen ein Altersunterschied von fast zwanzig Jahren lag. »Gestern«, berichtete Evans in einem Brief, »stocherte ich mit ihm unter der ›Pelasgischen‹ Mauer der Akropolis umher und stieß dabei auf Fragmente prämykenischer Kunst, auf die bisher niemand geachtet hatte.« Myres bestätigte: Manche der in den Ton gekratzten Zeichen, auf die Evans ihn aufmerksam machte, waren in der Tat recht seltsam.

Beim Herumstöbern in den Antiquitätenläden der Athener Plaka bemerkte Evans Dinge, die sonst niemandem auffielen. In dem Durcheinander verstaubter Stücke auf den hölzernen Regalen fielen ihm einige drei- und viereckige Siegel mit eingravierten Symbolen auf. Wenn diese Zeichen das waren, wofür er sie hielt, nämlich eine Art von Hieroglyphen, dann traf die Theorie zu, die sich allmählich in seinem Denken herauskristallisierte. Er fragte die Händler, woher die Siegel kämen. Die Antwort lautete: aus Kreta!

Nun fiel Evans auch noch so manches andere ein: die Siegel in seiner eigenen Sammlung, deren eingravierte Zeichen er für Symbole hielt, Berichte aus den Berliner Museen über Siegel mit ganz ähnlichen Gravierungen sowie die »Kratzer«, die der griechische Archäologe Chrestos Tsountas an zwei Vasen aus Mykenai gefunden hatte. Tsountas hielt es zwar für ausgeschlossen, daß es sich dabei um Schriftzeichen handelte, doch Evans dachte anders. Mit der ihm eigenen Begabung, aus einem Minimum lange verschütteter Fakten das Richtige zu erschließen, konnte er im Herbst 1893 der Griechischen Gesellschaft berichten, er habe »einen Anhaltspunkt für das Vorhandensein der Bilderschrift auf griechischem Boden« entdeckt, und er war davon überzeugt, dieses »prähistorische Schriftsystem« sei irgendwo auf Kreta zu finden. Entschlossen, es dort nachzuweisen, begab er sich im Frühjahr 1894 erstmals dorthin.

Die Seereise ab Athen war rauh, doch schon lange, bevor das Schiff ankerte, war Arthur an Deck, um den ersten Blick auf Kreta nicht zu versäumen. Ein wenig erinnert Kretas Umriß an eine Eidechse mit zwei Hörnern. Ihr länglicher Rumpf erstreckt sich rund 250 km von Ost nach West, ihre »Körperweite« dagegen beträgt an der breitesten Stelle noch nicht einmal 60 km. Kretas höchster Gipfel, der Ida, ist einen großen Teil des Jahres mit Schnee bedeckt, selbst wenn Täler und Ebenen von Feigen und Weintrauben überquellen. Es ist eine Insel voll reizvoller Gegensätze, eine Insel mit langer Vergangenheit, und zu Evans' Zeit war es auch eine Insel mit recht bewegter Gegenwart. Im 8. Jahrhundert v. Chr. bezeichnete Homer Kreta als »augenbetörendes Eiland«. Im 16. Jahrhundert unserer Zeitrechnung schrieb ein ganz von Kreta hingerissener venezianischer Edelmann, Candia (damals der Name der Inselhauptstadt Herakleion [Iraklion]) verdiene, »Hauptstadt des Erdkreises« zu werden. Im 20. Jahrhundert fand einer der berühmtesten Söhne Kretas, Nikos Kazantzakis, ergreifende Worte für seine Inselheimat: »Tragisch, schwergeplagt ist Kretas Gesicht. Etwas Uraltes, Heiliges, Verbittertes, Stolzes ist in ihm, wie im Gesicht der Mütter, denen der Tod die stolzen Söhne entriß.«* Fast dreißig Jahrhunderte trennen Homer von Kazantzakis. Daß sie die Insel, die sie beide so priesen, einerseits als »augenbetörend«, andererseits aber als »uralt, heilig, verbittert« und »stolz« bezeichnen, läßt eine einzigartige Geschichte ahnen.

---

* *Im Zauber der griechischen Landschaft,* deutsch von Isidora Rosenthal-Kamarinea.

Alt war Kreta schon zur Zeit Homers. Eintausend Jahre und länger schon hatten seine Seeleute das Mittelmeer befahren. Bereits in Homers Tagen rankten sich Legenden um dieses Seefahrervolk.
Im Gegensatz zu Schliemann ging es Evans nicht darum, zu beweisen, daß Homer »recht hatte«. Dennoch betrachtete er die homerischen Epen als wertvolle Geschichtsquellen. Und wie die meisten gebildeten Engländer der Viktorianischen Zeit kannte er *Ilias* und *Odyssee* nahezu auswendig.

Kreta ist ein Land im dunkelwogenden Meere,
Fruchtbar und anmutsvoll und rings umflossen. Es wohnen
Dort unzählige Menschen, und ihrer Städte sind neunzig ...
Ihrer Könige Stadt ist Knossos, wo Minos geherrscht hat,
*Der neunjährig mit Zeus, dem großen Gotte, geredet.**

So schrieb einst der Dichter. Minos, dessen Name vielleicht in Wirklichkeit ein altkretischer Herrschertitel war, war für die Alten eine sagenumwobene Gestalt. Der große griechische Historiker Thukydides schrieb im 5. Jahrhundert v. Chr. im Vorgeschichtskapitel seiner *Geschichte des Peloponnesischen Krieges* (1,4):
Der erste, von dem wir hören, daß er eine Flotte besaß, ist Minos. Er herrschte über den größten Teil des heute hellenischen (griechischen) *Meeres und die Kykladen, die er zumeist auch kolonisierte, nachdem er die Karer vertrieben und seine Söhne als Statthalter eingesetzt hatte. Vermutlich setzte er auch alles daran, den Seeräubern das Handwerk zu legen, um sich den Bezug seiner Einkünfte zu sichern.*
Zum Sagenkreis um Minos gehörte eine seltsame Gestalt, die recht wenig zu dem liebenswürdigen Bild paßt, das man sich in der Regel vom alten Kreta macht: der eherne Riese Talos. Von Hephaistos, dem Gott des Feuers und der Schmiede, oder von Daidalos, Minos' kunstfertigem Baumeister, geschaffen, umkreiste er dreimal täglich (oder dreimal jährlich) die Insel und schleuderte Steine nach Schiffen, die sich näherten. Hatten Fremde bereits die Insel betreten, sprang er ins Feuer, bis er glühte, und bewillkommnete dann die Eindringlinge mit einer Umarmung, so daß sie mit schmerzverzerrtem Gesicht (»sardonischem Lachen«) in seinen Armen starben. Nach einer Überlieferungsvariante grinste er selbst »sardonisch« bei dieser Art von Willkommensgruß.

---

* Homer, *Odyssee* 19, 172 ff. u. 178 f., deutsch von Johann Heinrich Voss.

Doch der Unhold hatte eine verwundbare Stelle am Knöchel, an der er schließlich getroffen wurde, so daß er zugrunde ging, über die Einzelheiten allerdings gehen gerade in diesem Punkt die verschiedenen Überlieferungszweige sehr auseinander. Ein weiteres wenig sympathisches Ungetüm aus dem Minoskreis war der Minotauros, ein Mischwesen (halb Stier, halb Mensch), Produkt der Verbindung der Minos-Gemahlin Pasiphae mit einem von Poseidon gesandten »Stier aus dem Meere«. Man sperrte das Ungeheuer, das Menschen fraß, in das von Daidalos, dem Kunstfertigen, dafür geschaffene Labyrinth, und den Athenern wurde auferlegt, jährlich sieben Knaben und Mädchen nach Kreta zu schicken, die man dem Minotauros zum Fraß vorwarf. Beim dritten Transport derartiger Opfer, die durch das Los bestimmt wurden, befand sich der Held Theseus, der Sohn des Königs Aigeus von Athen.

Minos' Tochter Ariadne verliebte sich in Theseus. Sie gab ihm ein Knäuel, das er abwickelte, als er durch die gewundenen Gänge des Labyrinths tappte, um dem Minotauros gegenüberzutreten. Theseus überwand das Ungeheuer und fand mit Hilfe des abgerollten Fadens der Ariadne zur Sonne und Freiheit zurück. Leider hatte die rührende Episode ein trauriges Nachspiel.

König Aigeus hatte mit seinem Sohne Theseus vereinbart, wenn dieser den Minotauros bezwungen habe, solle das Schiff, auf dem er zurückkehre, sein schwarzes Segel gegen ein anderes von reinstem Weiß umtauschen. Doch Theseus vergaß in seiner Aufregung diese Abmachung. Als sein Vater aber das schwarze Segel sah, stürzte er sich, von Gram übermannt, ins Meer, das seitdem als »Ägäis« seinen – Aigeus' – Namen trägt.

Daidalos mußte vor Minos fliehen. Er hatte Ariadne geraten, Theseus das Fadenknäuel zu geben, und fiel daher in Ungnade. Zusammen mit seinem Sohn Ikaros sperrte man ihn daraufhin selbst in das Labyrinth, doch Daidalos fertigte für sich und Ikaros Flügel aus Federn und Wachs. Beide entkamen. Ikaros freilich näherte sich der Sonne zu sehr, so daß das Wachs seiner Schwingen schmolz und er hinab ins Meer stürzte. Daidalos fand auf Sizilien Zuflucht. Minos, der seine Auslieferung verlangte, wurde mit kochendem Wasser getötet.

Nach seinem Tode ging er, dessen Gerechtigkeit auf Erden man rühmte, als Totenrichter in die Unterwelt ein. Er war ein Sohn des Zeus, der – so Homer – neun Jahre lang mit Zeus »redete«, d. h. sich seiner Freundschaft erfreute. Tatsächlich besteht auch zwischen den Mythen, die sich um Zeus ranken, und Kreta ein enger Zusammenhang. Noch zu Evans'

Zeit zeigten die Landleute die Höhle auf dem Berg Dikte (nach einer anderen Sagenversion liegt sie im Ida-Massiv), wo Rheia, die Göttermutter, Zeus gebar. Ja – südlich von Herakleion und Knossos liegt, schon in Zentralkreta, bei Archanes sogar Zeus' Grab – auf dem Jouchtas, einem 811 m hohen Bergmassiv. Bei richtigem Licht, so heißt es, könne man hier klar in der Kontur des Berges das Profil des liegenden riesigen Zeus-Hauptes erkennen (diese Tradition ist allerdings nachhomerisch).
Evans mögen Homers Verse durch den Kopf gegangen sein, als sich sein Schiff im Frühling 1894 durch die aufgeregten Wogen von Athen nach Kreta pflügte. Als er in Candia, der größten Stadt der Insel, anlegte, fühlte er sich beinahe wie in Ragusa. (Er blieb übrigens sein ganzes Leben lang bei dem italienischen Stadtnamen, auch nachdem Candia längst wieder seinen griechischen Namen Herakleion [in neugriechischer Aussprache: Iraklion] trug.) Vertraut war ihm die Sonne, die alle Farben zum Leuchten brachte, vertraut die venezianischen Festungsmauern und Paläste, vertraut die Türme und Kuppeln der Kirchen, ja sogar das (heute nicht mehr vorhandene) Minarett der (damals als Moschee dienenden) Markuskirche erschien ihm wie ein Gruß vom Balkan. Vertraut war ihm der Gesang des Meeres, vertraut schließlich die sich stets wandelnde und doch immer gleiche Kulisse der Berge im Hintergrund. Vertraut waren ihm – leider – auch die politischen Verhältnisse. Obwohl Evans gekommen war, um Kretas Vergangenheit zu erforschen, begann doch sofort die Gegenwart der Insel, ihn in ihren Bann zu schlagen.
Wie in Evans' Ragusaner Zeit die Balkanländer, kämpfte nun auch Kreta um seine Unabhängigkeit vom Osmanischen Reich, das zwar auseinanderzubrechen im Begriff stand, aber noch immer Druck auszuüben vermochte. Obwohl noch immer griechisch-kretische Christenfrauen in bunten Kopftüchern Seite an Seite mit verschleierten Moslemfrauen in den alten Basaren einkauften, konnten einem erfahrenen Beobachter die Spannungen zwischen der griechisch-christlichen Bevölkerungsmehrheit und der türkisch-islamischen Minderheit keineswegs entgehen. Tatsächlich erhoben sich die Kreter nur zwei Jahre nach Evan's erstem Besuch, und die Erhebung führte zum Kriege zwischen Griechenland und der Türkei. Doch damals kannte Evans bereits Kretas Flüsse, Berge und Meeresbuchten, Kretas Höhlen, Kretas Menschen und Kretas Sagen.
Mit drei Maultieren, einem Maultiertreiber und nur noch Griechisch radebrechend, brach Evans 1894 in Candia auf, um eine Insel zu erforschen, die sehr viel älter war, als ihre damaligen Einwohner auch

nur ahnten. Er zog nach Phaistos, Kamares, Gortyn, Zakro und anderen sagenberühmten Plätzen. In Gortyn hielt er sich nur so lange auf, um einen flüchtigen Blick auf die berühmte klassisch-griechische Inschrift zu werfen, die sein Freund Halbherr zehn Jahre zuvor entdeckt hatte. Sie war beeindruckend, doch nicht halb so sehr wie die seltsamen Zeichen auf viel älteren Überresten. Einmal stieß er auf ein mit Schriftzeichen versehenes Tongefäß-Bruchstück, anderswo wieder auf Gemmen. Ja – auf einigen Steinen und Tongefäßen sowie auf einer Bronzeaxt entdeckte er sogar rätselhafte Spuren einer »Linear«-Schrift mit buchstabenähnlichen, nicht bildhaften Zeichen. Als Evans nach Candia zurückkehrte, wo er mit dem aus Rom eingetroffenen Halbherr zusammentraf, war er überzeugt, genügend Beweise in der Hand zu haben, daß es auf Kreta einst nicht nur ein, sondern sogar zwei Schriftsysteme gab: Erstens eine Bilder- oder Hieroglyphenschrift, zweitens eine Linear-Schrift, deren Zeichen bereits an regelrechte Buchstaben erinnerten.
Wie gewöhnlich war er seiner Sache so sicher, daß er einen Aufsatz für das *Journal of Hellenic Studies* verfaßte, worin er erklärte: »In Ermangelung erhaltener Monumente ist allgemein in Vergessenheit geraten, daß überall im heute zivilisierten Europa einst Bildschriftsysteme existiert haben müssen, wie sie sich heute noch bei primitiven Völkern erhalten haben.« Auch begann er an einem Buch mit dem Titel *Cretan Pictographs and Pre-Phoenician Script* (»Kretische Bildschriftzeichen und die Schrift vor den Phönikern«) zu arbeiten – dies alles, bevor er auch nur einen einzigen Spatenstich getan hatte. Doch er wußte bereits, wo er zu gegebener Zeit den Spaten anzusetzen hätte: generationenalte Überlieferung hatte den Namen des Platzes bewahrt – Knossos – eine Stätte nicht weit von Candia, wo gerade Arthurs Freund Halbherr wartete.
Halbherr machte Evans mit einem kretischen Altertumsforscher bekannt, dessen Name einem auf dieser Insel voller Legenden leicht von der Zunge geht: Minos Kalokairinos. Sechzehn Jahre zuvor hatte dieser Neuzeit-Minos einige riesige antike Vorratskrüge (*pithoi;* Einzahl: *pithos*) auf einem etwa sechseinhalb Kilometer von Candia entfernten Hügel ausgegraben. Seitdem hieß die Stätte im Volksmund *sta pithára* (»bei den Krügen«), ihr eigentlicher Name jedoch lautete *Kephála.*
Kephala erwies sich als ein weites, leichtgewölbtes Plateau, das im Norden und Westen sanft in das Terrain ringsum überging, nach Süden und Osten jedoch steil in das Tal des Kairatos-Baches und eines seiner Zuflüsse abfiel. Als Evans die Stätte zum ersten Male erblickte, schien sie ihm teilweise noch nicht einmal vom Pflug berührt. Nichts von ihren

Ruinen lag offen zutage, abgesehen von einigen kleineren Überbleibseln und den Resten einer zerfallenen Mauer oberhalb des Südhanges. Aber natürlich hatte sich der Aberglaube des Ortes bemächtigt, ja eine geradezu mystische Weihe umgab ihn. Schon andere Archäologen vor Evans, darunter Halbherr und der große Schliemann, hatten Kephala ausgraben wollen. Bereits 1888, lange vor Evans' erstem Besuch in Knossos, äußerte Schliemann in einem Brief, er wolle sein Lebenswerk durch die Ausgrabung des, wie er sich ausdrückte, prähistorischen Königspalastes von Knossos krönen. Tatsächlich hatte Schliemann bei den türkischen Behörden schon die Grabungserlaubnis beantragt und sie nach ungeheueren Schwierigkeiten auch erhalten, doch glückte es ihm nicht, sich mit dem Gutsbesitzer über den Kaufpreis zu einigen. Er könne »nicht bedauern, daß« Schliemann »in Knossos ... nicht gegraben hat«, gab Evans nahezu vierzig Jahre später in seiner Einleitung zu Emil Ludwigs *Schliemann*-Buch unumwunden zu, denn: »Die Aufgabe in dem großen Palast war kompliziert, sie eignete sich wenig für seine (Schliemanns) summarische Methode.«

Ja, Evans zweifelte sogar, daß Schliemann an der richtigen Stelle zu graben vorhatte, denn Schliemann sprach »von den Schwierigkeiten, die ihm das Vorhandensein erst zu enteignender Bauernhöfe und wertvoller Olivenhaine bereiten, sowie von dem Sumpfboden, der die Grabungen erschweren würde ... aber der Hügel von Kephala, wo die Hausreste des Minos liegen ..., war weder von Bauernhöfen noch von Olivenbäumen bedeckt und ... außerdem infolge seiner hohen Lage entschieden trokken.« Eines jedoch verstand Evans: »Daß Schliemann durch türkischen Widerstand, mit dem ich selbst sechs Jahre lang zu kämpfen hatte, davon abgebracht wurde, ist begreiflich genug.«*

1894 lag den türkischen Behörden weit mehr Kretas unruhige Gegenwart am Herzen als die ruhmreiche Vergangenheit der Insel. Sie waren wohl nicht sonderlich interessiert daran, meinte Evans treffend, einem kurzsichtigen Engländer, der ihnen vielleicht Ärger bereiten könnte, eine Grabungserlaubnis zu erteilen. Er entschied: der einzige Weg, die Stätte auszugraben, wo seiner Überzeugung nach Knossos verschüttet lag, bestand darin, den Grund und Boden zunächst zu erwerben. Und genau dies tat er. Er stieß dabei auf kaum geringeren Widerstand als Schliemann, aber er war hartnäckiger und erfahrener.

---

* Evans am 26. März 1931, in: Emil Ludwig: *Schliemann, Geschichte eines Goldsuchers*, Berlin, Wien, Leipzig (1932), Seiten 19–20 *(Anmerkung des Übersetzers).*

Evans ging aus den Verhandlungen als Besitzer eines Viertels von Kephala hervor und besaß daher nach osmanischem Gesetz das Recht, gegen die Ausgrabung der Stätte durch jeden anderen Einspruch zu erheben, desgleichen auch eine Option auf den Rest. Die Mittel für den Kauf des Restgrundstücks, so erklärte er, werde er in England mit Hilfe des »Kreta-Erforschungs-Fonds« auftreiben, der freilich damals erst in seinen Plänen existierte. Mittlerweile werde sein Kollege Federico Halbherr die bereits begonnene Suche nach Schriftzeugnissen fortsetzen und sich der Erforschung zutage geförderter Inschriften widmen.
Als Evans schließlich nach Youlbury auf Boars Hill zurückkehrte, war sein Anspruch, das noch unbekannte Volk zu erforschen, das unter seinem Besitzanteil in Kephala schlummerte, verbrieft und besiegelt. Den Rest des Jahres 1894 verbrachte er in England, nahm seine Pflichten als Kurator des *Ashmolean* wahr und arbeitete weiter an seinem Manuskript über »Kretische Bildschriftzeichen und die Schrift vor den Phönikern«. Im April 1895 war er wieder auf Kreta – diesmal in Begleitung seines Freundes John Myres.
Vor ihnen breitete sich verlockend das Plateau von Kephala unter der wärmenden Frühlingssonne, doch konnte von einem Beginn der Suche nach Knossos noch keine Rede sein. Noch immer lag die Hand des Osmanischen Reiches schwer auf Kreta. Evans und Myres hatten lediglich vor, soviel wie möglich von der Insel zu besichtigen und sich insbesondere nach Anhaltspunkten für das Vorhandensein archäologischer Stätten umzusehen. Sie fanden den Weg in die abgelegensten Winkel, wohin sonst kaum je Fremde kamen.
»Ich erinnere mich, daß mein Vater erzählte, wie ungeheuer schwierig es sein konnte, mit Evans in entlegene Gegenden zu reisen«, schrieb viele Jahre später John Myres' Sohn John Nowell Linton Myres, damals bereits ein bekannter Historiker und Archäologe. Obwohl er bis in seine Kindheit zurückgehen mußte, um seine Erinnerungen an Evans wieder hervorzuholen, waren sie noch äußerst lebendig. Evans war kein Mensch, den man leicht vergaß. Myres fährt fort:
Obwohl außergewöhnlich kurzsichtig, besaß Evans doch einen untrüglichen Spürsinn für Antiquitäten, fast so scharf wie die Witterung eines Hundes. So konnte es geschehen, daß sie in irgendeinem einsamen Dorf an der Dorfstraße beim Kaffee saßen, und Evans plötzlich aufsprang und mit den Worten davonstürzte: »Einen Moment! Ich glaube, die Frau da drüben hat was.« Manchmal hörte man dann vielleicht stundenlang nichts mehr von ihm, doch sehr viel öfter kehrte er im Triumph mit einer griechischen Gemme oder einem

mykenischen Siegel zurück. Unnötig zu betonen, daß es dabei ganz besonders bei den Freunden und Verwandten der betreffenden Frauen zu Mißverständnissen kommen konnte, und mehr als einmal mußte mein Vater Evans aus Polizei- oder Militärgewahrsam erlösen.

Kaum den Hütern des Gesetzes entronnen, brachte es Evans dann nicht selten fertig, seinem Freund Myres, der vom Feilschen um Evans' Freilassung noch ganz erschöpft war, triumphierend seine neuerworbene *galopetra* (wörtlich: »Milchstein«) zu zeigen. Bei den Dörflern, die von ihrer eigenen Vergangenheit keinerlei Ahnung hatten, sehr geschätzt, waren diese »Milchsteine« in Wirklichkeit antike Gemmen und Siegel mit eingeschnittenen Zeichen oder Szenen von außerordentlicher Schönheit. Bauern pflügten derartige Steine aus den Feldern, Eselshufe schlugen sie aus Schotterpfaden, und kretische Mütter trugen sie am Hals, damit nie ihre Milch versiege. Bisweilen gelang es nicht, eine Mutter davon zu überzeugen, daß ihrem Kinde nichts zustieße, wenn sie ihm ihren »Milchstein« überließe. In diesem Fall bat er darum, wenigstens einen Abdruck von der Gravierung nehmen zu dürfen, worauf die »verrückten Engländer« der noch immer zweifelnden Mutter dankten und ihre Forschungen fortsetzten. Beide reisten zu Fuß und auf Maultieren. Wo immer sie Tonscherben fanden, denen man es ansah, daß sie vor Jahrtausenden gebrannt sein mußten, wußten sie: Hier lag einst eine Stadt, die vielleicht schon lange bestand, bevor Griechen und Römer nach Kreta kamen. Ein wenig länger blieben sie in Gulas, der Stätte des allerdings schon dorischen (d. h. auf jeden Fall bereits griechischen) Lató (bei Kritsá oberhalb des Golfes von Mirabello). Hier führten sie sogar einige Grabungen durch. Als ihre Spaten das Erdreich umwandten, vermochte Evans anhand roher, verwitterter Steine Tore, Treppen, ein Heiligtum und den Palast einer einst blühenden Handelsstadt zu identifizieren, die zwar (dies geht allein aus ihrer Lage hervor) eindeutig dorischen Ursprungs und Charakters war, jedoch einzelne Elemente (z. B. eine Schautreppe) aufwies, die auf ältere Bautraditionen hindeuteten.

Evans' baldige Rückkehr nach Youlbury war typisch für sein damals außerordentlich bewegtes Leben. Jahrelang war er ständig zwischen England und Kreta unterwegs. Doch auf welcher der beiden Inseln er auch weilte – alles drehte sich bei ihm nur noch um ein Volk, dessen Entdeckung erst noch bevorstand. In einem Aufsatz, den er 1896 in der wegen der Seriosität ihrer wissenschaftlichen Beiträge hochangesehenen Literaturzeitschrift *Academy* veröffentlichte, bezeichnete er dieses

Volk erstmals nach seinem König Minos als »Minoer«. Dies war vier Jahre, bevor er in Knossos zu graben begann.

Evans erklärte: »Nichts trifft den, der die archäologischen Überreste (Kretas) untersucht, immer wieder schmerzlicher, als die verhältnismäßige Kärglichkeit und Spärlichkeit der historischen Periode« – hiermit meinte er die Zeit der Griechen, die der Historiker George Grote so kategorisch mit dem Anfang der Olympiadenzählung beginnen ließ. Und dann verkündete Evans seine These: »Kretas Goldenes Zeitalter liegt weit jenseits der Grenzen dieser historischen Periode. Seine Kultur weist nicht nur innerhalb der drei Meere eine Gleichförmigkeit auf, wie sie später nie wieder bestand, sondern ist praktisch mit der der Peloponnes und eines großen Teils der ägäischen Welt identisch.«

Abermals hatte Evans anhand eines Minimums von Belegen eine so klare Hypothese formuliert, daß sie für ihn das Gewicht einer Theorie besaß. Man brauchte sie nur noch zu beweisen, und dazu bedurfte es der Ausgrabung. Leider zwang ihn die Politik, ja der Ausbruch eines offenen Krieges, sich vorerst noch weiterhin zurückzuhalten. Noch immer ruhte König Minos ungestört in Knossos, doch das Brüllen des Minotauros dröhnte über die Insel, von der Schmerzensschreie gequälter Opfer kriegerischer Gewalt und Kampflärm widerhallten.

10

Ein Thronraum und ein »Heiliger«

Moslems gegen Christen, Nachbarn gegen Nachbarn – auf Kreta tobte nicht nur ein Aufstand gegen die Türken, sondern Bürgerkrieg. Das Maß war schließlich übergelaufen. In Youlbury verfolgte Evans die erschütternden Berichte über grausige Blutbäder auf beiden Seiten. Es war wie in den blutigen Zeiten der Kämpfe auf dem Balkan. 1897 entsandten die Griechen, dem Drängen des christlichen Bevölkerungsteils auf Kreta nachgebend, ein kleines Expeditionskorps. Nun erklärte der Sultan Griechenland den Krieg. Was als Konflikt begonnen hatte, wurde zum allgemeinen Gemetzel. Innerhalb eines Monats hatten die weit überlegenen türkischen Truppen die schlecht ausgebildeten und ebenso schlecht ausgerüsteten Griechen so dezimiert, daß Prinz Georg von Griechenland sich an die Großmächte wenden mußte, um mit ihrer Hilfe einen Waffenstillstand zu erzielen. Während auf der Insel noch immer gekämpft wurde, schleppten sich in den Regierungskanzleien Europas die Verhandlungen hin. Ergebnis war ein im September 1897 getroffenes Übereinkommen, das man schönfärberisch als »Friedensabkommen« bezeichnete. Es bewirkte nicht mehr als eine Atempause vor neuen Gewaltakten, zu denen blinder Nationalismus und religiöser Fanatismus beide Seiten hinrissen.

1898 kam bei neuen bewaffneten Auseinandersetzungen in Candia (Herakleion [Iraklion]) unter anderem auch der britische Konsul ums Leben. Jetzt griffen die Großmächte endlich durch. Zwar wurden die kretischen Hoffnungen auf Vereinigung mit Griechenland vorerst (bis 1913) noch nicht erfüllt, doch brachte man sie immerhin ein Stück weit ihrer Erfüllung näher. Kreta erhielt Selbstverwaltung unter einem Hochkommissar. Dieses Amt sollte Prinz Georg von Griechenland bekleiden, der jüngere Sohn des griechischen Königs. Gleichzeitig unterstanden jedoch die einzelnen Inselbezirke dem Protektorat der Großmächte Frankreich, Italien, Großbritannien und Rußland.

Evans kehrte im März 1898 mit John Myres nach Kreta zurück. Ihnen hatte sich David Hogarth angeschlossen, der damals das Britische Archäologische Institut (die *British School of Archaeology*) in Athen leitete. Hogarth, elf Jahre jünger als Evans und ein Nachkomme des berühmten Malers und Karikaturisten William Hogarth (1697–1764), verfügte als einziger der drei bereits über größere archäologische Felderfahrung. Er war auf Zypern sowie in Ephesos und Karkemisch tätig gewesen, nachdem er in Ägypten vor allem, wie er schrieb, durch seine Begegnung mit dem großen Ägyptologen Flinders Petrie und durch gemeinsame Arbeit mit Männern, die Petries Schüler waren, die Kunst des Ausgrabens erlernt hatte.

Die drei Männer fanden Candia in einem trostlosen Zustand vor. Trotz der Anwesenheit britischer Truppen lag die Stadtverwaltung noch immer in der Hand eines türkischen Paschas. Die meisten Gaststätten, Garküchen und Kaffeehäuser waren entweder niedergebrannt oder geschlossen. Verschlossen waren auch Türen und Fensterläden der Wohnhäuser, verlassen die mittelalterlichen Straßen, und der ranzige Gestank verbrannten Öls aus den Vorratslagern in Flammen aufgegangener Häuser erfüllte die Luft.

Für Evans war die Notlage verzweifelter Familienväter, verängstigter Frauen und hohläugiger Kinder mit aufgeblähten Hungerbäuchen wie früher schon ein Appell zum Handeln. Ohne zu zögern, wurde der Archäologe, als der er nach Kreta gekommen war, wieder zum streitbaren Journalisten und Nothelfer. Seine langen Arbeitstage begannen mit den ersten Strahlen der aufgehenden Sonne und endeten erst, wenn seine Nachtblindheit ihm Einhalt gebot. Mit Prodger gestikulierend, machte er bei der Verteilung von Hilfslieferungen Dampf, ja er bestieg sogar selbst ein Kanonenboot der britischen Marine, um persönlich Lebensmittel und Getreide in Küstenorten verteilen zu helfen – für jemanden, der so leicht seekrank wurde wie er, ein Akt purer Selbstverleugnung.

Eine Tour an Land zeigte rasch das Ausmaß der Verwüstung, und was er sah, erfuhren schon bald die Leser des *Manchester Guardian*. Seine Reportagen waren voller Empörung und ließen an Deutlichkeit nichts zu wünschen übrig. Machtausübung, bei der der Mensch auf der Strecke blieb, löste bei Evans genau die gleichen Gefühle aus, die er seinerzeit in den Wochen seiner Haft auf dem Balkan empfunden hatte, nur daß diesmal nicht er, sondern sein Maultiertreiber Herakles in die Hände der Mächtigen fiel. Evans' geharnischter Protest fand seinen Weg bis ins Londoner Parlament.

Arthur kehrte von einer Informationsreise durch Ostkreta nach Candia zurück, vernahmen die Leser des *Manchester Guardian.* Bei ihm war Herakles, ein griechisch-orthodoxer Kreter, »ein freundlicher, kleiner, schon etwas älterer Mann«, der gern jagte und Gespür für Antiquitäten hatte, eine Kombination aus Maultiertreiber, Fremdenführer, Koch und Alleskönner. Herakles hatte keinen ordentlichen Paß für das Betreten der Stadt, doch gab es keinerlei Anlaß zur Besorgnis, denn Oberst Chermside, der britische Kommandant von Candia, hatte Evans ausdrücklich gestattet, sich bei der türkischen Polizei auf ihn zu berufen. Trotzdem verhaftete man den alten Mann am Stadttor und warf ihn »in ein stinkendes Verließ voll von Kot, das die Türken als Bedürfnisanstalt benutzten«.

Evans war wütend. Er sandte Oberst Chermside auf seiner Visitenkarte eine Eilnachricht: »Grund der Verhaftung ist: er hatte keinen gültigen Paß – wo in den Bergen gibt es welche?«

Chermsides Antwort war ebenso klar wie trostlos:

»Ich bin hier, um mit den Türken zusammenzuarbeiten.« Nun gab es für Evans kein Halten mehr. Er verlangte den türkischen Pascha zu sprechen, der mit seinem »ausweichenden Blick, seiner säuerlichen Miene und seinem in die Länge gezogenen Gesicht, fahl und faltig wie ein einjähriger Schrumpfapfel« Candia trotz der Anwesenheit britischer Streitkräfte noch immer zu terrorisieren vermochte. Doch kein Pascha der Welt brachte es fertig, Evans einzuschüchtern. Er sagte ihm so lange seine ungeschminkte Meinung, bis der unglückliche Herakles aus seinem stinkenden Loch befreit war.

Die letzte türkische Truppeneinheit verließ Kreta schließlich am 14. November 1898. Im Frühjahr darauf war Evans schon wieder mit David Hogarth auf der Insel. Hogarth schildert ihren Besuch in seinem Buch *Accidents of an Antiquary's Life* (»Begebenheiten im Leben eines Altertumsforschers«): »Wir bereisten den gesamten Osten der Insel und sondierten das Terrain im Hinblick auf künftige Grabungen. Da wir den Inselbewohnern bekannt waren (wenn auch ich weniger), hieß man uns überall willkommen. Noch immer wies das Land entsetzliche Wunden auf, die von den ausgedehnten Kämpfen der letzten Zeit herrührten. In vielen Dörfern standen nur noch skelettgleiche Hausruinen, und wo sich einst Olivenhaine ausgebreitet hatten, zeugten nur noch rußgeschwärzte Baumstümpfe und Erdlöcher vom völkermordenden Wüten des Religionskrieges im Nahen Osten.«

Diese Erkundungsreise war aber nur das Vorspiel zu dem, was kommen sollte. Noch immer warteten die Minoer auf Evans, und nachdem Kreta nun frei und selbständig war, war die Stunde der Begegnung mit ihnen nicht mehr fern. Hogarth schrieb:

Arthur Evans hatte seit langem vorausgeplant, und mit der Voraussicht eines Genies hatte er sein ›Brot auf das Wasser geworfen‹, indem er einem türkischen Bey seinen Anteil an dem Grundstück abkaufte, auf dem der Palast des Minos lag ... Wenn andere, die auf Knossos begierig waren, moralische Rechte geltend machten, konnte er allein sich auf den überzeugenden Anspruch berufen, den ihm sein persönliches Opfer gab, und die Kreter, für die er in der Stunde der Gefahr viel getan hatte, hielten, frei geworden, nun zu ihm. Auf uns also, und auf niemanden sonst, wartete im folgenden Jahre* (1900) *Minos, als wir in Candia losritten. Genau über der Stelle, wo einst sein Thron stand, hatte es sich ein einsamer Esel bequem gemacht – das einzige Lebewesen in Sichtweite. Er wurde verscheucht, und die Ausgrabung von Knossos begann.*

Am 23. März 1900 drang erstmals die Spitzhacke in den *tell* von Kephala ein. *Tell* ist die arabische Bezeichnung für einen »Kultur-« bzw. Trümmerhügel, der sein Entstehen der Besiedlung einer und derselben Stätte durch viele Generationen von Bewohnern verdankt. Er besteht aus übereinanderliegenden Schichten von Trümmern bzw. aus auf dem Schutt älterer Bauten errichteter Häuser, ja ganzer Städte mit Tempeln, Palästen und dergleichen mehr. Für die Archäologen ist ein solcher *tell* mit seinen zahlreichen Schichten menschlicher Besiedlung wie ein Querschnitt durch die Geschichte. Evans, der zu den Pionieren der modernen Archäologie zählt, kannte viele der heute üblichen Grabungstechniken noch nicht, so zum Beispiel das heute angewandte Verfahren, einen tiefen Schnitt quer durch sämtliche Schichten bis hinab zum gewachsenen Boden zu legen, um sich einen Eindruck vom Schichtenprofil zu verschaffen. Er wußte auch nicht, daß man dann Schicht um Schicht sorgfältig vom Hügel »abpellt«, in kurzen Abständen aber sogenannte Profile (auch »Querprofile« genannt) stehen läßt, d. h. natürliche Erdwände, an denen sich das Schichtenprofil abzeichnet und die es erleichtern, nachgewiesene Strukturen oder Anomalien der richtigen Schicht zuzuordnen. Und doch ist Stratigraphie die aus der heutigen Archäologie überhaupt nicht mehr wegzudenkende sorgsame Unterscheidung der einzelnen Bodenschichten anhand ihrer Farbe, Beschaffenheit und ihres unterschiedlichen Inhalts, der Geologie entlehnt, einer

* Vgl. *Prediger* (*Ekklesiastes* bzw. *Kohelet*) 11, 1: »Wirf dein Brot auf die Wasserfläche, nach vielen Tagen wirst du es doch wiederfinden.« *(Anmerkung des Übersetzers)*

Wissenschaft also, mit der Sir John Evans' Sohn von Kindheit an vertraut war. Dies bewahrte ihn davor, die Fehler Heinrich Schliemanns zu wiederholen, der in seiner Ungeduld, der Sache buchstäblich »auf den Grund zu gehen« und das Troja Homers zu finden, einen riesigen Graben quer über die Stätte von Hissarlik gelegt hatte, wodurch er nicht nur das, was es dort zu finden gab, beschädigte und durcheinanderbrachte, sondern schließlich auch noch beim falschen Troja (d. h. bei der falschen Besiedlungsschicht) landete. Für Evans' geschulten Blick sah jede Schicht eines *tell* anders aus als die Schichten darunter oder darüber. Jede hob sich durch andere Farbe, andere Beschaffenheit und Zusammensetzung des Erdreichs sowie durch den Einschluß anderer archäologischer Objekte (seien es Überreste von Bauwerken oder von Menschenhand geschaffene kleinere Artefakte, die bis auf die Steinzeit zurückgehen konnten) voneinander ab. So legte Evans, als er bis zum natürlichen Felsgrund vorgestoßen war, Spuren einer neolithischen (jungsteinzeitlichen) Bevölkerung frei, die, wie er meinte, um 8000 v. Chr. in Knossos gelebt haben müsse (heutige Archäologen verweisen sie allerdings anhand von Radiokarbondaten in die Zeit um 6100 v. Chr.). Doch brauchte er gar nicht so tief zu graben, um Überraschungen ans Tageslicht zu fördern.

Seit Evans in Knossos grub, wußte er: Ein wahres Labyrinth von Bauwerken lag hier unter dem Boden. Schon am zweiten Grabungstage stießen seine Arbeiter auf ein altes Haus mit Freskenfragmenten. Am dritten Tage kamen Mauern zum Vorschein, geschwärzt vom Rauch eines Großbrandes, dazu große Mengen meist zerbrochener Tonware, und es zeigten sich die Ränder riesiger *pithoi* (Vorratskrüge). Weitere Fragmente von Fresken kamen ans Licht: ein Stück eines großen Fisches, ein Fragment mit einem anmutigen Blätterzweig. Schon am fünften Tage konnte Evans seinem Notizbuch eine außerordentlich wichtige Entdeckung anvertrauen: »Das Außerordentliche daran: nichts Griechisches, nichts Römisches. Vielleicht ein einziges Fragment spätzeitlicher Schwarzfirnisware unter Zehntausenden ... Nein – ihre Hochblüte gehörte mindestens einer vormykenischen Stufe an.«

Genau eine Woche, nachdem die Grabung begonnen hatte, fand Arthur Evans, wonach er suchte: den Beweis für ein prähistorisches Schriftsystem. Seine Notizbucheintragung vom 30. März schildert diese bedeutende Entdeckung wie folgt: Wir fanden »eine Art Barren aus gebranntem Ton, in der Form einem steinernen Meißel ähnlich und mit Schrift sowie mit Zeichen bedeckt, die wie Ziffern aussahen. Er erinnerte mich sofort an eine Tontafel unbekannten Alters, die ich in Candia kopiert hatte und die gleichfalls in Knossos gefunden worden war. Auch sie (war) zerbrochen. Sie (d. h. die Schriftzeichen) haben etwas von Kursivschrift an sich.«

Binnen weniger Tage hatten die Ausgräber hundert und mehr derartige Tafeln zutage gefördert. Am Ende der ersten Grabungssaison waren es mehr als tausend. Er habe einen »Hort« entdeckt, verkündete Evans triumphierend in der *Times* – einen Hort schriftlicher Aufzeichnungen in einer unbekannten Sprache. Es handelte sich um Aufzeichnungen eines Gemeinwesens, das noch darauf wartete, von seinem Spaten freigelegt zu werden. Und es waren die ältesten Schriftstücke, die man bisher an der Schwelle Europas gefunden hatte.

Meist waren die Täfelchen fünf bis zwanzig Zentimeter lang und anderthalb bis siebeneinhalb Zentimeter breit. Manche waren rechteckig und breit genug, um mehrere Schriftzeilen zu tragen. Evans folgerte, »diese in den feuchten Ton gegrabenen Inschriften« seien »offenkundig das Werk erfahrener Schreiber«. Wenn er die größeren Täfelchen dicht an seine Augen hielt, konnte er die schwachen horizontalen Markierungen erkennen, die den Schreibern als Leitlinien gedient hatten. Die meisten Zeichen, in geraden Linien sorgfältig eingeritzt, waren linear und repräsentierten zwei Schrifttypen, die Evans sofort als Linear A und Linear B bezeichnete. Einige Schriftzeichen jedoch waren Piktogramme (Bildschriftzeichen); sie »gaben an, worum es bei dem Schriftstück ging. So gab es in einem Raum eine Reihe (von Täfelchen) mit Wagen und Pferdeköpfen darauf, andere zeigen Vasen . . . .«

Handelte es sich hier um Inventarverzeichnisse? Um Palasturkunden? Warenlisten? Durch Untersuchung gewisser, sich wiederholender Anordnungen vertikaler und diagonaler Striche, Punkte und anderer Zeichen vermochte Evans ein Zahlensystem nachzuweisen, das auf dem Dezimalsystem beruhte. Doch eine wirklich erschöpfende Untersuchung der Täfelchen stand noch aus. Der *tell* von Knossos sorgte fast täglich für neue Überraschungen. Als einer der Arbeiter Anfang April die Erde umgrub, stieß er plötzlich einen durchdringenden Schrei aus, so daß Evans sofort herbeieilte. Auf dem Boden einer Halle oder eines Ganges lagen zwei große Freskenfragmente. So schmutzverkrustet sie waren, leuchteten ihre Farben doch so hell, als ob sie erst vor kurzem gemalt worden wären. Das eine Fragment stellte Kopf und Stirnpartie, das andere Taillen- und Hüftpartie einer lebensgroßen Gestalt dar, die in ihrer Rechten ein trichterförmiges Rhyton (Spendegefäß für Trankopfer) hält. Es war, wie Evans voller Pathos schreibt, »die bei weitem bemerkenswerteste Gestalt des Mykenischen Zeitalters, die bisher ans Licht gekommen ist«.

Zwar gebrauchte er die Bezeichnung »mykenisch« statt »minoisch«, und doch hatte er die Schwelle zu einer lange vergessenen Welt überschritten und stand nun den Erfindern des von ihm entdeckten Schriftsystems Auge in Auge gegenüber. Es war ein unvergeßlicher Augenblick, an dem er zuallererst seinen Vater teilnehmen lassen wollte. »Fresken und Schrift gefunden. Herzlichst Arthur«, telegraphierte er ihm. Sir John war davon dermaßen begeistert, daß er seinem Sohn postwendend einen Scheck über 500 Pfund sandte.

Die Fresken zu bergen, kostete Zeit und Mühe. Jemand mußte nachts bei den kostbaren Fragmenten wachen, und Evans übertrug diese Aufgabe Manolis, einem seiner vertrauenswürdigsten Arbeiter. Wie alle anderen kretischen Grabungshelfer –, durchweg Menschen von schlichter, frommer Gemütsart –, war auch der »alte Manolis«, wie man ihn zu nennen pflegte, zutiefst von dem Fund der Malerei in der Erde ergriffen. Natürlich konnte es sich dabei nur um eine Ikone, ein Heiligenbild, handeln! Als Manolis bei seiner Nachtwache einnickte, erblickte er in wirren Träumen das Antlitz des Heiligen. Er fuhr auf, »ganz im Gefühl einer magischen Gegenwart. Die Tiere ringsum begannen zu brüllen und zu wiehern, und alles war voll geisterhafter Gestalten ... Am nächsten Morgen faßte er sein Erlebnis in dem Satz zusammen: ›der ganze Platz spukt‹!«

Nur wenige Tage nach der Entdeckung des Freskos stieß eine Ausgräbergruppe wieder einen Schrei aus. Die Leute waren mit ihren Spaten kaum einen halben Meter unter Bodenniveau auf eine Art Kammer gestoßen. Schon lag eine Wand mit Überresten bemalten Mauerbewurfs frei. Als man weitergrub, kamen zuerst das geschwungene Oberteil, dann die wellenförmig konturierte Rückenlehne, der eingetiefte Sitz und schließlich der gesamte Rest eines feingearbeiteten Thronsessels zum Vorschein. Er bestand aus einem zartgeäderten Gipsstein (Alabaster), wie man ihn auf dem Gypsades-Hügel unmittelbar südlich von Knossos gewann. Bald kamen beiderseits dieses hochlehnigen Thrones zwei gleichfalls aus Gipsstein gearbeitete Bänke aus der Erde, und neben bzw. über ihnen tauchten weitere Überreste von Wandmalereien auf.

Die Männer räumten den Schutt weiter beiseite, der den Raum füllte. Auf der anderen Seite, gegenüber vom Thronsessel, stießen sie auf eine gleichfalls aus Alabaster bestehende Balustrade, die von gleichartigen

niedrigen Bänken flankiert war. Hinter der Bank identifizierte Evans drei zur Aufnahme von Säulen bestimmte »Tüllen«. Sie wiesen noch immer Spuren der Säulen auf, denen sie einst Halt gegeben hatten. Die Säulen selbst bestanden freilich aus Holz. Ihre brüchigen, verkohlten Überreste zerbröselten bei der geringsten Berührung zu Staub.
Hinter der Balustrade führte eine Reihe von Alabasterstufen zu einem tiefergelegenen Raum. Immer größer wurde die Aufregung der Ausgräber, als sie die Erde beiseiteschaufelten, die dieses Areal füllte. Seine Mitte nahm eine Art Bassin aus Alabaster ein. Neben ihm stand eine Lampe mit hohem Ständer. Auch ein *alábastron* (Salbgefäß) stand noch aufrecht, fünf weitere *alábastra* und die Reste eines großen *píthos* lagen auf dem Boden herum. An den mit venezianischrotem Putz bedeckten Wänden bemerkte man die unverkennbaren Rußspuren einer schrecklichen Feuersbrunst. Inmitten all dieser Düsternis und Zerstörung schimmerte das weiße Alabasterbecken geradezu gespenstisch.
Evans glaubte zunächst, er habe es hier mit einem Badezimmer zu tun. Doch seine emsigen kretischen Helfer gruben weiter, so daß immer mehr Einzelheiten des Bauwerkes ans Licht kamen. Es lag auf der Hand: Die drei Säulen in ihren noch sichtbaren Einsätzen hatten offensichtlich eine Galerie über dem Thronraum getragen. Von dieser vielleicht für Zuschauer bestimmten Galerie aus überblickte man einst das eingetiefte Becken wie von einer Theaterloge aus. Es handelte sich also wohl nicht um ein Badezimmer, sondern das Bassin diente vermutlich religiösen Zwecken wie rituellen Reinigungszeremonien und Salbungen.
Aus dem Erdreich siebte man weitere Stücke farbigen Wandbewurfs aus, die ein Muster großer, flügelloser Greife mit kunstvollen Kämmen aus Pfauenfedern ergaben, das eine der mit Fresken geschmückten Wände bedeckt hatte. Von angrenzenden Mauern stammten kleinere und größere Fragmente einer Landschaftsmalerei mit Bergen, einem Fluß und blühendem Schilf. Der Alabaster-Thronsessel war mit Stuck überzogen und leuchtend bemalt. Seine hohe Rückenlehne, die aus einem einzigen Stück Alabaster bestand, hatte einen gewellten Rand, der ihr ein blattähnliches Aussehen gab, und der gesamte Thron stand erhöht auf einer quadratischen Basis mit einer seltsamen Modellierung.
Auf diesem Thron, »dem ältesten Thron Europas«, der noch einen Tag zuvor in der Erde geruht hatte, führte möglicherweise einst der mächtige Priesterkönig persönlich den Vorsitz bei einer Salbungszeremonie, die in der tiefergelegenen Zeremonialkrypta stattfand.
In seinem lebendigen Stil, der selbst der Wissenschaft einen Schuß

Poesie verlieh, gab Evans seine epochale Entdeckung in der *Times* bekannt:

In ferner Zeit war Kreta Heimat einer hochentwickelten Kultur, die noch vor dem Heraufdämmern geschichtlicher Zeit versank ... Unter den prähistorischen Städten Kretas weist die Sage Knossos, der Hauptstadt des Minos, den bedeutendsten Rang zu. Hier verkündete der große Gesetzgeber seine berühmten Satzungen ... Hier wurde ein ... Seereich etabliert, das die Seeräuber niederwarf, sich der Inseln des Archipels bemächtigte und dem unterworfenen Athen Tribut auferlegte. Hier baute Daidalos das Labyrinth, das Verlies des Minotauros, und formte die Flügel – vielleicht waren es Segel – mit denen er und Ikaros über die Ägäis flohen.

Londoner, deren Morgenlektüre die *Times* war, wurden durch diese fanfarengleiche Beschwörung vergangener Zeiten aus ihrer Gemütsruhe aufgescheucht. Für viele von ihnen gehörte es bald zur Gewohnheit, ihre Frühstückszeitung begierig nach den neuesten Meldungen aus Kreta zu durchsuchen.

Während Evans, der Archäologe, unermüdlich in Kreta weitergrub, hielt Evans, der Publizist, Fachwelt und Laienpublikum stets auf dem laufenden. Seine Feder und seine schriftstellerische Phantasie vermochten sich zu Höhen aufzuschwingen, die hinter dem Höhenflug homerischer Schilderungen kaum zurückblieben.

Den Höhepunkt seiner ersten Saisongrabung bildete, wie die *Times*-Leser am 10. August 1900 erfuhren, die Entdeckung eines Stieres aus farbigem Stuckrelief, »eine wunderbare realistische Arbeit, die im nordwestlichen Säulenvestibül ans Licht gebracht wurde ... Hier haben wir vielleicht die Abbildung des herrlichen Tieres vor uns, das das Herz der Pasiphae gewann, oder des nicht minder berühmten Stieres, der (die phönikische Königstochter) Europa (übers Meer) nach Kreta brachte.« Nach Ansicht des *Times*-Korrespondenten bestanden kaum Zweifel, daß die Ergebnisse der von Mr. Evans durchgeführten Forschungen den Entdeckungen Schliemanns in Tiryns und Mykenai gleichkamen, wenn diese nicht sogar übertrafen. Bald verkündeten überall die Zeitungen diese Neuigkeit.

»Ist es uns vergönnt«, fragte die *New York Times,* »am Anfang des zwanzigsten Jahrhunderts mitanzusehen, wie eine Gestalt der antiken Mythologie in die Wirklichkeit tritt? Erhaschen wir einen Blick auf einen fleischgewordenen homerischen Gott?« Eine Körperschaft hervorragender »Forscher aus Oxford« unter Leitung von Professor Evans, fuhr das Blatt fort, habe Grund zu der Annahme, daß die Antwort »ja« lauten müsse.

So groß die Begeisterung der Öffentlichkeit und die Erregung in Nash

Mills auch sein mochten – sie wurden noch von der Freude übertroffen, die in Knossos selbst herrschte. Als er in den alten *tell* einzudringen begann, hätte Evans nicht zu hoffen gewagt, daß der graue unfruchtbare Erdhügel einstmals von prallem, wimmelndem Leben erfüllt war, daß die Kultur, die Generationen hochbegabter Menschen geschaffen hatte, sich als so einzigartig unter allen Kulturen der damaligen Zeit herausstellen würde.

11

Ein Mann namens User

Aus den fünfzig Arbeitskräften, die Evans im März 1900 mit David Hogarths Hilfe ausgewählt und eingestellt hatte, waren bis zum 2. Juni, an dem die Grabung endete, hundertachtzig geworden. Unter ihnen befanden sich Frauen und Männer, Christen und Moslems – ein gewagtes Experiment, und doch ging es unerwartet gut. Noch kurz zuvor waren die Anhänger beider Religionsgemeinschaften eingeschworene Feinde gewesen, die einander die Häuser plünderten und die Dörfer niederbrannten. Nun brachte die Arbeit mit dem Spaten sie zusammen, ja sie feierten sogar miteinander und tanzten gemeinsam an der Stätte ihrer Vorfahren den kretischen *chorós* (»Reigen«, Volkstanz).

Nach den Schrecknissen des Krieges waren die Männer froh, Arbeit zu haben, und sie arbeiteten hart. Sie füllten die (aus England importierten) eisernen Schubkarren mit Schutt und rollten sie immer und immer wieder auf die Abraumhalde. Die Frauen hörten nicht auf, Keramik und Kleinfunde zu waschen. »Es ist immer gut«, bemerkte Hogarth gewitzt, »ein paar Frauen im Grabungsteam zu haben. Die Männer arbeiten dann besser und sind wesentlich munterer, und das ist nicht wenig, da Langeweile zu Fehlern führt. Während der Tag sich sonst endlos hinzieht, vergeht er so rasch. Man plaudert und lacht, geht früh gern zur Arbeit und trennt sich abends von ihr nur ungern.« Hogarth verbrachte nur ein paar Wochen bei Evans und begab sich dann nach Psychron (Psichro auf der Lassithi-Hochebene in Ostkreta), aber von Zeit zu Zeit kehrte er nach Knossos zurück, um auch hier ein Auge auf die Arbeit zu werfen. Er war sich bewußt, wie wichtig dies für Evans war: »Ich tat einiges, um meinem Kollegen den Start zu erleichtern, denn beim Ausgraben sind – wie auch sonst im Leben – die ersten Schritte die schwierigsten, und in den folgenden Monaten tat ich noch mehr, um die Ausdehnung seines riesigen Grabungsgeländes zu bestimmen, von dem noch ein großer Teil des Spatens harrt.« Außerdem war er davon überzeugt, wie wichtig es war, den Arbeitern klarzumachen, wie sie

innerhalb des ihnen zugewiesenen Aufgabenbereiches vorzugehen und daß sie mit aller Sorgfalt auf die geringste Kleinigkeit zu achten hätten, auf die sie stießen.
»Augen, Hände und Zielsetzung«, so Hogarth, »müssen für die Grabungsarbeiter ein Stück Persönlichkeitserweiterung sein. Wenn sich ein Ausgräber, unempfindlich für das erste und größte Erfordernis seines Berufes, nicht darum kümmert, aus seinen Grabungshelfern mehr zu machen als bloße ungelernte Erdarbeiter – was sollte er dann finden außer Dingen, die nicht einmal ein ungelernter Erdarbeiter im Dunkeln verfehlt?«
Jedes Wochenende erhielten die Arbeiter für alles, was sie gefunden hatten, Extragratifikationen. So belohnte man ihre Wachsamkeit und förderte gleichermaßen ihre Ehrlichkeit. Man war nicht kleinlich, wenn jemand sich eine Scherbe einsteckte, wenn jemand allerdings, wie Evans es nannte, das »erträgliche Maß der Unterschlagung« überschritt, gab es empfindliche Strafen. So verlor Aristeides, Evans' erster Vorarbeiter, seine Stellung, als auf dem Athener Antiquitätenmarkt Schrifttafeln aus Knossos auftauchten und die Spur zu ihm führte. Doch derartige Dinge kamen bemerkenswert selten vor. Allmählich wurden aus ungelernten Hilfskräften tüchtige und zuverlässige Mitglieder des Grabungsteams.
Sie lernten, wie man die Erde schichtweise abtrug, um Fragmente von Fresken, die von der Spitzhacke zerstört worden wären, unversehrt bergen zu können. Dann siebten sie das Erdreich manchmal zwei- bis dreimal, um keinen Kleinfund zu übersehen, der sich noch im Abraum befinden konnte. Dieses Verfahren, das heute zur archäologischen Routine gehört, war damals so neu, daß ein *Times*-Korrespondent nach London kabelte: »Die Verfahren sind minuziöser, präziser und wissenschaftlicher geworden. Durch das Sieb beispielsweise wurden Hunderte von Siegelabdrücken und anderen Objekten geborgen, die einem bisher wohl allzuleicht entgangen wären.«
Mit seinem federnden Schritt und mit Prodger, seinem Spazierstock, schien Evans überall gleichzeitig zu sein. Ohne von ihrem Spaten aufzublicken, spürten es die Arbeiter, wenn er da war, wenn er nach jedem Sieben die Ausbeute überprüfte und winzige Überreste fand, aus denen er mit seiner begnadeten Intuition Schlüsse zog, auf die weniger Phantasiebegabte wohl kaum gekommen wären. Von einem besonders interessanten Objekt, das in den Maschen des Siebes hängengeblieben war, berichtet sein Notizbuch unter dem 10. April: Es handelte sich um »... den Tonabdruck eines mykenischen Siegels. Er zeigte die erhabene,

doch etwas unvollkommen ausgeführte Wiedergabe eines Löwen in gekrümmter Haltung mit einer Art Stern auf der Schulter ... Der Tonabdruck war abgebrochen, und man erkannte das Loch, wo die Schnur hindurchgeführt war, von der man noch kleine, spiralig gewundene Fasern sah. Daneben wurden vier kleine Bronzescharniere gefunden. Sie hatten vielleicht zu dem versiegelten Kästchen gehört. Außerdem kam ein Stück verkohlten Holzes mit Schnitzerei zum Vorschein – wahrscheinlich ein Stück des Kästchens selbst.«

Nicht einmal winzige Schnurfasern entgingen Arthurs Aufmerksamkeit, nicht einmal die Schnitzerei an einem verkohlten Stück Holz! Seine kretischen Arbeiter wandten kein Auge von ihm, wenn er fast unleserliche Inschriften untersuchte. Vor Evans hatten sie gewaltigen Respekt. So freundlich und großzügig ihr Arbeitgeber war – er blieb doch stets reserviert. Er blieb Aristokrat, der trotz allen Engagements für die Unterdrückten ein Stück Imperialismus des Viktorianischen Zeitalters verkörperte. Sehr viel ungezwungener fühlten sie sich in Gegenwart von Evans' Assistenten Duncan Mackenzie, der im schottischen Hochland zu Hause war und aus bescheidenen Verhältnissen stammte.

Bei einer modernen Großgrabung wäre Mackenzie vielleicht »stellvertretender Grabungsleiter« genannt worden. In Wien und Edinburgh ausgebildet, war er nach Knossos gekommen, nachdem er in langjähriger Tätigkeit am Britischen Archäologischen Institut *(British School of Archaeology)* in Athen reiche Felderfahrung gesammelt hatte. Zunächst einfach Mitglied des dortigen Mitarbeiterstabes, hatte er schließlich die Ausgrabung von Phylakopi geleitet, einer tief stratifizierten und komplexen Fundstätte auf der Kykladeninsel Melos. Phylakopi, das er 1895 auszugraben begann, war die erste archäologische Stätte in der Ägäis, wo eine stratigraphische Grabung durchgeführt wurde. Sie lieferte bedeutende Ergebnisse. Ihr verdanken wir die Standardsequenz von Keramikstilen (und Kulturperioden), die auch die Einordnung des archäologischen Materials aus kykladischen Gräbern anderer Inseln ermöglichte. In Phylakopi hatte Mackenzie eigene Techniken entwickelt, insbesondere Methoden der Korrelation von Keramik mit Architekturüberresten innerhalb einer und derselben Schicht. Mackenzies Mißgeschick war es, daß der ausführliche Bericht über seine Grabungen erst 1904 veröffentlicht wurde, als Evans' Entdeckungen in Knossos bereits alles andere weit in den Schatten stellten. Als Evans' Assistent war er dann dazu verurteilt, die zweite Geige zu spielen. Evans überragte ihn turmhoch, obwohl er seiner Statur nach sehr viel kleiner war.

Sie gaben ein seltsames Paar ab. Evans war ja nicht mehr als 1,57 m groß, Mackenzie dagegen erreichte 1,90 m und war beinahe ein Riese, wenn auch einer von der vergleichsweise sanften Art. Er trug einen mächtigen Schnurrbart, hatte einen roten Haarschopf und sprach mit fast unhörbarer Stimme. Außerordentlich sprachbegabt, eignete er sich rasch regionale Dialekte und Akzente an, und in Verbindung mit seiner entwaffnenden Gutmütigkeit machte ihn dies bei den kretischen Grabungsarbeitern ungeheuer beliebt. Kein Dorfbewohner dachte daran, Evans zu einer Hochzeit, Taufe oder Beerdigung einzuladen. Mackenzie dagegen durfte bei keiner derartigen Festlichkeit fehlen. Der rothaarige Schotte hatte zwar ein aufbrausendes Temperament, trug aber nie jemandem etwas nach. Normalerweise eher schweigsam, taute er beim Raki – dem landesüblichen Anisschnaps aus vergorenen Rosinen – regelrecht auf. Er hielt geniale Trinksprüche im kretischen Dialekt, und seine sanfte Stimme fiel in die Tischlieder seiner Gastgeber ein – Lieder von Liebe, Freundschaft, Krieg und Freiheit. *Koukía,* das kretische Nationalgericht aus Bohnen und Olivenöl, verschlang er soviel wie nur irgendeiner, und mit schottischen Rundtänzen *(reels)* großgeworden, konnte er an Feiertagen spontan die Hände der Kreter ergreifen, um sich in ihre Volkstänze einzureihen. Wenn gearbeitet wurde, genoß auch er vollen Respekt. Mit Unterbrechungen war der Schotte dreißig Jahre lang immer wieder Evans' Assistent, und man kann es sich vorstellen, daß er sich von Zeit zu Zeit auf einer oder der anderen kretischen Hochzeit davon erholen mußte. Man muß es Evans zugutehalten, daß er seine Mitarbeiter geschickt auszuwählen verstand, aber er muß mit seiner nie erlahmenden Energie und seinem selbstherrlichen Auftreten zweifellos ein schwieriger Vorgesetzter gewesen sein. Man zeigte es nicht offen, wenn man mit ihm nicht übereinstimmte, und stellte auch seine Autorität nie in Frage. Da Mackenzie seinerseits mitunter reizbar sein konnte, ließ es sich nicht vermeiden, daß die Stimmung dann und wann am Boden war, so viele Schätze die Erde in Knossos auch preisgab.
Bei derartigen Gelegenheiten nahm Mackenzie bisweilen Zuflucht zu einer Flasche Raki, einem Getränk, das Evans verabscheute. Er zog Champagner oder französischen Wein vor. Es konnte aber auch vorkommen, daß sie, zum Nutzen und Gedeihen ihres gemeinsamen Vorhabens, die Angelegenheit mit einem Trinkspruch beim gemeinsamen Essen bereinigten. Der Schotte war ein tüchtiger Ausgräber und loyaler Mitarbeiter. Sein enormer Fleiß und sein ausgezeichnetes Verhältnis zu seinen Untergebenen machten ihn für Evans unentbehrlich.

Eine der Pflichten Mackenzies bestand darin, die *Day Books* (Tagebücher) zu führen. In seine Notizbücher trug Evans nur ein, was ihn persönlich interessierte. Seinem Assistenten oblag es dagegen, einen präzisen, gründlichen Bericht über die Arbeit jedes Tages abzufassen. Abend für Abend verzeichnete Mackenzie daher, was man an Tonwaren und anderen Objekten gefunden, welche Schichten man erreicht und welche Fortschritte die Grabung gemacht hatte. Er zeichnete säuberliche Skizzen halbfreigelegter Gebäudegrundrisse und lieferte genaue Beschreibungen der wichtigsten Funde. Diese Tagebücher geben nichts als den unmittelbaren Eindruck wieder, den man während der Arbeit vor Ort gewann. Sie sind mehr Ausgrabungsjournal als endgültiger archäologischer Kommentar, und es konnte durchaus geschehen, daß die Resultate eines Tages etwa am Vortage aufgestellte Hypothesen wieder umstießen. Weder Evans noch Mackenzie hätten sich je träumen lassen, daß ein halbes Jahrhundert später ausgerechnet die *Day Books* eine gelehrte, aber deshalb nicht minder erbitterte Kontroverse um einige der Thesen Evans' auslösen sollten. Sehr wahrscheinlich hätte ein Streit um diese Tagebucheintragungen Evans völlig kalt gelassen. Er verfolgte seine Ziele auf seine Art und war sich völlig darüber im klaren, daß andere – einschließlich Mackenzie – sein Vorgehen willkürlich fanden. Niemand allerdings konnte ihm die schöpferische Phantasie absprechen, die er besaß.

Evans war einer der ersten Archäologen, der mit einem Architekten zusammenarbeitete. Als sich herausstellte, wie riesig Knossos sowohl der Flächenausdehnung als auch der Schichtentiefe nach war und wie kompliziert die gesamte Anlage war, gewann er Theodore Fyfe vom Britischen Archäologischen Institut in Athen. Aus den Abdrücken von Türpfosten, Säulen, aus Bodenniveaus und Zimmerdecken, desgleichen aus den Überbleibseln einstiger Treppen zog Fyfe jene Schlüsse, die man von ihm als Fachmann erwartete. Was für die Augen des Laien nur Ruine war, wurde für ihn zum Grundriß, Aufriß und Schaubild. Am Ende der ersten Grabungssaison konnte er einen Gesamtplan des Palastes von Knossos zu Papier bringen. Zwar fehlte noch manches Detail, doch es zeigte sich bereits deutlich: Das mächtige Bauwerk war ein verwirrender Komplex von Räumen, Höfen und Gängen – wenn nicht ein Labyrinth, so doch zumindest labyrinthisch.

Kein Wunder, dachte Evans, wenn er sich vorstellte, wie viel mehr zu Homers Zeit von diesem Bau noch freigelegen haben muß, daß die Menschen der Antike Knossos mit all seinen Ecken und Winkeln für

Daidalos' »Labyrinth« gehalten haben müssen. Allerdings, so vermerkte er, war die Wahrscheinlichkeit größer, daß das sagenberühmte »Labyrinth« seinen Namen dem Wort *labrys* verdankte, der Bezeichnung der kretischen Doppelaxt.

Evans fand überall an den Palastmauern Reliefdarstellungen dieses heiligen Symbols. Ihre Zahl übertraf die aller anderen Symbole an den Palastwänden von Knossos. Dieses Zeichen war ganz und gar mit der Palastgeschichte verwoben, und diese Geschichte war von ungewöhnlich langer Dauer!

Denn Knossos war bereits seit der Steinzeit bewohnt. Das Alter der Besiedlung dieser Stätte ging über die Herrschaft des ersten Minos (»oder welche historische Persönlichkeit sich auch immer hinter diesem Namen verbirgt«, schrieb Evans, der *Minos* für einen Herrschertitel hielt, wie man auch in Altägypten seit der XVIII. Dynastie und ganz besonders seit der XXII. den König »Pharao« nannte) weit in die Vergangenheit zurück. Unter der untersten Palastschicht fand Evans Steingeräte, tönerne Spinnwirtel, Knochennadeln und Weberschiffchen einer neolithischen (jungsteinzeitlichen) Bevölkerung, die bereits auf einer hohen Kulturstufe stand. Diese Leute wohnten in flachen Luftziegelhäusern und bauten mehr oder weniger wilde Vorformen von Weizen und Gerste an. Die Männer züchteten Schafe, Ziegen, Rinder und Schweine und rodeten das Land. Eine wichtige Rolle bei der Nutzung des Bodens und der Entwicklung neuer Techniken spielten die Frauen. Sie zermahlten und kochten Getreide, spannen und webten Tuch, stellten Kleidung und Tonware her.

Nach Evans' Ansicht wurden um 2800 v. Chr. (die Auffassungen darüber schwanken noch) diese jungsteinzeitlichen Siedler durch Einwanderer aus Kleinasien und Libyen verdrängt. Evans schloß dies aus gewissen hier wie dort anzutreffenden Kulturelementen. Diese Neuankömmlinge bereiteten der Steinzeit auf Kreta ein Ende. Sie führten Bronze ein. Sie lernten, Kupfer mit Zinn zu legieren. Die so geschaffene Legierung ließ sich gießen und schmieden, sie war hart, haltbar und ergab formschöne Gerätschaften.

Diese Metallverarbeiter übernahmen, was sie an Errungenschaften der Steinzeitleute vorfanden, und bauten sie großzügig aus. Aus isolierten Luftziegelhäusern wurden Dörfer, aus Dörfern Städte und aus Städten Stadtkönigtümer. Anfang des 3. Jahrtausends v. Chr. war Kreta bereits dicht besiedelt, und sein Blick richtete sich auf das Meer ringsum. Schon die frühesten »Minoer« waren gute Seeleute. Warum auch nicht? Lag doch ihre Insel – so der griechische Historiker Diodor aus Sizilien zu Beginn unserer Zeitrechnung – »in der günstigen Position für Reisen in alle Teile der Erde«.

Während der ersten Saisongrabung tastete sich Evans nur vorsichtig an Zeitbestimmungen heran. Aber schon im Frühjahr 1900 förderte der Spaten Funde ans Licht, die sich in das allgemeine Datengerüst der Vorgeschichte einordnen ließen. Aus dem archäologischen Befund ging klar hervor: Der Palast war im Lauf der Jahrhunderte mehrmals erbaut und zerstört, neuerbaut und abermals zerstört worden. Evans konnte klar die verschiedenen Bodenniveaus und Keramikstile unterscheiden, die jeweils unterschiedliche Epochen markierten. Doch dann kam jener Augenblick, der ihm den entscheidenden Anhaltspunkt bescherte.

In der Schicht unmittelbar oberhalb des Neolithikums, jener Schicht, die mithin wahrscheinlich die »älteste Palastschicht« war, fand Evans Keramik eines sehr charakteristischen Stils, die den Gelehrten schon seit zehn Jahren Rätsel aufgab. Man bezeichnet sie als Kamares-Ware – dies nach einem Höhenheiligtum am Südhang des Ida in Zentralkreta, der »namensgebenden Fundstätte« dieser Ware. Ohne Zweifel waren die in der Kamares-Höhle entdeckten Stücke einst mit Flüssigkeiten und Nahrungsmitteln gefüllt, die man der in der Höhle verehrten Gottheit dargebracht hatte. Doch wer hatte diese Tonware gebrannt und wann? Und wie waren derartige Gefäße nach Ägypten gelangt, wo Flinders Petrie sie 1890 zusammen mit anderen Überresten in einer Stadt namens Lahûn (damals als Kahun bezeichnet) fand?

Die bemalten Kamares-Scherben in Lahûn (Kahun) unterschieden sich so unverkennbar von den anderen mit ihnen begrabenen Objekten, daß Petrie sie ohne zu zögern als »ägäisch« identifizierte. Drei Jahre später hatte Myres die ihr völlig gleichende Tonware untersucht, die sich im Museum von Candia (Herakleion [Iraklion]) befindet. Nachdem diese Ware nun in einer klar abgegrenzten Fundschicht in Knossos auftauchte, war sowohl das Rätsel ihrer Herkunft als auch des Zeitansatzes ihrer Schöpfer gelöst. Denn das von Petrie ausgegrabene Lahûn ist eine jener Stätten, von denen Archäologen träumen, denn sie gestattet eine Einordnung des archäologischen Materials in den Rahmen der absoluten Chronologie. Lahûn nämlich war als Unterkunft für die Beamten errichtet worden, die den Pyramidenbau Sesostris' II. leiteten, eines der bedeutendsten Herrscher der XII. Dynastie, der, wie man zu Evans' Zeit meinte, von etwa 1906–1888 v. Chr. regierte. (Neuere Berechnungen setzen ihn zwischen 1897 und 1887 an, ja nach der allerneuesten

Chronologie von Rolf Krauß regierte er sogar erst ab etwa 1861 bis um 1843 v. Chr.) Irgendwann unmittelbar zuvor oder während dieser Jahre müssen minoische Schiffe diese farbenfrohen Krüge und Vasen nach Ägypten gebracht haben.

Schiffe mit feiner Keramik, mit Textilien, Zimmerholz und aus der Stachelschnecke *(Murex brandaris* oder *Murex trunculus)* gewonnenem Purpur hatten Kreta verlassen. Die Krüge in ihren Laderäumen waren mit den Gaben eines verschwenderisch reichen Landes gefüllt: mit Olivenöl und Honig, Würz- und Heilkräutern, Rosinen und Wein. Aus Libyen, von den Kykladen und aus Ägypten kehrten die Schiffe mit Edelsteinen, Elfenbein und Gold zurück – ja vielleicht fanden sich unter all den Kostbarkeiten sogar Bohnen. Jedenfalls entdeckte Evans in einem der in Knossos ausgegrabenen Arbeitsräume einen kleinen *pithos*, der verbrannte Bohnen enthielt. Seine Arbeiter identifizierten sie als ägyptische Bohnen, eine noch heute aus Alexandrien importierte Zwergform. Das Webwerk der Geschichte begann sich aus vertrautem Material zusammenzusetzen. Sogar ein Unbekannter spielte dabei eine Rolle, der, ohne es gewollt und gewußt zu haben, mit seinem Namen als Zeuge der Geschichte bürgte.

Wie um Knossos' Historie einen weiteren Mosaikstein hinzuzufügen, brachten Evans' Arbeiter, die noch immer auf Knossos' unterstem Palastniveau tätig waren, eine ägyptische Dioritstatue ans Licht, in die der Name *User* (»der Starke«) eingraviert war. Vielleicht handelte es sich um einen Kaufmann, vielleicht sogar um einen altägyptischen Botschafter am Hof von Knossos. Zeitlich ließ sich diese Figur in die Spanne um 2000 v. Chr. einordnen. Der Mann namens User, der ansonsten nichts aufzuweisen hat, wodurch er in die Geschichte eingehen könnte, erlangte dennoch Unsterblichkeit, indem er den Zeugnissen der Schöpfer jener herrlichen Kamares-Ware sein eigenes Zeugnis hinzufügte.

Um 2000 v. Chr. muß sich mithin auf Kreta etwas Bedeutendes ereignet haben. Erstmals entstanden Bauten, die die Bezeichnung »Paläste« verdienen – der größte davon in Knossos, doch auch anderswo: in Phaistos, wo Evans' Freund Halbherr grub, desgleichen in Mallia. Alle drei lagen in den fruchtbarsten Ebenen der Insel. Ihren fürstlichen Hausherren fehlte es weder an Nahrung noch an anderen Annehmlichkeiten. Sie tranken aus Gold- und Silberschalen. Ihre Köche bedienten sich kupferner Kessel, groß genug, um ein ganzes Schaf oder eine Ziege darin zu kochen. (Mackenzie sah bei einem kretischen Fest, zu dem er eingeladen war, noch immer derartige Kessel in Gebrauch.) Eines der

»Küchengeräte«, das aus der Erde geborgen wurde, war eine Art »Reibeisen« aus Ton – vielleicht zum Reiben von Käse. In einer anderen Reibe steckten noch Fischgräten, Zeugnis eines reichhaltigen, ausgewogenen Küchenzettels. Und über ihren Gebrauchswert hinaus waren die *pithoi*, in denen diese frühen Minoer ihren Wein aufbewahrten, die Krüge, aus denen sie ihn einschenkten, und die Schalen, aus denen sie tranken, von großer Schönheit. Auch die Töpferscheibe hatte ihren Weg nach Kreta gefunden. Mit ihrer Hilfe schufen diese begabten Handwerker eine herrliche Vielfalt schwarzgrundiger Gefäße, auf deren dunklen Gefäßgrund in den verschiedensten Gelb-, Weiß- und Rottönen die eigentliche Dekoration angebracht wurde. Diese farbige Dekoration – Kreise, Streifen, Spiralmuster, florale Motive und Seetiere – war das »Warenzeichen« der Kamares-Töpfer. Selten nur glich ein Gefäß dem anderen. Jedes war vielmehr ein Kunstwerk für sich und doch gleichzeitig für den täglichen Gebrauch bestimmt.

In Phaistos fand Halbherr ein Gefäß mit einem Filter und einem Schnabel zum Trinken – auch heute noch könnte man sich für einen Säugling oder einen bettlägerigen Kranken kaum etwas besseres denken. In Knossos entdeckte Evans eine Obstschale mit Ständer und andere Gefäße, deren Wände so dünn wie Eierschalen waren (man spricht daher geradezu von »Eierschalenware«). Sie waren – so Evans – »so leicht und zart wie eine Seifenblase« (schon der antike Autor Lukian von Samosata [um 120–180 n. Chr.] hatte sie als »windgetragen und hauchdünn« bezeichnet). Und das Wunder der Entdeckung geschah immer wieder. Jede umgewendete Erdscholle gab den Blick auf neue Kunstwerke frei. Und in dem Maße, wie sie gruben und immer mehr der Erde entrissen, vermochte Evans, mosaikartig die Geschichte von Knossos zusammenzufügen: aus dieser Scherbe und jenem Freskenfragment, diesem Siegelstein und jenem Metallgefäß, ganz zu schweigen von Säulen und Balustraden.

Es war, als ob er eine Straßenkarte in die Vergangenheit entfaltete.

12

Aber das sind doch Pariserinnen!

Der *nótos* (»Südwind«), die Geißel des kretischen Frühlings, fegte über Knossos. Es ist der Chamsin (»Samum«) Ägyptens – ein heißer, trockener Wüstensturm, der das Land versengt und einem mit wirbelnden Staubwolken die Sicht nimmt. Oft bläst er drei volle Tage, ohne an Intensität nachzulassen. Am stärksten weht er im März. Es muß eben dieser *nótos* gewesen sein, der, so vermutete Evans, einst mit voller Stärke den Brand anfachte, dessen Rußspuren noch immer an den Wänden des Thronraumes hafteten. Das Jahr der Katastrophe konnte Evans nur annäherungsweise angeben – sie mußte, wie er meinte, irgendwann um 1400 v. Chr. stattgefunden haben. Doch in welchem Monat sie sich ereignete, glaubte er ziemlich sicher zu wissen.

In jenem schicksalhaften März vor langer, langer Zeit muß der Himmel ebenso unheilvoll ausgesehen haben wie im März 1900. Vom Sturm mitgeführter libyscher Wüstensand gab ihm eine bösartig-rote Färbung. Die Abraumhalden der Ausgrabung wurden zu Rost. Rötlicher Staub bedeckte die Dächer von Candia. In dem türkischen Hause, das Evans bewohnte, knirschte der Sand auf dem Boden.

Es war ein altes Haus in der Talsenke unterhalb von Knossos und viel zu nahe am malariaverseuchten Kairatos-Bach. Trotz drastischer Desinfektion und neuer Tünche waren die Räume feucht und rochen nach Schimmel. Das Strohdach war undicht. Es bot nicht mehr Schutz als ein Sieb. Evans bekam das zu spüren, als sich ein Frühlingsregen nachts plötzlich zu einem tropischen Wolkenbruch auswuchs. Am Tage zuvor hatte Evans gerade vier Schrifttafeln zusammen mit einem Stück hartgewordener Erde ausgestochen, die sie zu einem Klumpen verband. Er hatte diesen Klumpen mit nach Hause genommen, um den Fund vorerst unter Dach und Fach zu bringen. Doch der nächtlichen Sintflut war das verrottete Strohdach nicht gewachsen. Die Schale, in der die Täfelchen lagen, lief voll, und am nächsten Morgen waren Täfelchen und Erde nur noch ein einziger Brei.

Manchmal standen die Grabungsarbeiter in halb mit Wasser gefüllten Ausschachtungen und mußten durch zähen Schlamm waten, um ihre schweren Karren voll wassertriefender Erde auszukippen. Dann wiederum fegte der Wind derartige Staubwolken herbei oder es stürzten so heftige Platzregen vom Himmel, daß man die Arbeit gänzlich unterbrechen mußte. An solchen Tagen mußte Evans sich damit begnügen, in seiner feuchten Bleibe die Funde zu untersuchen, die bereits zutage gefördert worden waren. Bei der geringsten Wetterbesserung war er schon wieder auf seiner Grabung. Wie gewöhnlich mit Schlips, Kragen, Hut und Prodger, machte er den Elementen nur *ein* Zugeständnis in Gestalt eines schmutzigen, abgewetzten Regenmantels, der ihm bis halb zu den Waden hinabreichte und ihm, wie seine Schwester Alice einmal äußerte, einen Anstrich von »Verwegenheit« gab.

Die Funde der damaligen ersten Saisongrabung waren in der Tat großartig: erlesene Keramik, Siegel, Schmuckstücke, Elfenbeinschnitzereien, Kupfer- und Steingefäße. Vor allem aber hatten die Minoer ihren Schönheitssinn und ihre Lebensfreude in den Fresken zum Ausdruck gebracht, die den Palast schmückten. Teile dieser Fresken befanden sich noch an den Mauern. Sehr viel mehr von ihnen war jedoch abgebröckelt und zu kleinen Stückchen leuchtendfarbigen Stucks zerfallen, die man nur mit Hilfe des Siebes wieder dem Erdreich abgewinnen konnte. Wenn sie nicht noch weiter zerfallen sollten, mußte man diese Stückchen unverzüglich reinigen und konservieren. Von hier bis zur Restaurierung der Bildwerke war es für Evans nur ein kleiner Schritt. Für ihn waren die leuchtend bemalten Stuckfragmente wie ein Puzzlespiel, das nur darauf wartete, zusammengesetzt zu werden. Er hatte nicht nur bestimmte Vorstellungen davon, wie die Mauern einst ausgesehen haben mußten, sondern faßte sogar den Plan, den früheren Zustand so weit wie möglich wiederherzustellen, indem er sie mit Repliken (d. h. möglichst originalgetreuen Kopien) ihrer ursprünglichen Dekoration versah.

Er beauftragte den in Athen lebenden Schweizer Maler Émile Gilliéron, der überwiegend für das Französische Archäologische Institut in Athen tätig war, mit der Restaurierung der Fresken zu beginnen. Keiner von beiden ahnte, daß dies der Beginn einer jahrzehntelangen Zusammenarbeit war. Monsieur Gilliéron ging fortan an der Grabungsstätte ein und aus. Im Lauf des nächsten Vierteljahrhunderts ließen sich er oder sein nicht weniger begabter Sohn Edouard gleich in Knossos nieder, sobald gegraben wurde.

Gilliéron war ein begabter Maler mit einem brennenden Interesse an

Archäologie. Nach Kunststudien in Basel, München und Paris hatte ihn seine Künstlerlaufbahn schon im Alter von sechsundzwanzig Jahren nach Athen geführt, wo er Fuß gefaßt und sich ganz auf archäologische Themen spezialisiert hatte. Seine Arbeiten erschienen regelmäßig in den Publikationen nicht nur des französischen, sondern auch des deutschen, italienischen, österreichischen, britischen und amerikanischen archäologischen Instituts. Bei alldem war Gilliéron auch noch Zeichenlehrer der griechischen Prinzen und Prinzessinnen, ja er fand sogar noch Zeit (und hatte offenkundig auch das Geschick), ein Unternehmen zu betreiben, das seine Liebe zu alten Meisterwerken in klingende Münze verwandelte.

Der bebilderte Katalog dessen, was Gilliéron anzubieten hatte, trug den Titel: *Galvanoplastische Nachbildungen mykenischer und kretischer (minoischer) Antiquitäten.* Angefertigt und vertrieben wurden die betreffenden Replikate von der Württembergischen Metallwarenfabrik (WMF) in Geislingen an der Steige (Kreis Göppingen), man konnte die Nachbildungen aber auch unmittelbar von »E. Gilliéron & Fils«, Rue Skoufa 43, in Athen beziehen.

Jemand, der getreue Reproduktionen mit Altersschäden behafteter Originale herzustellen verstand, war genau der Mann, den Evans brauchte. Mehr noch: Daß Gilliéron bei all seinen Aktivitäten noch Zeit fand, mit seinem Talent Profit zu machen, zeugte von seiner außergewöhnlichen Energie. Evans stellte beides – Gilliérons Begabung und seine Energie –, dazu sein unzweifelhaftes Einfühlungsvermögen in das Denken und Fühlen vergangener Epochen, ganz in den Dienst der Minoer und brachte seine eigene nachschöpferische Phantasie zusätzlich ein. Bei den freigelegten Stuckfragmenten handelte es sich in der Tat um Bruchstükke von Fresken, die man auf frischen Mauerputz gemalt hatte. Evans konnte mit Leichtigkeit die feinen Doppellinien ausmachen, die von Fäden herrührten, welche man einst als »Leitfäden« für die Hand des Malers über die noch feuchte Bewurfschicht gespannt hatte. Dennoch kostete es ungewöhnlich viel Mühe, die Stücke zusammenzufügen – es erforderte unendliche Geduld und bedurfte der jahrelangen Erfahrung, die Gilliéron mitbrachte. Tatsächlich galt es, buchstäblich Hunderte einfach herumliegender winziger Fragmente zu sammeln, zu reinigen und aneinanderzufügen. Manchmal mußten Evans und Gilliéron gemeinsam ihren gesamten Einfallsreichtum aufbieten, um eine Lösung zu finden. Oft geschah die Arbeit, wie Evans vermerkt, »in Übereinstimmung mit meinen eigenen Vorschlägen«. Allerdings bestand er darauf,

daß, »was die Hauptzüge der Komposition angeht, auf jeden Fall tragfähige Analogien« für die Rekonstruktion vorhanden sein müßten. Die Arme, Beine, Gesichter und Bildhintergründe, die Fehlendes ersetzen, sind keineswegs nur Evans' und Gilliérons Erfindung. Vielmehr suchte Gilliéron stets nach irgendwelchen Anhaltspunkten, sei es auf anderen Partien des zu rekonstruierenden Bildes selbst, sei es auf ähnlichen Malereien auf Knossos oder anderen kretischen Fundstätten.
Jedenfalls behauptete Evans dies. Spätere Archäologen bestritten dagegen teilweise sehr energisch, daß diese Anhaltspunkte und Analogien hinreichten und kritisierten die phantasievollen Rekonstruktionen als zu »üppig« und »gewagt«. Sogar Touristen, die die restaurierten Fresken im Museum von Candia (Herakleion bzw. Iraklion) genauer betrachteten, wunderten sich über das, was Gilliéron aus den spärlichen Leitlinien auf den ursprünglichen Fragmenten herausgezaubert hatte. Bisweilen lag Evans mit seiner Auffassung gänzlich falsch und brachte mit seiner Begeisterung auch Gilliéron auf Abwege. Allerdings geschah dies erstaunlich selten. Der berühmteste Fall dieser Art ist der des sogenannten »Safranpflückers«.
Von diesem Fresko kamen acht Stücke ans Licht. Sie zeigten den Körper (aber nicht den Kopf) eines vermeintlichen Jünglings. Bis auf einen Gürtel war dieser »Jüngling« nackt. Wie es schien, pflückte er Safran-Krokusse *(Crocus sativus)* und stellte die Stiele in eine Schüssel auf steinigem Boden. Selbstverständlich störte es Evans, daß die Figur blau und nicht – wie männliche Gestalten sonst – rot gemalt war. Möglicherweise, so mutmaßte er, handelte es sich daher wohl eher um ein Mädchen als um einen Jüngling. Doch gleich, ob der »Safranpflücker« vielleicht eine »Safranpflückerin« war – Evans war fasziniert von der Naturtreue der Blumendarstellung. Sie zeuge, so betonte er, welche Bedeutung die Minoer dem *Echten Safran (Crocus sativus)* beigemessen hätten, aus dem sie gelbe Färbertinktur für ihre Gewänder und sogar für den Export gewannen.
Für Evans' Zeitgenossen blieb der »Safranpflücker« ein Knabe oder Jüngling, da Evans ihn als solchen bezeichnet hatte. Ronald W. Burrows, einem Griechischprofessor am *University College* in Cardiff, schien es zwar seltsam, daß der »kleine blaue Knabe«, wie er ihn in seinem Buch *The Discoveries in Crete* (»Die Entdeckungen auf Kreta«) nannte, blaues statt rotes Fleisch gehabt haben sollte. Außerdem sei er »anatomisch nicht korrekt«. Dennoch fand Burrows es »raffiniert«, den »Knaben« Blumen pflücken und in einer Schüssel arrangieren zu lassen. Erst sehr

viel später, als ein blauer *Schweif* zum Vorschein kam, erwies sich der »Knabe« als *Affe* – freilich als ein so reizend wiedergegebener, daß dies dem Zauber des Freskos keinerlei Abbruch tat.
Und wirklich – niemand konnte die Anmut der Minoer in Frage stellen, die aus Gilliérons Atelier ans Licht der Welt traten. Als zu den ersten beiden Fragmenten weitere Stücke hinzukamen, erwies sich Manolis' »Heiligenbild« als lebensgroße Darstellung eines Jünglings mit langem, gewelltem Haar, edlem Profil, schmaler Taille und schlanken Beinen. Er trug einen bestickten Lendenschurz – kein Hemd, wie Evans zunächst gemeint hatte –, einen hübschen Gürtel sowie einen silbernen Stirnreif. An seinen Füßen befanden sich Sandalen, sein Handgelenk schmückte ein Armband. In den Händen hielt er ein trichterförmiges Rhyton, das dazu diente, irgendeiner Gottheit Trankopfer darzubringen, und es konnte gar kein Zweifel bestehen, daß er nur einen Teil einer riesigen, in *al fresco*-Technik wiedergegebenen Prozession derartiger Jünglinge bildete – nach Evans' Schätzung mußten es mehr als fünfhundert sein.
Ein Replikat des *Cup-bearers* (»Pokalträgers«), wie Evans den Jüngling schließlich nannte, bedeckte eines Tages zusammen mit mehreren anderen Darstellungen der gleichen Art die Wand des Raumes, der restauriert wurde und heute *Corridor of the Cup-bearer* heißt*. Gilliéron habe die Kopien »mit seiner üblichen meisterhaften Einfühlung in das Denken der Minoer« geschaffen, schrieb Evans. »Die Absicht war, dem Besucher wenigstens teilweise die glänzende Wirkung vor Augen zu führen, die diese übereinander angeordneten Prozessionsteilnehmer einst in dieser inneren Eingangshalle ausgeübt haben müssen.«
In den Augen der Grabungsarbeiter reichte die Spanne der dargestellten Gestalten vom »Heiligen« bis zum »Teufel«. Hassan, einer der besten Arbeiter Evans', schrie vor Schreck, als er auf ein ziemlich großes Stuckstück stieß, auf dem ein Wesen dargestellt zu sein schien, das Feuer und Schwefel schnaubte. Der »Teufel« erwies sich als ein zumindest lebensgroßes, bemaltes Stuckrelief eines angreifenden Stieres mit zottigem Kopfhaar, rotgeränderten, wildblickenden Augen und hellblau getönten Hörnern. Die Modellierung war meisterhaft. Das Tier, voll innerer Spannung, brüllte vor Wut oder Qual. Es erinnerte – wie damit

* In der deutschsprachigen Literatur wird der *Cup-bearer* meist als »Rhyton«- oder »Trichterträger«, der *Corridor of the Cup-bearer* meist als »Prozessionskorridor« bezeichnet. *(Anm. d. Übers.)*

niemand ihn vergessen sollte! – an den furchtbaren Minotauros, der durch das Labyrinth getappt sein sollte.
Überall in Knossos gab es Stiere. »Welche Rolle spielen diese Tiere hier doch!« rief Evans aus. Er fand sie allerorten – auf Fresken, auf Reliefs, als häufigstes Motiv auf Siegeln, auf einer Vase aus Saponit (»Seifenstein«). Eine etwas stilisierte Wiedergabe von Stierhörnern war eines der am meisten verbreiteten Symbole, die den Minoern dazu dienten, eine Stätte als heilig zu kennzeichnen. Diese Hornsymbole – *horns of consecration* nannte Evans sie* – waren an Evans Grabungsstätte fast ebenso häufig anzutreffen wie das »Doppelaxt«-Symbol.
Die bekannteste Stierszene findet sich auf der von Gilliéron restaurierten Wandmalerei, die Evans als »Stierkämpferfresko« *(Toreador Fresco)* bezeichnete. Der hier dargestellte Stier scheint sich mit Vehemenz auf eine Stierkämpferin zu stürzen, die ihn an beiden Hörnern packt. Der minoische Künstler hat eine atemberaubende Szene geschaffen. Handelnde Personen sind eine männliche und zwei weibliche Gestalten, erkennbar an ihrer unterschiedlichen Hautfarbe (rot und weiß – eine auch aus Altägypten bekannte künstlerische Konvention). Jede(r) der Stierkämpfer(innen) ist nur mit einem Lendenschurz, einem Metallgürtel, gestreiften Socken sowie einer Art Mokassins bekleidet, und sie alle vollbringen unglaublich Waghalsiges. Der Jüngling schwebt noch halb in der Luft. Er vollführt einen fliegenden Salto rückwärts auf dem Rücken des Stieres. Die Füße nähern sich schon wieder der Grundstellung, und die eine der jungen Frauen steht bereit, ihn aufzufangen oder zu stützen. Das andere Mädchen steht vor dem auf sie zurasenden Tier und ergreift seine Hörner, um ihrerseits einen Salto auszuführen.
Dieses Stierspringen schien so gefährlich, so unglaublich, daß Evans sich lange über die Bedeutung dieses Freskos den Kopf zerbrach. Um festzustellen, ob er es hier mit einem Vorläufer des modernen Stierkampfes zu tun habe, reiste er nach Madrid. Hier interessierte ihn vor allem, was geschah, wenn der Stier den Matador (Torero) auf die Hörner nahm. Doch die Grausamkeit der spanischen Stierkämpfe empörte ihn, und er schrieb in sein Notizbuch, sogar Francisco Goya habe unter eine seiner Radierungen, die den Titel *Tauromachia* (»Stierkampf«) trägt, die Worte *bárbara diversión* (»barbarisches Vergnügen«) geschrieben. Evans entdeckte keinerlei Übereinstimmungen zwischen den Techniken spani-

* Wörtlich etwa: »Weihehörner«, in der deutschsprachigen Literatur spricht man meist von »Kulthörnern«. *(Anm. d. Übers.)*

scher Matadore und minoischer Stierkämpfer. Dennoch äußerte er die Vermutung, »die Arten des Zeitvertreibes im Amphitheater, die im Mittelmeerraum nie gänzlich an Bedeutung verloren haben, lassen sich so zumindest auf Kreta bis in prähistorische Zeit zurückverfolgen. Es kann durchaus sein, daß lange bevor versklavte Barbaren zum Vergnügen der Römer hingeschlachtet wurden, Kriegsgefangene, vielleicht solche edlen Blutes, im Angesicht des ›Minos-Hauses‹ ein ähnliches Schicksal erlitten und daß die Sage, wonach Gefangene aus Athen vom Minotauros verschlungen wurden, eine wahre Erinnerung an diese grausamen Schauspiele bewahrt.«

Evans bedankte sich auch bei Professor Baldwin Brown, der das Stierkampffresko einem alten Rodeo-Reiter aus Amerikas »Wilden Westen« gezeigt hatte und von ihm wissen wollte, ob dieser Stiersprung ausführbar sei. Doch man erklärte dem Professor, ein Mensch habe keinerlei Chance, die Balance zu halten, wenn ein Stier voll gegen ihn anrenne. Trotzdem fand Evans die gleiche Art des Stierspringens auf Siegelsteinen, als Gravierung auf einem goldenen Siegelring und in Form einer kleinen Bronzegruppe abgebildet, die einen Stier mit einem Akrobaten darstellte. »Alles, was sich sagen läßt«, folgerte er, »ist, daß die Art der Darbietung, wie der minoische Künstler sie darstellt, von einer Art zu sein scheint, die moderne Stierkampfexperten für unmöglich halten.«

Es gab allen Grund zu der Annahme, daß die Minoer noch andere Stierkampfspiele kannten, die ebenso erstaunlich waren. 1889 hatte der griechische Archäologe Chrestos Tsountas die Entdeckung zweier herrlicher Goldbecher bekanntgegeben, die in einem Tholosgrab bei Vapheio in der Nähe von Sparta zum Vorschein gekommen waren. Beide wiesen je drei Reliefszenen auf, die das Jagen und Einfangen wilder oder halbwilder Stiere darstellten.

Die Szenenfolge auf dem ersten Becher berichtet von Gefahr mit unentschiedenem Ausgang. Schmalhüftige minoische Rinderhirten und -hirtinnen versuchen, Stiere in ein zwischen Olivenbäumen aufgespanntes Netz zu treiben. Eines der Tiere ist der Falle entkommen und galoppiert nach rechts davon. Ein zweites, weniger gewitzt, hat sich im Netz verfangen und sitzt fest. Dem dritten Tier ist es gelungen, einen der Fänger zu Boden zu werfen, und da liegt er nun mit über dem Kopf hochgeworfenen Armen, während sich eine Fängerin in einem verzweifelten Versuch, den Stier zu Fall zu bringen, mit Armen und Beinen an seinen Hörnern festklammert.

Die Reliefs auf dem zweiten Goldbecher zeigen weniger Aufregendes,

sind dafür aber subtiler und witziger. Ihr Sinn war nicht klar, bis Evans sich eingehender mit ihnen befaßte, nachdem er zwei von Gilliérons Replikaten der Vapheio-Funde für das *Ashmolean Museum* erworben hatte. Bisher hatte man nämlich angenommen, *beide* Tiere, die hier dargestellt sind, seien *Stiere*. Evans blieb die Feststellung vorbehalten, daß das eine Tier durch Heben des Schwanzes nicht nur verrät, daß es eine *Kuh* ist, sondern auch, welche Rolle ihm zugedacht war: Es sollte als »Köder«, als »Lockvogel« dienen, wie Evans den »natürlichen Zeichen sexueller Anziehung« entnahm, »die eine Kuh in derartigen Fällen erkennen läßt«. Nachdem er so das Rätsel des zweiten Vapheio-Bechers gelöst hatte, hatte er auch eine Erklärung für seine drei Reliefszenen: »Auf der ersten . . . ist ein Stier dargestellt, wie er am Schwanze schnuppert. Auf der zweiten lädt ihn seine betrügerische Artgenossin zu Liebesspielen ein, wobei ihr erhobener Schwanz verrät, daß sie sexuell durchaus nicht unbeteiligt ist . . . In der dritten Szene macht sich der Hirt das Techtelmechtel der Tiere zunutze, um den mächtigen Stier am Hinterhuf zu fesseln.«
Was für Menschen waren diese Minoer, die nicht nur mit Stieren rangen und über ihre Hörner sprangen, sondern sie auch auf so hinterlistige Art zu fangen verstanden? Wie um diese Frage zu beantworten, gab die Erde weitere kleinformatige Fresken frei, die in einer Stilart, die im gesamten Altertum nicht ihresgleichen hatte, von Bräuchen und Ereignissen berichteten. Eines dieser Fresken war wenig mehr als einen Meter breit. Die auf ihm dargestellten Menschen maßen selten mehr als wenige Zentimeter. Doch selbst auf so knappem Raum hatte es der Künstler fertiggebracht, eine Menschenmenge von annähernd fünfhundert Personen wiederzugeben, die beiderseits eines heiligen Kultschreines, in Reihen angeordnet, irgendwelcher Dinge harrten, die auf sie zukommen sollten.
Evans bezeichnete diese Malerei als »Tempelfresko«. Raffiniert gekleidete Damen saßen in der ersten Reihe sowie auf einer Art Balkon rings um den Kultschrein oder Tempel. Ringsumher Hunderte anderer Zuschauer, in verkürzter Form wiedergegeben, so daß man die Köpfe sieht, die Männer terrakottafarben, die Frauen weiß. Doch die Frauenköpfe im Hintergrund erscheinen nicht weniger munter, lockenfrisiert und schmuckbeladen als die der eleganten Hofdamen ganz vorne. Diese trugen enganliegende Puffärmeljacken, die die Brüste frei ließen. Während sich alle übrigen Zuschauer auf die Darbietungen konzentrieren, drehen und wenden sie sich auf ihren Sitzen hin und her und plaudern lässig miteinander.

Angesichts so vieler Minoer konnte Evans weder seine Phantasie noch seine Feder zurückhalten. Er bewunderte den minoischen Künstler, der, ohne die dritte Dimension wiedergeben zu können, allein durch die Gesten eine so außerordentliche Naturtreue erzielt hatte. Eine der Damen »erhebt verblüfft ihr Haupt: ›Was Sie nicht sagen!‹«, eine andere wiederum erhebt es »voller Widerwillen gegen ihre scharfzüngige Nachbarin«. »Dürfen wir die Vermutung wagen«, sinniert er, »daß hier eine Mutter ihrer debütierenden Tochter Verhaltensratschläge gibt?«

Da gab es ein »Feldstuhlfresko«, das seine treffende Bezeichnung gleichfalls Evans' Gabe verdankte, das rechte Wort zu finden. Gilliéron gelang es, zwölf Gestalten beiderlei Geschlechts zu restaurieren. Zu seiner und jedermanns Überraschung saßen sie auf Klappstühlen mit dünnen Metallbeinen. Ein unachtsamer Jüngling hatte seinen Handschuh verloren, und da hing er nun – er hatte sich, komplett mit Daumen und allen vier Fingern, an der Kreuzung der Stuhlbeine festgeklemmt. Der andere Handschuh steckte noch dort, wohin er gehörte: im Gürtel seines Trägers, wo sein rötlichbrauner Farbton schick mit den grünlichblauen und gelben Tönen der Kleidung kontrastiert. Als er die Schönheit und Eleganz der hier abgebildeten Frauen sah, rief ein französischer Gelehrter, der Gilliéron beim Restaurieren dieses »Feldstuhlfreskos« zuschaute, aus: *Mais ce sont des Parisiennes* – »Aber das sind doch Pariserinnen!«

Tatsächlich: »die Pariserin« – Generationen von Besuchern gaben inzwischen der Frauengestalt in der vordersten Reihe diesen Namen, jener reizenden, eleganten Kreterin, deren Porträt heute für das Museum in Herakleion die gleiche Bedeutung hat wie die Mona Lisa für den Louvre. »Die Pariserin« – sie hat dunkle Mandelaugen, ihr langes, schwarzes Haar fällt in Wellen auf ihre Schultern herab, ihre Lippen scheinen leuchtend geschminkt, und sie trägt ein Leibchen aus dünnem, durchscheinendem Stoff. Ein Schal aus ähnlich hauchdünnem Gewebe ist im Nacken zu einem großen Knoten gewunden, und die mit Fransen versehenen Tuchenden hängen seitlich herab.

»Was nun?« war die Frage, die man sich jetzt überall auf Kreta stellte. Frei vom osmanischen Joch und endlich für jedermann zugänglich, war die Insel geradezu zu einer Verlockung für Archäologen aller Länder geworden. Unter Leitung des energischen Halbherr gruben die Italiener in der Messara-Ebene im Süden. Hier legten sie einen Palast frei, der es – bis auf den künstlerischen Glanz – mit Knossos aufnehmen konnte. Die Franzosen begannen später mit der Ausgrabung eines kleinen Palastes in

Mallia an der Nordküste. Unweit von Psychrón untersuchte David Hogarth die Höhle im Dikte-Massiv, wo der Sage nach Zeus geboren war, und er fand, wie er berichtete, Minute für Minute eine neue Opfergabe: bronzene Klingen, Stifte, Pinzetten, Broschen, Ringe und Nadeln. John Myres entdeckte die Kultstätte auf dem Pétsophas-Hügel bei Palaikastro. Ja – unter all diesen Archäologiepionieren befand sich sogar eine junge Amerikanerin.

Harriet Boyd heiratete später Charles Henry Hawkes, und gemeinsam verfaßten sie ein Buch: *Crete: The Forerunner of Greece* (»Kreta: Der Vorläufer Griechenlands«). 1900 war sie über zwanzig und studierte an der *American School of Archaeology* in Athen. Sie konnte nicht hoffen, es Evans gleichzutun, war jedoch fest entschlossen, ihren eigenen Beitrag zur Aufhellung der Geschichte Kretas zu leisten.

1900 gab es außer Saumpfaden kaum Straßen auf Kreta. Im Damensitz auf dem Sattel sitzend und nur mit der denkbar einfachsten Ausrüstung, zog Harriet Boyd auf einem Maultier von Dorf zu Dorf und suchte nach Anhaltspunkten für das Vorhandensein einer lohnenden Grabungsstätte. Ein Jahr später kehrte sie zurück, um das auf einem Hügel liegende Gournia auszugraben, eine »Industriestadt«, deren Bewohner Fischer, Weber, Bronzegießer, Steinmetze und Töpfer waren. Ihre steilen Kopfsteinpflasterstraßen waren so vorzüglich erhalten, als ob die Steinsetzer erst gestern zu arbeiten aufgehört hätten.

Mit allen Archäologen, die auf Kreta gruben, insbesondere aber mit Halbherr, blieb Evans in enger Verbindung. Auch Myres besuchte er, um dessen Funde am Pétsophas-Hügel zu sehen. Ein Stein, den Hogarth ihm mit einem Hirtenjungen aus Psychrón sandte, erwies sich als Teil einer Inschrift aus minoischer Zeit. Er sei, sagte der Knabe, mit Buchstaben bedeckt, die nicht einmal der Priester lesen könne. So fügte sich ein Beleg an den anderen. Die Fäden der Frühgeschichte Kretas entwirrten sich immer mehr.

Am Ende der ersten Grabungssaison lagen mehr als 0,8 Hektar des Palastgeländes von Knossos frei. Der Bauplan war nun in großen Zügen klar. In der Mitte lag ein riesiger gepflasterter Hof (etwa 60×28 m). An seine Westseite grenzten der Thronsaal sowie andere Repräsentations-, Zeremonial- bzw. Kulträume. Östlich des Zentralhofes, wo das Gelände steil abfiel, befand sich jener Teil, den Evans bereits als »Wohnflügel« bezeichnete, obwohl er dort noch keinen Spatenstich getan hatte.

Lange unterirdische Gänge waren mit Reihen um Reihen riesiger Vorratskrüge gefüllt. Insgesamt muß es nach Evans' Schätzung mehr als vierhundert davon gegeben haben, die insgesamt mehr als 16 000 Gallonen (über 60 000 Liter) Olivenöl aufzunehmen vermochten. Allein die Größe dieser Gefäße war verblüffend. Manche waren so geräumig, daß ein Mensch in ihnen stehen konnte, ja – der größte von allen maß 2,17 Meter, und sie waren jeweils in einzelnen umlaufenden Zonen mit drei oder vier horizontalen Henkeln versehen, die in verschiedener Höhe um den Gefäßkörper herum angebracht waren. So konnten je nach dem Gewicht des Gefäßinhaltes so viele Träger wie nötig zupacken, um das Gefäß von der Stelle zu bewegen, wenn nötig, zu kippen. Die Zwischenräume zwischen den Henkel-Zonen waren mit Medaillons, Fischgrätenbändern, Schnurdekor oder gemalten Pflanzenmotiven geschmückt. In einem einzigen Magazin fand Evans zwanzig derartiger *pithoi.* Manche standen noch an ihrem Platz und waren unversehrt. Man konnte sich leicht vorstellen, wie sie einst mit Öl und Wein für den Haushalt des Priesterkönigs gefüllt waren.

Nachdem er Minos' Palast der Vergessenheit entrissen hatte, wollte Evans nicht gern, daß ihn Wind und Wetter wieder mit Sand und Erde zuschütteten. Über dem Thronsaal hatte er bereits ein provisorisches Schutzdach errichten lassen, und alle kostbaren Gegenstände hatte man in das Museum von Candia (Herakleion [Iraklion]) gebracht. Doch es genügte ihm nicht, nur zu bewahren, was er gefunden hatte. Vielmehr begann er, Knossos so weit wie möglich in altem Glanz neuerstehen zu lassen. Während Fyfe, sein Architekt, Mauern rekonstruierte, fuhr Gilliéron fort, Fresken zu restaurieren und die betreffenden Szenen zu kopieren. Evans wünschte sehr, die Fresken oder zumindest ihre modernen Replikate wieder an den Wänden anbringen zu lassen, an die sie gehörten, um »etwas vom inneren Leben des alten Palastheiligtumes zu konservieren«. Gingen seine Schlußfolgerungen über das hinaus, was das freigelegte archäologische Material an Schlüssen zuließ? Ließ er seiner Phantasie zu sehr die Zügel schießen? Diese Fragen lassen einen nicht zur Ruhe kommen, und standen lange Zeit im Mittelpunkt gelehrter Auseinandersetzungen. J. N. L. Myres, der Sohn von Evans' engstem Freund, warf eine noch überraschendere Frage auf, indem er eine Episode mitteilte, die ihm sein Vater berichtet hatte.

»Mein Vater pflegte zu sagen«, schrieb der jüngere Myres, »sie hätten einst mit einer Münze gelost, wer von beiden sich auf Kreta und wer auf Zypern konzentieren solle. Evans gewann Kreta, und wir alle kennen das Ergebnis. Mein Vater leistete eine Menge Arbeit auf Zypern, doch wenn die Münze damals ganz anders gefallen wäre, hätten die Resultate völlig anders ausgesehen, denn mein Vater hatte nie die finanziellen Mittel noch den Sinn für Publizität, die Evans' Grabungen auf Kreta so extensiv und spektakulär ausfallen ließen.«

Dieses Zeugnis dafür, welchen Einfluß eine einzelne Persönlichkeit auf den Gang der Ereignisse hatte, ist kaum minder verblüffend als die Entdeckung der Minoer selbst. Was, wenn nicht Evans, sondern Myres das Los zugefallen wäre? Wie sähe der ausgegrabene Palast dann heute aus? Doch Myres verlor, und es kann durchaus sein, daß die Minoer zumindest ein wenig von ihrer unwiderstehlichen Liebenswürdigkeit (und sicherlich sehr viel von ihrer Anschaulichkeit) dem Mann verdanken, dem sie damals zufielen!

Gewiß hatte Evans 1900 jenen »Sinn für Publizität«, der die Londoner begierig nach der *Times* greifen ließ, um zu erfahren, was auf Kreta vor sich ging. Worüber er noch nicht verfügte, waren die finanziellen Mittel, die ihm seine ausgedehnte und aufsehenerregende Grabung ermöglichen sollten. Ihm war bereits klar: Selbst wenn ihn sein Vater großzügig unterstützte, würde er doch schon bald gezwungen sein, die Öffentlichkeit um Spenden anzugehen – mit anderen Worten: jenen hypothetischen »Kreta-Erforschungs-Fonds« ins Leben zu rufen, den er so leichtfertig aus dem Hut gezaubert hatte, als er das erste Viertel des Hügels von Kephala kaufte. Sogar noch mehr Sorgen als das Geld bereitete ihm das kretische Klima.

Die naßkalte türkische Behausung mit ihrem leckenden Dach und ihren feuchten Wänden unten im Tal, die Evans gemietet hatte, erwies sich als entschieden ungesund. Ende Mai hatten die Schwärme der Malariamükken aus dem Kairatosbach ihn, Mackenzie und eine ständig wachsende Zahl von Grabungsarbeitern infiziert. Abwechselnde Anfälle von Fieber und Schüttelfrost behinderten den Fortgang der Arbeiten, und schließlich griff die Malaria dermaßen um sich, daß die Grabung gänzlich eingestellt werden mußte.

Am 3. Juni legten Evans' kretische Hilfskräfte ihre Spitzhacken nieder und warfen sich in ihren besten Staat. Ihr Herr gab zu Ehren der wiederentdeckten Minoer und des Endes der ersten Grabungssaison für die Arbeiter und ihre Familien eine ungeheuere *glendi* (Party). Dann kehrte er nach England zurück, um mit der Arbeit an seiner Veröffentlichung zu beginnen. Doch zunächst belegte ihn Oxford mit Beschlag.

Obwohl er am *Ashmolean Museum* einen neuen, jüngeren Assistenten hatte, Charles Bell, der sich als durchaus fähig erwies, mit der täglichen Routine fertigzuwerden, gab es gleichwohl gewisse Probleme und vor

allem Persönlichkeiten, auf die Evans Rücksicht zu nehmen hatte. Einige Mitglieder des »Besucher«-Ausschusses waren von den langen Auslandsaufenthalten ihres Kurators ganz und gar nicht angetan – dies immer weniger, je mehr Zeit verstrich. Evans mußte seine Zeit zwischen Oxford und Boars Hill aufteilen, wo er – oft erst spät abends – am ersten Teil seiner wissenschaftlichen Publikation über Knossos arbeitete. Außerdem veröffentlichte er eine Schrift mit dem Titel *Writing in Prehistoric Greece* (»Schrift im vorgeschichtlichen Griechenland«).
John Evans war begreiflicherweise stolz, als diese Schrift seines Sohnes 1900 auf einem Treffen der »Britischen Vereinigung zur Förderung der Wissenschaft« *(British Association for the Advancement of Science)* diskutiert wurde. Allerdings vermochte sich Sir John eine »persönliche Genugtuung« nicht zu versagen, »daß Ansichten«, die er selbst »schon vor etwa zwanzig bis dreißig Jahren geäußert habe«, nunmehr durch seinen Sohn Bestätigung fanden. Anscheinend beruhte der – wenn auch in aller Freundschaft und Ritterlichkeit ausgetragene – Wettstreit zwischen Vater und Sohn nicht nur auf Einseitigkeit! Evans schätzte, seine Arbeit in Knossos sei knapp zur Hälfte getan. Er irrte. Noch fünf Jahre intensiven Grabens sollten folgen sowie weitere fünfundzwanzig Jahre sporadischer archäologischer Arbeit, bis alles in Knossos getan war. Einen großen Teil dieser Zeit, sofern sie nicht durch die Rekonstruktion des Minos-Palastes in Anspruch genommen wurde, widmete er dem Bau seines eigenen Hauses in Youlbury.

13

Das Oxforder Labyrinth

Wie zuvor die Casa San Lazzaro war auch Youlbury für Evans ein Stück Selbstverwirklichung und Spiegel seiner selbst. 1900 blieb Arthur viel Zeit, sein Haus zu erweitern, umzugestalten, zu erneuern und es so mit seinem ganzen Wesen zu durchdringen, daß man ihn in seinem Hause gesehen haben mußte, um ihn ganz zu verstehen. Der Mann, der hier mit einer gelben Rose im Knopfloch bei Tisch präsidierte, war ein ganz anderer als der, der eine Konferenz von Wissenschaftlern leitete oder mit dem »Besucher«-Komitee des *Ashmolean* verhandelte. Seine kretischen Grabungshelfer, die viel zu viel Ehrerbietung empfanden, um ihn zu einer Hochzeit einzuladen, wären starr vor Staunen gewesen, ihn in der Rolle des Gastgebers zu erleben. Zwei ganze Stockwerke seines Heimes auf Boars Hill hatten ausschließlich Gästezimmer.

Wie der Palast in Knossos beherrschte auch Youlbury seine Umgebung, und die 24 Hektar des hügeligen Grundstückes ermöglichten Evans breite Entfaltungsmöglichkeiten als Gartenkünstler. Die Gestaltung gewisser Teile des Besitztums läßt vermuten, daß sein Besitzer dieses Stück englischen Bodens so weit wie möglich Ragusa anzugleichen versuchte. Gewundene Pfade – gerade ließ er grundsätzlich nie anlegen – führten überall hin zu Gärten, deren Baumbestand denkbar kühn ausgewählt war, aber dennoch so hervorragend gedieh, daß im Lauf der Jahre Fuchsien und Kamelien mehr als zwei, Mimosen sogar mehr als sechs Meter Höhe erreichten. Es gab auf dem Gelände einen japanischen Zitronenbaum, eine japanische Mispel oder Wollmispel *(Eriobotrya japonica),* Hortensien, die dem englischen Winter gewachsen waren, hohe Erdbeerbäume (*Arbutus* aus dar Familie der Erikagewächse), bis zu viereinhalb Meter hohe Rhododendren und einen Hain aus ragenden Bambusstauden. Auch wunderschöne Obstgärten gab es, voll von Pfirsichen, Nektarinen, Stachelbeeren (der großen, »auf der Zunge zergehenden« Art, die Evans liebte) und Weinstöcke voller Trauben. Fast verloren unter all den Früchten, Blüten und Gehölzen – und doch Herzstück des

Ganzen – war der künstliche See, den Evans am Fuße des Hügels geschaffen hatte und in den sich der murmelnde Quell ergoß, der auf dem Grundstück entsprang.

Was das Haus selbst betraf, so bezeichneten Evans' Freunde es abwechselnd als »schockierend« oder »fantastisch«, je nachdem, wie sie die schiere Anhäufung baulicher Masse verkrafteten. Es spottete aller architektonischen Prinzipien der Proportion oder stilistischen Einheit. Von vornherein riesig geplant, wuchs es sich zu geradezu monströsen Ausmaßen aus, indem es ziellos wucherte, nur weil diese Laune oder jene Grille des Bauherrn es so wollte. Infolgedessen wurde, wie J. N. L. Myres sich erinnert, »seine Geographie so kompliziert, daß manche Oxforder es das ›kretische Labyrinth‹ nannten« – eine Anspielung, die der Besucher Youlburys sofort bestätigt fand, sobald er durch den Haupteingang eintrat. Schwarzer und weißer Marmor bildeten am Boden der riesigen Eingangshalle ein Labyrinth mit dem Minotauros im Zentrum. Nachbildungen minoischer Säulen und zwei Mahagoni-Imitationen des Minos-Thrones brachten etwas von der Atmosphäre des fernen Knossos hierher in die Nähe von Oxford. Umgeben von diesen Reminiszenzen antiker Größe, zu denen sich Tausende unschätzbare Kostbarkeiten in Vitrinen, Schubladen und erlesenen Schatullen gesellten, führte Arthur Evans das Leben eines wohlhabenden Mannes der Viktorianischen Zeit.

Außer dem über der Küche liegenden Trakt für das Personal besaß Youlbury einen großartigen Salon, ein geräumiges Speisezimmer, eine Bibliothek wie ein Tanzsaal, ein Frühstückszimmer und einen oktogonalen (achteckigen) Raum, von dessen Fenster aus man den Blick auf den künstlichen See genoß, wenn man nach dem Dinner seinen Kaffee trank. Im Obergeschoß befand sich ein »Sonnenraum«, doch wie einst Ikaros fühlte sich Evans nicht einmal hier der Sonne nah genug. Deshalb ließ er auf dem Dach noch einen besonderen »Schauinsland« errichten, den man vom Korridor des zweiten Stockwerks über der großen Eingangshalle auf einer eisernen Wendeltreppe erreichte. Diese luftige Behausung stattete er mit bequemen Sesseln und einem Bett aus. Von hier konnte man auf das flache Dach hinaustreten, von dem eine weitere Treppe aus Schmiedeeisen zu einer Art Ansitz hinaufführte, der weite Ausblicke bis hin zu den *downs* von Berkshire gewährte.

Es gab in Youlbury drei Treppenhäuser, achtundzwanzig Schlaf- und neun Badezimmer. Der eine Baderaum war ein blaugekacheltes »römisches Bad«, in das zwei Stufen hinabführten. Er war so breit, daß ein junger Mensch zwei Brustlängen nach jeder Seite hin schwimmen konnte, und manche jüngeren Gäste taten dies auch. Selbst ohne die Aufsicht der zwar sanften, aber doch durchgreifenden Margaret wurde Youlbury zu jener Art von Heimstatt, die ihm einst Nash Mills gewesen war, als Fanny noch lebte. Obwohl John Evans mit seiner jungen Frau und ihrer kleinen Tochter noch immer den alten Familiensitz bewohnte, feierte man Feste nunmehr in Youlbury. Es machte Evans nichts aus, wenn in den Sommerferien die Familie seines Bruders Lewis mit fünf Mann hoch in Youlbury einfiel oder sich an Wochenenden das ganze Haus mit Freunden füllte.

Auch Freunde und Nachbarn, die gleichfalls auf Boars Hill wohnten, fanden großzügig, wenn auch keineswegs wahllos, in Evans' Haus und Garten Aufnahme. Zu den herausragenden Ereignissen der ländlichen Umgebung von Oxford zählte die alljährliche Blumenschau in Youlbury. Sie endete mit einem zünftigen Tauziehen zwischen den Nachbargemeinden Wootton und Sunningwell, worauf den schwitzenden Kämpfern und ihren Parteigängern Erfrischungen gereicht wurden. Bei einer solchen Gelegenheit fiel Evans ein kleiner Junge von fünf Jahren auf, der sich hinter der Zuschauermenge am Rock seiner Mutter festklammerte und mit sichtbar unglücklicher Miene versuchte, zwischen den Beinen der größeren Zuschauer hindurch einen Blick zu erhaschen. Evans erkannte die Mutter. Es war Mrs. Candy, die Frau eines Pächters auf Boars Hill. Er fragte sie, ob ihr Sohn gern beim Tauziehen zusehen möchte, und schon hatte er sich gebückt, um den kleinen Kerl auf die Schulter zu nehmen.

Dies war James Candys erster Kontakt mit dem Manne, den er später als den »freundlichsten Menschen, den ich je kannte« bezeichnen sollte. Damals als Kind konnte er noch nicht ahnen, daß diese zufällige Begegnung richtungweisend für sein ganzes künftiges Leben werden und daß er eines Tages auf der anderen Seite jener Eingangstür wohnen sollte, durch die ein nicht abreißender Besucherstrom nach Youlbury floß. Zu den Gästen zählten junge Leute, die zu einem Picknick im Park eingeladen waren, ebenso wie Evans gelehrte Kollegen, die begierig herbeikamen, um mit dem Entdecker der minoischen Linear-A- und Linear-B-Schrift zu diskutieren. Das Interesse an Linear A und Linear B war allgemein groß. Evans versicherte seinen Kollegen, er werde weder Mühe noch Kosten scheuen, »um das gesamte gesammelte Material zum frühest möglichen Zeitpunkt zu veröffentlichen. Die *Oxford University Press* übernimmt die Publikation ... und die Vorbereitungen, einschließlich der Schaffung von ›mykenischen Drucktypen‹ sind bereits im vollen Gange.« Stets Optimist, bestellte er die mykenischen Typen nicht nur in einem, sondern gleich in zwei Schriftgraden – und dies schon 1901, kaum ein Jahr, nachdem in Knossos das erste Schrifttäfelchen gefunden worden war. In einem Artikel, den er im März 1901 in *The Monthly Review* veröffentlichte, bekannte er, es bedürfe noch umfangreicher Studien und Vergleiche, »um diese Materialien zu erhellen«. Dann fuhr er fast mit einer Art von Vorausahnung (obwohl er freilich selbst jede Unterstellung dieser Art am heftigsten zurückgewiesen hätte) fort: »Wenn sich die Sprache, in der sie abgefaßt sind, als primitive Vorform des Griechischen herausstellen sollte, was sehr wohl der Fall sein kann, brauchen wir uns um die Entzifferung dieser Archive aus Knossos nicht zu sorgen ....«

Der Artikel in *The Monthly Review* erweckte den Palast von Knossos nicht nur für die Laienleserschaft, sondern auch für die Fachwelt zu neuem Leben. Seit Schliemanns Entdeckungen, so äußerte Professor Ronald Burrows, habe kein archäologisches Vorhaben solch einen unmittelbaren Eindruck auf die Öffentlichkeit gemacht, »und dieser Eindruck ist nicht allein dem archäologischen Material zuzuschreiben, sondern weitgehend Mr. Evans selbst ... Selbstverständlich berichtet er nicht trokken und unbeteiligt von diesen Dingen. Vielmehr hat er einen Instinkt für das Dramatische, der allem seinen Stempel aufprägt, das er in die Hand nimmt.« Seine »Begabung, klar und mitreißend zu schreiben« hoben König Minos, den Minotauros und das Labyrinth über ihr nur schemenhaftes Dasein in den Mythen der Antike hinaus.

Diese Gabe und das, was John Myres' Sohn Evans' »Sinn für Publizität« nannte, halfen sehr, den »Kreta-Erforschungs-Fonds« ins Leben zu rufen, der nun nicht mehr nur aus der Luft gegriffene Quelle künftig fließender Hilfsmittel bleiben durfte, sondern dringend gebraucht wurde. Nachdem die öffentliche Begeisterung sich genügend gesteigert hatte und Prinz Georg von Griechenland als Patron gewonnen war, war diesem Kreta-Fonds ein ermutigender Start beschieden. Das Britische Archäologische Institut in Athen war mit ihm in der Person seines Direktors David Hogarth verbunden. Geschickt von ihrem Entdecker in Szene gesetzt, appellierten die liebenswürdigen Minoer selbst an die Spender. Das Frontispiz des ersten Berichtes an die Mitglieder der Stiftung bildete eine Aufnahme der Ausgrabung des Thronsaales. Vier Ausgräber beugen sich im Vordergrund über ihre Arbeit, hinten sieht man die ausgelegten Bretter zum Betreten der Grabungsstätte, die Körbe

mit ausgehobener Erde und die Siebe. Die Bildmitte aber nimmt der noch halb in der Erde steckende Thron des antiken Königs ein. Nur seine aus Gipsstein (Alabaster) gearbeitete Rückenlehne ist sichtbar, unberührt und unzersplittert, noch immer an derselben Stelle, wo sie seit mehr als drei Jahrtausenden lag – was hätte dramatischer sein können? Die Subskriptionen begannen zu fließen. Evans konnte beruhigt der Zukunft entgegensehen. Er befand sich noch in England, als am 22. Januar 1901 Königin Viktoria starb und damit eine der längsten Herrschaftsperioden der europäischen Geschichte zu Ende ging. Als ihr Sohn Eduard VII. die Regierung antrat, war Arthur gerade im Begriff, Vorräte für die nächste Grabungssaison anzulegen – darunter zwölf Dutzend Nagelbürsten und Flaschen mit »Eno's Fruchtsalz«. Anfang Februar war er wieder auf Kreta. Er kaufte den Rest des Geländes von Kephala.
Vom Grabungsbeginn (am 27. Februar) an regnete es hin und wieder. Dieselben Spätwinterregen, die jahrhundertelang Knossos' Geheimnisse immer tiefer im Schlamm begraben hatten, konnten sie für ein geübtes Auge auch freilegen. So fiel Evans nach einem heftigen Regenguß ein flacher Steinblock auf, der die sich in der Feuchtigkeit schwarz abzeichnenden Abdrücke zweier Säulen trug, die einst nebeneinander gestanden hatten. Den schwarzen Abdrücken nach mußten die Säulen aus Holz gewesen und durch Feuer zerstört worden sein. Es gab Anhaltspunkte, daß sie eine beträchtliche Last trugen. Sie bestätigten, woran Evans nie gezweifelt hatte: Der Palast mußte mehr als ein Stockwerk hoch gewesen sein. Und dann kam der Augenblick, wo »die Ausgrabung des Palastes von Knossos ihre dramatischste Wendung nahm«.
Als die Grabungsarbeiter in den Wohnräumen östlich vom Zentralhof gruben, stießen sie unerwartet auf eine blockierte Türöffnung. Als sie vorsichtig versuchten, sich ihren Weg hindurchzubahnen, eröffneten sie damit Perspektiven, die selbst Evans im Augenblick noch nicht in ihrer vollen Bedeutung zu erfassen vermochte. Er, sein Assistent Mackenzie und der Architekt Fyfe hatten immer angenommen, sie befänden sich im Erdgeschoß dieses Gebäudeflügels. Doch als nun die Arbeiter die Trümmer beiseiteräumten, die die Türöffnung verstopften, gelangten sie dahinter nicht etwa in einen weiteren Gang oder Nebenraum, sondern statt dessen in ein Treppenhaus, das nach oben führte. In der Steinmauer neben der Treppe erkannte man noch deutlich die Stellen, wo sich mit Einlässen versehene Basen hölzerner Säulen befunden hatten, die das nächsthöhere Stockwerk getragen hatten.
Und doch war dies erst der Anfang. Ein paar Schritte rechts der Treppe

blieb der mit Platten ausgelegte Boden nicht auf gleichem Niveau, sondern begann sich offensichtlich zu einem tiefer gelegenen Stockwerk hin zu senken. Ja, vielleicht sogar zu mehreren tiefer gelegenen Stockwerken – wer konnte das wissen? Was war zu tun? Evans und seine Mitarbeiter begannen zu begreifen, was hier auf sie zukam. Ein unsachgemäßer Vorstoß in die Tiefe konnte den gesamten Bau darüber zum Einsturz bringen. Auch wenn man nach oben drang, konnte man alles zerstören, was darunterlag. Bei jedem Hieb der Spitzhacke begann Erdreich zu rutschen, und Steine rollten nach. Gerade diese in Jahrhunderten durch eingesickerte Feuchtigkeit zu einer festen Masse verbackenen Trümmer waren es ja, die alles zusammenhielten – sowohl die Treppen selbst als auch die Wände, Böden und Decken der Räume im oberen und unteren Stockwerk.

Für die Ausgräber gab es nur zwei Möglichkeiten. Sie konnten auf die Gefahr hin weitergraben, daß ebensoviel archäologisches Material, wie sie bargen, erneut verschüttet wurde und »weitgehend eine unentwirrbare Masse zerbröckelnder Steine« zurückblieb, oder man konnte versuchen, bereits während der Ausgrabung das Bauwerk provisorisch zu konservieren, indem man mit unendlicher Mühe und enormen Kosten Decken und Mauern abstützte, gestürzte Säulen und Balken ersetzte sowie Balustraden und Treppen erneuerte. Evans entschied sich für das Zweite, obwohl er damit »ein Risiko« einging, »vor dem wohl noch nie ein Ausgräber gestanden hatte«.

Zum Glück erwiesen sich zwei der Grabungshelfer als erfahrene Bergleute. Sie hatten auf dem griechischen Festland in den Silberminen von Laurion gearbeitet. Selbst ihnen schien das Unternehmen äußerst gewagt. Sie brauchten acht Tage voller Angst, um mit in kurzen Abständen eingerammten Pfosten den Teil der Ruine darüber zu unterfangen, von der ersten Treppenflucht zu einem zweiten Treppenabsatz sowie von diesem zwölf weitere Stufen in die Tiefe hinab einen Stollen zu graben, von dort aus in rechtem Winkel zu einer weiteren, tieferen Treppe vorzudringen und dann nach langem, mühsamen Graben zu dem säulenumstandenen Lichthof des Treppenhauses vorzustoßen. Vorsichtig krochen Evans, Mackenzie und Fyfe durch den »Bergwerksstollen« drei Treppenabsätze hinab. Mit Bangen und Hoffen zugleich erreichten sie das unterste Geschoß des Wohntraktes. Sie fanden es praktisch unversehrt, wozu zweifellos beigetragen hatte, daß es sich in eine tiefe Einbuchtung der Hügelflanke schmiegte und daher größtenteils natürlichen Seitenhalt fand. Wo der Schutt nicht mehr so dicht lag, konnte man bereits steinerne Bodenplatten und sogar Türpfosten erkennen. Es konnte alles kaum großartiger sein, und doch trauten sie sich kaum weiterzuforschen, denn über ihren Köpfen hingen die Überreste der oberen Stockwerke, und nichts als durch Lehm zusammengehaltener Trümmerschutt hinderte sie am Einsturz. Die Holzsäulen, die die Dächer, die Balken sowie die Decken der Innenräume getragen hatten, das Holzwerk der Wände – dies alles war, wenn nicht schon verkohlt, als der Palast niederbrannte, so doch zumindest später wegen der auf Kreta herrschenden Nässe längst vermodert. Das Mauerwerk, infolgedessen ohne Halt, war, sich ineinander verkeilend, zusammengebrochen. Nach 3500 Jahren wieder freigelegt, schien dieser Teil des Minos-Palastes – jener Teil, in dem sich das Alltagsleben abgespielt hatte – gleichsam im Raum zu schweben. Ihn wieder fest in der Gegenwart zu verankern, war eine zu verlockende Aufgabe, als daß Evans ihr hätte widerstehen können.

Für diese Spezialaufgabe stellte Evans ein Arbeitsteam aus seinen besten Leuten zusammen. Eine besonders wichtige Aufgabe fiel dem Architekten Fyfe zu. Er folgte den Ausgräbern unmittelbar auf den Fersen, so daß Ausgrabung und Rekonstruktion praktisch Hand in Hand gingen. Verkohlte Pfosten und Balken ersetzte Fyfe durch neue aus abgelagertem Holz. Noch in ihren Basen steckende Holzsäulenstümpfe ersetzte er ebenfalls durch neue Säulen gleicher Form und Größe. Eingestürztes Mauerwerk wurde Stein für Stein abgetragen und wiedererrichtet, wo es hingehörte. Dabei verwendete man jedes Steinfragment, das greifbar und vor allem geeignet war, den rekonstruierten Wohntrakt so eng wie möglich dem Original anzugleichen.

Die Rekonstruktion dieses Wohnflügels beruhte keineswegs nur auf bloßen Vermutungen, sondern auf Fakten und Informationen, die man der Grabung verdankte. In jener frühen Phase der Ausgrabung von Knossos befanden sich Evans und seine Kollegen in unaufhörlichem Wettlauf mit der Zeit und den Elementen. Maßnahmen und Materialien zur Absicherung der vom Zerfall bedrohten Ruine waren nur provisorisch. Doch das große Ziel wurde erreicht: Die »Große Treppe« und der Wohnbereich des Palastes konnten gerettet werden. Zu den zahlreichen Höhepunkten der Grabungssaison 1901 gehörte ein Besuch John Evans' und seiner Frau Maria in Knossos. Tag für Tag brachen er und Arthur im Morgengrauen in Candia auf, wo Arthur ein Haus für seinen Vater gemietet hatte, und ritten auf Maultieren über Holperpfade zu der acht Kilometer entfernten Ausgrabung. Sie verbrachten ganze Tage gemeinsam an der Grabungsstätte, »an der«, wie Sir John seiner Tochter Harriet schrieb, »gegen 100 Arbeiter am Werk sind«. (Welch ein Unterschied zu seinen eigenen Ausgrabungen, bei denen er meist mit einem oder zwei Forscherkollegen allein war; selten kam ein angeheuerter Grabungshelfer hinzu.) Während Sir Johns Besuch legte man gerade eines der großen unterirdischen Palastmagazine frei. Goldfragmente kamen zum Vorschein, dazu große Gefäße in hervorragendem Erhaltungszustand. Sie fanden »eine gute frühe Gemme«, fährt John in seinem Brief fort, »und ein kleines Steinbeil in einer Schicht tiefer als der Palast«.

Dieser Besuch brachte Nash Mills Knossos näher. In seiner Bibliothek konnte Sir John nun die Fortschritte seines Sohnes mit Fähnchen abstecken wie ein Heerführer den Vormarsch seiner Truppen auf der Landkarte. Nicht weit von der Stelle, wo die Vorratsräume aufgetaucht waren, war man, wie Arthur ihm schrieb, auf ein so großes Steingefäß gestoßen, daß es mehrerer Männer mit Stangen und Seilen bedurfte, um es von der Stelle zu bewegen. Bald wurde sogar dieser Fund noch übertroffen.

Abermals schreckten Rufe Evans und Mackenzie auf. Die Arbeiter hatten Fragmente von Gegenständen aus funkelndem Kristall und schimmerndem Elfenbein gesehen. Sorgfältiges Sondieren förderte noch weitere zutage. Sie stammten, wie Evans bemerkte, von einer Art Spielbrett mit Einlegearbeiten, das noch dort lag, wo es einst – möglicherweise sogar vom Tisch des Priesterkönigs selbst – hingestürzt war. Wo die Hacke es getroffen hatte, war die Umrahmung eingebeult, doch ein großer Teil lag noch an Ort und Stelle. Die Frage war: Wie sollte man diese zerbrechlichen Überreste aus der Erde bergen, ohne daß sie dabei zu Staub zerfielen?

Evans übertrug die Arbeit Kyrios Papadakis, seinem geübten Restaurator. Dieser Mann mit seiner unendlichen Geduld begann damit, die Ränder des Brettes in einen Holzrahmen zu fassen. Dann verstärkte er die Brettfläche selbst, indem er Lücken in ihr mit Gips füllte. Als er sicher war, daß sich das Ganze in einem Stück bewegen ließ, schob er gipsgetränkte Holzstreifen unter den Rahmen und hob ihn an. Er brauchte für diese Arbeit drei Tage, dann endlich war das Spielbrett geborgen, und seine Einlegearbeiten befanden sich noch immer in der ursprünglichen Position. Manche Teile freilich fehlten, andere wiederum waren zerfallen oder zerquetscht. Fyfe ergänzte sie »in Übereinstimmung mit seinen Vorschlägen«, wie Evans schrieb, entweder unter Verwendung ringsumher verstreuter Originalfragmente oder moderner

Nachbildungen. Wieder fertiggestellt, war dieses königliche Brettspiel – jedenfalls war es immerhin eines Königs würdig – etwa 1 m lang und 50 cm breit. Es bestand aus Elfenbein, Gold, Silber und Bergkristall. Ein Muster kristallener Margariten auf Goldgrund bildete den äußeren Rand. Vier große Elfenbeinmedaillons, noch mit ihrer ursprünglichen Vergoldung, zeichneten sich oben auf diesem Brett ab. Auf der anderen Seite bildeten zehn kleine Scheiben eine Art Stufenpyramide. Zwischen ihnen wechselten versilberte Kristall-Stege mit entsprechenden Leisten aus goldüberzogenem Elfenbein ab. Für Evans bestand nicht der geringste Zweifel, daß die Aufgabe der Spieler darin bestand, möglichst rasch das »Tor« oben auf dem Brett zu erreichen. Wer zuerst ankam, hatte gewonnen. Die Anordnung der »Züge« deutete darauf hin, daß es sich nicht nur um ein Geschicklichkeits-, sondern auch um ein Glücksspiel handelte. Benutzte man auch Würfel dabei? Evans hielt es für möglich. Als dicht daneben die Erde beim Sieben auch Spielfigürchen aus Elfenbein freigab, konnte er sogar die »Spielregeln« erschließen, ja, er sah förmlich die Spieler vor sich: Sicherlich Angehörige der Oberschicht, die sich nach einem Tage voller Hofzeremonien entspannten, ihre Kelche aus edler »Eierschalenkeramik« voll berauschenden kretischen Weines und eine kannelierte Schale mit Früchten in Griffweite. »Es« – dieses Spielbrett – »vermittelt wirklich einen Eindruck großzügigen Lebensstils«, schrieb Evans an seinen Vater.
Nicht lange, nachdem dieses »königliche« Brettspiel entdeckt worden war, brachte der Spaten ein Stück Wanddekoration zum Vorschein, das, wie Evans in der *Times* berichtete, Insignien erkennen ließ, die noch eindeutiger auf Königtum hinwiesen. Man erblickte den oberen Teil eines Kopfes mit einer Krone, die schräg nach hinten abfallend auf dem Haupt saß und oben in eine Reihe von fünf offensichtlich in unterschiedlicher Metallarbeit gefertigten Linien auslief. »Daß«, so Evans, »die *fleur-de-lis* (»Lilienblüte«, ein heraldisches Symbol) unserer Eduarde und Heinriche ihr Vorbild im vorgeschichtlichen Griechenland gehabt haben soll, ist eine verblüffende Erkenntnis, doch paßt es vielleicht zueinander, daß, nachdem schon die Ausgrabung des letzten Jahres in Knossos den ältesten Thron Europas ans Licht brachte, nun allerneueste Forschungen auch seine (Europas) älteste Krone zutageförderten.« Evans zögerte keinen Augenblick, diesen in Stuck-Flachrelief ausgeführten Kopf dem Priesterkönig selbst zuzuschreiben. Als weitere Fragmente gefunden wurden und Gilliéron imstande war, das Priesterkönigsfresko zusammenzufügen und zu ergänzen, erblickte man einen Jüngling offensicht-

lich königlichen Geblütes, der alle Anmut und Eleganz der Minoer verkörperte. Glattrasiert, trug er sein Haar lang und fließend. Seine Kleidung bestand lediglich aus einem leichten Lendenschurz mit einem schmalen Metallgurt. Er hatte die biegsame, doch muskulöse Gestalt eines Tänzers mit einer Wespentaille, die den Neid jeder viktoriazeitlichen Debütantin erregt hätte.

Stets wiesen beide Geschlechter diese unglaublich schlanken Taillen auf, die ein Gürtel umgab. Allerdings fand Evans auch die Statuette eines älteren Mannes mit dickeren Hüften. Auch er trug einen Gurt, doch man hatte diesen angesichts der Lebensjahre seines Trägers erweitert.

Aus all den Fresken, Statuetten und Siegelsteinen folgerte Evans, daß minoische Knaben etwa vom zehnten Lebensjahr an enge Metallringe um die Hüften trugen. Mädchen hatten vom gleichen Alter an enge Gürtel umgeschnallt. »In Anbetracht der lebenswichtigen Kanäle und Gefäße, die von dieser Einengung unterhalb der Rippen betroffen sind«, schrieb Evans dezent, »könnte man dergleichen für einen unmöglichen Eingriff in die Natur halten.« Nachdem er aber »medizinische und physiologische Experten zu Rate gezogen« hatte, kam er zu dem Resultat, daß die Minoer nicht mit ihrer Gesundheit für ihre beneidenswerten Figuren büßen mußten. Abermals hatten die verführerischen Minoer Evans sowohl als Forscher als auch als Ästheten zufriedengestellt.

Die Hundertschaft von Grabungshelfern, die bei Sir Johns Besuch am Werk gewesen war, hatte sich nahezu verdoppelt. Mackenzies roter Haarschopf überragte die schwarzhaarigen Kreter, während er von Gruppe zu Gruppe ging, mit sanfter Stimme und nur selten ein paar Worte wechselte, aber stets ein scharfes Auge auf die Arbeit warf. Schweigsam und unermüdlich füllte der Schotte seine Tagebücher tagsüber mit Bleistiftskizzen von Keramik und Diagrammen von Schichtprofilen. Abends fügte er, nach Candia zurückgekehrt, weitere Notizen in seiner kleinen, wie gestochen wirkenden Schrift hinzu. Es war keine leichte Aufgabe, mit der Arbeit in Knossos Schritt zu halten!

Westlich vom Zentralhof, wo die Staats- und Zeremonialräume des Palastes lagen, konzentrierte sich alles auf den Thronsaal. Das ein Jahr zuvor errichtete provisorische Schutzdach war dem kretischen Winter nicht gewachsen. Um ein sicheres Dach zu schaffen, mußte man die Säulen ersetzen, deren verkohlte Überreste und Einsätze noch immer sichtbar waren – mehr noch: Die neuen Säulen mußten den ursprünglichen Palastsäulen so ähnlich wie möglich sein.

Wie minoische Säulen aussahen, entnahm Evans dem »Tempelfresko«:

Sie verjüngten sich nach unten und waren in dunklem Rotbraun bemalt. Die Form dieser Holzsäulen – das genaue Gegenteil der sonst üblichen, sich nach oben verjüngenden Säulenform – war einer der charakteristischsten Züge minoischer Architektur. Die einleuchtendste Erklärung für sie ist wohl, daß man einst die als Säulenschäfte verwendeten Baumstämme noch nicht imprägnierte, die sicherste Methode, nicht imprägniertes Holz am Sprießen zu hindern, aber darin besteht, es auf den Kopf zu stellen. Die Minoer hatten ihre eleganten Säulen entweder rot oder schwarz bemalt, und ihre Kapitelle waren ausladend genug, um schirmartig Regenwasser von den Säulenbasen fernzuhalten und diese so am vorzeitigen Faulen zu hindern. Unter Fyfes Oberaufsicht entworfen, hätten die neuen Säulen, die nun die Stelle der minoischen einnahmen, ganz sicher auch vor König Minos' Architekten Gnade gefunden!

Inzwischen vernahm man östlich vom Zentralhof außer dem Klang von Hacke und Schaufel auch die Geräusche von Hammer und Säge – dies in dem Maße, in dem der Ausgrabung der Wiederaufbau auf dem Fuße folgte. Eines wurde absolut klar: Hier im Wohnbereich hatten Menschen gewohnt und gearbeitet, bis die Katastrophe über sie hereinbrach. Stumme Zeugen dafür enthielt die Werkstatt eines Steinschneiders: Warteten doch zwei Alabasteramphoren noch darauf, daß man letzte Hand an sie legte. Kalkhäufchen, planlos auf dem Kellerboden verschüttet, ließen an Stukkateure denken, die mitten in ihrer Arbeit fliehen mußten. Doch der Raum, der Evans am meisten anrührte, war das sogenannte »Klassenzimmer«.

Durch all den angehäuften Schmutz und Unrat hindurch, erblickte er nicht nur wie in einer Vision einen Schulraum, sondern gleichzeitig die geplagten Schüler in ihm. Drei der Wände wurden wie ein moderner Hörsaal von Steinsimsen gesäumt, die in zwei verschiedenen Höhen angebracht waren – die niedrigere Stufe zum Rauminneren zu. Längs der Rückwand verlief, beiderseits von je einem runden Steinpfeiler flankiert, eine niedrigere Bank. Seltsam an den Steinpfeilern war nur, daß sie schüsselförmige Eintiefungen hatten – die eine in der passenden Höhe für einen Mann, die andere für einen Knaben. Diese Schüsseln wären geradezu ideal gewesen, um Tonklumpen feucht zu halten, aus denen man Schrifttäfelchen formte. »Dürfen wir mit dem Gedanken spielen«, überlegte Evans, »daß die höhere und niedrigere Stuckschüssel von Lehrern und Schülern benutzt wurden . . . und daß man hier den jungen Männern des Palastes das Schreiben beibrachte?«

Die zweite Grabungssaison endete wie alle anderen danach mit einer großartigen *glendi,* bei der der Raki in Strömen floß. Eine weitere Party erwartete Evans in England, wo man seine Heimkehr in Youlbury und Nash Mills mit Champagner begoß. Im Juli 1901 wählte man Arthur Evans zum Mitglied der *Royal Society.* Dies war seit der Gründung dieser renommiertesten englischen Gelehrtenvereinigung das erste Mal, daß gleichzeitig ein Vater und sein Sohn zu ihren Mitgliedern zählten. Für Sir John war es auch Anlaß zur Freude, daß die Universitäten Edinburgh und Dublin Arthur die Ehrendoktorwürde verliehen. Tatsächlich fanden Arthurs Entdeckungen sofort allgemeine Anerkennung – nicht nur in der Gelehrtenwelt, sondern auch bei begeisterten Touristen, die in immer größeren Scharen nach Knossos strömten. Nur die »Besucher« des *Ashmolean Museums* schienen noch immer nicht geneigt, Evans' Arbeiten auf Kreta zu goutieren. Manche von ihnen verhielten sich immer gereizter, wenn nicht sogar ausgesprochen unfreundlich. Ihr Ärger über ihren aushäusigen Kurator war größer als ihre Begeisterung über seine Ausgrabungen in Knossos. Um mit ihnen zu verhandeln, bedurfte es einer Begabung für Kompromisse, die Evans freilich in auffallendem Maße abging. Wenn sie ihn schon in Oxford reizten, brachten sie ihn in Candia völlig aus der Fassung.

14

Für eine Königin geschaffen

Kaum nach Kreta zurückgekehrt, um seine dritte Saisongrabung zu beginnen, erhielt Evans im Februar 1902 einen beunruhigenden Brief von Charles Bell, seinem loyalen Assistenten am *Ashmolean Museum*. Bei der letzten Versammlung der »Besucher« hatte es Ärger gegeben – die alte Geschichte von Beschränktheit und Einfallslosigkeit, Nörgelei und Besserwisserei.

Die Schroffheit, mit der Evans Bells Brief beantwortete, war voraussehbar, doch hatte Evans' Antwort darüber hinaus einen beunruhigenden Unterton. Sie begann gefaßt, wurde jedoch, je mehr Evans schrieb, immer bitterer. »Größtenteils«, so wetterte er, »ist der Verwaltungsapparat die Wurzel all dieser Übel, ein Verwaltungsapparat, gegen dessen Vereinfachung sich alle derzeitigen Tendenzen in Oxford verschworen zu haben scheinen.« Er für sein Teil liebe es, so äußerte er, beim »ausgesprochen Einfachen« zu bleiben. Sein ganzer Instinkt sage ihm, dies sei der beste Weg, und mit seinen Methoden habe er doch wohl zweifellos gute Resultate auf Kreta erzielt. Warum also nicht auch in Oxford?

Soweit klang dieser Brief ganz nach Evans, der nur Arbeit kannte und mit Kritikern wenig Federlesens machte, dem stets optimistischen Evans, den keinerlei Hindernisse schreckten. Aber was sollte Bell mit dem folgenden Satz anfangen? »Dies alles ist schon recht traurig, doch befinde ich mich im Zustand einer geistigen Krise, über die ich mich freilich jetzt nicht äußern möchte.«

Teilweise war das Wetter schuld. Darüber hinaus litt Evans an einem seiner periodischen Malariaschübe. Fieber und Schüttelfrost packten ihn abwechselnd. Und schließlich war kein Ende der Arbeit abzusehen. Vor allem erwies sich die Wiedererweckung der Minoer nicht nur als umfangreicheres, sondern auch bei weitem teureres Vorhaben, als man je hatte vorhersehen können.

Evans war zutiefst über die finanzielle Lage besorgt. Bestürzend hohe

Beträge hatte er schon aus eigener Tasche beigesteuert. Weniger als die Hälfte davon hatte ihm der Kreta-Erforschungs-Fonds zurückerstattet (dem er – um von seinem Vater ganz zu schweigen – seinerseits großzügige Zuwendungen gemacht hatte), nun war der Fonds selbst arg in der Klemme, und niemand wußte, wie viele Jahre archäologischer Arbeit in Knossos noch bevorstanden. Es war schwer, unbegrenzt das Interesse der Öffentlichkeit an Kreta wachzuhalten, zumal es zwischen dem Britischen Empire und einigen seiner Untertanen, die sich auflehnten, zum Krieg kam.

Es war in Südafrika, wo England in kriegerische Auseinandersetzungen verwickelt wurde, weil es sich seine kolonialen Machtansprüche nicht von aus Holland eingewanderten Buren streitig machen lassen wollte. Es überrascht gewiß nicht, daß Ausgaben für diesen Krieg manchem potentiellen Subskribenten des Kreta-Erforschungs-Fonds wichtiger zu sein schienen. In dem Maße, wie Evans' Ausgaben sich häuften, gingen die Beiträge zurück. Der Schatzmeister des Kreta-Erforschungs-Fonds, Macmillan, sah sich gezwungen, häufig in der *Times* die Öffentlichkeit um Unterstützung zu bitten.

Trotz dieser öffentlichen Werbung für den Kreta-Erforschungs-Fonds gingen die Einnahmen weiterhin zurück. David Hogarth hatte seine eigene Meinung darüber, und der Burenkrieg spielte dabei keine Rolle. Als Direktor des Britischen Archäologischen Institutes in Athen hatte Hogarth mitgeholfen, den Fonds aufzubauen. Doch weil er finanziell alles andere als unabhängig war, ließ er sich aus Mitteln des Fonds Gehalt zahlen und bei seinen Ausgrabungen angefallene Ausgaben erstatten. Vielleicht war es dies, was ihn einen Briefwechsel mit Evans beginnen ließ. Da beide Männer kein Blatt vor den Mund nahmen, war ihre Auseinandersetzung ebenso kurz angebunden wie schroff. Zwar treffe es zu, schrieb Hogarth, daß Evans kein Gehalt bezöge und die Grabungen in Knossos größtenteils aus eigener Tasche finanziere. Doch könne er sich kaum über Ausgaben beklagen, die vermeidbar gewesen wären, »so z. B. die Restaurierungen und die sehr teure Überbauung des Thronraumes nach der Entfernung der Fresken«.

Evans' Antwort knisterte förmlich vor Ärger über diese vermeintliche Verunglimpfung seiner Arbeit. Hogarth beeilte sich daher, Evans zu versichern, es sei keineswegs seine Absicht gewesen, sein Vorgehen in »Mißkredit« zu bringen. Gleichzeitig müsse Evans doch wohl zugeben, daß derartige Restaurierungen einen Luxus darstellten, den sich nicht jeder erlauben konnte und von dem man kaum erwarten durfte, daß andere dafür zahlten. Möglicherweise diskutierte sie Hogarth sogar mit Flinders Petrie, ihrem gemeinsamen Freund, der in Ägypten grub. Vielleicht aber sollte der Vergleich, den er in einem Brief zwischen Evans und Petrie zog, Evans nur besänftigen und doch gleichzeitig im Zaume halten:

»Es ist Ihre Art, so aufwendig zu graben, zu sammeln und zu leben. Sie sind der Sohn eines reichen Mannes, und wahrscheinlich hat es Ihnen nie an Geld gefehlt. Polar Ihnen gegenüber steht Petrie, und ich sehe Vorteile in Ihrer beider Vorgehen. Wenn Sie, mit Petrie verglichen, sehr viel mehr in Ihre Arbeit hineinstecken, können Sie sehr viel wertvollere Resultate in publizierter Form vorlegen, und jeder spürt, daß nicht gespart wurde, um denkbar größte fachliche Sauberkeit zu erzielen. Auf P.s grob hingeworfene Planskizzen und Illustrationen trifft dies nicht zu, auch läßt er keine Grabungsstätte so zurück, daß der Betrachter etwas von ihrem Besuch hat. Der Nachteil Ihrer Methode besteht darin, daß sie die Spendierfreudigkeit der Menschen nicht reizt.«

Hierin liege der Haken. Man könne keine öffentliche Unterstützung für die Art und Weise erwarten, in der ein reicher Mann seine archäologischen Ausgrabungen aufzog. Hogarth mache sich nichts vor. Ihm seien Berichte großer Touristengruppen über den »fürstlichen« Stil zu Ohren gekommen, in dem man in Kreta die Dinge in die Hand nahm. Kein Wunder, daß sogar einige der alten Subskribenten des Kreta-Fonds künftig kein Geld mehr beisteuern wollten!

Es war ein langer, ausführlicher Brief, und er mag nicht wenig zu Evans' Krise beigetragen haben. Doch Evans' Methoden änderten sich nicht. Mit oder ohne den Fonds beabsichtigte er, so viel wie möglich von jener Kultur freizulegen, die in Knossos ihren Höhepunkt erreicht hatte. Glücklicherweise kamen ihm die liebenswürdigen Minoer zu Hilfe. Schon in einer frühen Phase der Ausgrabungen des Jahres 1902 verhalfen sie ihm zu einem Bild einer minoischen Stadt vom Ende des 18. Jahrhunderts v. Chr., wie man es sich kaum lebensvoller hätte denken können. In einem der Wohnblock-Kellerräume fiel der Blick der Männer, die dort Erde siebten, auf Fragmente von hell leuchtender Farbe. Außer Kieseln und verhärteten Tonklumpen hatten sich in ihren Sieben Stücke fein glasierter keramischer Ware verfangen. Von 3500 Jahre altem Schmutz gereinigt, schimmerten diese Bruchstücke in so frischen Farben, als ob man sie soeben erst gebrannt hätte. Zusammengesetzt – oder »rekonstituiert«, wie Evans diesen ermüdenden Prozeß zu bezeichnen vorzog – erwiesen sie sich als Mosaiktäfelchen mit einer

Durchschnittsgröße von nicht mehr als 4×1,5 cm. Und dann kam die Erleuchtung: Jedes dieser winzigen Täfelchen stellte eine Hausfassade dar. Die abgebildeten Häuser waren zwei bis drei Stockwerke hoch. Manche besaßen sogar ein viertes (Dach-)Geschoß. In der Regel waren die Dächer flach, doch gab es auch solche mit deutlicher Neigung, wohl um das Regenwasser abfließen zu lassen. Fenster lockerten die Fassaden auf – Fenster mit vier oder gar sechs Scheiben, die statt mit Fensterglas wohl mit geöltem Pergament »verglast« waren. Die Täfelchen bestanden aus herrlicher Fayence mit grauer Bemalung. Balken und andere Details hoben sich in Braun, Karmesinrot oder Grün ab. Es waren Kunstwerke, und das, was sie über die Bauweise der Minoer aussagten, versetzte sogar Evans in Erstaunen.
Ein prachtvoller, mehrere Stockwerke hoher Palast lag durchaus im Bereich dessen, was er erwartete. Er war auch darauf gefaßt, Häuser von Adligen vorzufinden, die mehr als ein Stockwerk hoch waren. Aber die stattlichen Bauten, die das Stadtmosaik zeigte, wurden einst von »minoischen Normalbürgern« bewohnt, und dies konnte nur bedeuten, daß Generationen bürgerlichen Lebens diesen Wohnbauten vorangegangen sein mußten. Generationen einer alteingesessenen, hochbegabten, gesellschaftlich hochentwickelten Bevölkerung, die hier ein seßhaftes Leben geführt hatte. Reihenweise nebeneinander angeordnet, erinnerten diese Mosaiktäfelchen mit ihren eleganten Proportionen und ihren Fensterscheiben Evans an die Häuser einer modernen Straße in London oder Oxford. Eine Aura von Beständigkeit und Dauerhaftigkeit umgab sie, und ihre nahezu an ein Wunder grenzende Bergung aus der Erde verstärkte diesen Eindruck noch.
Evans selbst hauste indessen weiterhin in einer eher provisorischen Unterkunft. Nur eine Verbesserung leistete er sich: Nachdem er jahrelang seinen Freund Halbherr um dessen flinken Araber beneidet hatte, legte er sich nun selbst ein Pferd zu. Er liebte es, rasch voranzukommen. Sowohl ihm als auch seinem Reittier schien es Freude zu bereiten, Tag für Tag den Weg zwischen Candia und Knossos etwas kürzer werden zu lassen. Mochte er auch eher als Mackenzie und Fyfe zur Stelle sein – stets wartete schon sein neuer Vorarbeiter, Gregorios Antoniou, auf ihn, sobald er ankam.
Gregori, wie man ihn allgemein nannte, war ein wertvoller Zuwachs für die Grabungsmannschaft. Auf Zypern geboren, hatte er seine Jugend damit verbracht, auf seiner heimatlichen Insel Gräber auszuplündern. Hinzu kamen Erfahrungen, die er als Teilnehmer einer ganzen Reihe

englischer Ausgrabungen auf Zypern sowie der Grabungen Hogarths in der Diktäischen Höhle und in Zakros gewonnen hatte. All dies hatte seinen Spürsinn geschärft. Evans nannte ihn »den erfahrensten Grabjäger in der Levante«. Allein anhand des Vorhandenseins gewisser Wildpflanzen – so beispielsweise der wilden Süßholzstaude – vermochte er anzugeben, wo voraussichtlich *antikas* (»Antiquitäten«) zu finden sein würden. Mehr noch – obwohl seine Muskeln sich mächtig wölbten und er einen Nacken wie ein Stier hatte, konnte er doch die zerbrechlichsten Gegenstände aus der Erde bergen, ohne sie zu zerbrechen.

Vor allem aber verstand es Gregori, seine Leute bei der Stange zu halten. Bei nicht weniger als 250 Ausgräbern, Siebern, Scherbenwäschern, Zimmerleuten und Maurern, die den größten Teil der Saison über auf der Grabungsstätte beschäftigt waren, war allein dies keine geringe Leistung. Außerdem zog man ihn zu besonders schwierigen Aufgaben heran, so unter anderem, als es galt, die – so Evans – »rekompaktierte« (etwa: »wiederzusammengefügte«) Große Treppe davor zu bewahren, ein zweites Mal verschüttet zu werden.

Die aus solidem, einen Meter dickem Mauerwerk bestehende Mauer oberhalb von ihr neigte sich, wie sich herausstellte, in einem Winkel von 75° nach vorn. Wäre sie umgestürzt, hätte ihre ungeheure Last alles zermalmt, was unter ihr lag. Die Frage war, wie man eine derartige Masse wieder in eine aufrechte Position bringen konnte. Evans beantwortete sie mit eleganter Untertreibung: »In dieser Verlegenheit konnte ich auf einen ungewöhnlichen Notbehelf zurückgreifen.«

Unter Aufsicht Gregoris begann eine Gruppe mit Picken bewaffneter Männer die wie der schiefe Turm von Pisa überhängende Mauer mit Seilen und Brettern abzustützen. Dann hob man beiderseits des Mauerzuges in voller Länge das Erdreich aus. Die innere Ausschachtung erhielt eine Art massiver »Scheuerleiste« eingerammt. Für die äußere Ausschachtung wurden Steinkeile und Zement vorbereitet, um beides für den Zeitpunkt, an dem es benötigt werden würde, parat zu haben. Und nun kam der Augenblick, in dem jedermann auf der Grabungsstätte den Atem anhielt.

Sechzig Mann standen auf der oberen Terrasse und hielten die Seile, die rings um die Mauer gespannt waren. Ein »Hau-ruck« von Gregori, ein gemeinsames Gebrüll der Männer, das in lautes Schnaufen überging, und das alles immer wieder. Langsam begann sich die enorme Mauer-Masse zu bewegen. Zentimeter um Zentimeter wurde sie zurückgezogen. Schließlich stand sie in der inneren Ausschachtung, fand an der

»Scheuerleiste« Halt und blieb aufrecht stehen. Im Nu schoben die Männer auf der anderen Seite die Steinkeile unter und gossen die äußere Ausschachtung mit Zement aus. Danach entfernten sie aus der inneren Ausschachtung die »Scheuerleiste«, und die original-minoische Mauer überragte wieder in aufrechter Position den oberen Teil der Großen Treppe. Nun konnte die Arbeit im Wohnbereich des Palastes weitergehen. In den Jahren zuvor hatte man den Thronsaal und die Zeremonialräume des Priesterkönigs freigelegt. Jetzt aber konzentrierte sich die Aufmerksamkeit auf die Privaträume der Königin.
Schaufel um Schaufel trugen die Ausgräber das Erdreich ab und folgten dabei den Hinweisen, die ihnen die Überreste von Pfeilern und Wänden, verkohlte Überbleibsel von Bänken und Bruchstücke abgebröckelten Wandputzes gaben. Diese führten zu einem an beiden Seiten mit Türen versehenen gekrümmten Gang, der zweimal einen scharfen Knick machte. Evans taufte ihn »Hundebein-Korridor«. Offenbar bestand seine Bestimmung darin, den Zugang zu dem Raum dahinter zu erschweren, dem Evans den Namen »Megaron der Königin« gab (*Megaron* bedeutet »Halle« und bezeichnet den Hauptraum eines Hauses). Er wählte diese Bezeichnung aufgrund des archäologischen Beweismaterials, das er zu »lesen« vermochte, als wäre es eine Fotografie voller Farben und Farbton-Nuancen.
Zuerst waren da die Bänke. Soviel war noch erhalten, was auf ihre Form hindeutete (ganz zu schweigen von einem großen Teil des – verkohlt vorgefundenen – Holzes, aus dem sie einst bestanden), daß es möglich war, sie in ihrer ursprünglichen Gestalt zu restaurieren. Diese Bänke waren nur 38 cm über dem Boden angebracht, was Evans, wie er taktvoll äußerte, »am besten zu weiblichen Bewohnern zu passen« schien. Schon die sich häufenden Fragmente des bemalten Wandputzes erweckten ganz den Eindruck, die Wände des Raumes seien einst mit »femininem« Charme dekoriert gewesen. Je mehr man den Schutt beiseite räumte und mit der Freilegung vorankam, desto mehr Räume kamen zum Vorschein, die nicht nur für eine Dame des Hofes, sondern für die Königin persönlich geschaffen worden sein mußten.
Mit Unterbrechungen gingen die Grabungen noch siebenundzwanzig Jahre weiter, und oft führten neue Funde zu einer Änderung der auf älteren Befunden fußenden Pläne. Erst 1929 sollte die Ausgrabung beendet, sollte auch das »Megaron der Königin« wieder in all dem Glanz und Reichtum wiederhergestellt sein, den es einst irgendwann um 1500 v. Chr. während des »Goldenen Zeitalters« Altkretas besessen hatte.

Auf einer breiten Brüstung ruhende Pfeiler trennten den Salon der Königin von dem dazugehörenden Privatportikus und Lichthof. Senkrechte Schächte, bzw. Lichtschächte, in Wahrheit freilich kleine Binnenhöfe, bildeten eine typische Besonderheit der minoischen Architektur. Zwar trifft man sie oft auch in modernen Bürohäusern an, doch waren sie ganz auf das kretische Klima zugeschnitten, denn sie hielten sowohl Winterwinde als auch sommerliche Gluthitze fern, gewährten aber dem Tageslicht ungehinderten Zutritt. So war der »Salon der Königin« förmlich von weichem, indirektem, in Farbe getränktem Licht übergossen. Fresken bedeckten seine Wände, ausgeführt im ersten echt naturalistischen Stil der antiken Kunst. An der ersten Wand sah man blaue Delphine mit orangefarbenen Flanken und cremeweißen Bäuchen, umspielt von kleineren Meerestieren. An einer anderen Wand erblickte man das Fresko einer Tänzerin mit einer bestickten Jacke und einem gefälbelten Rock. Wie sie so umherwirbelte, stand ihr Zopf weit von ihr ab. Bemalte Stuckreliefs (Spiralen, Rosetten und Papyruspflanzen) schmückten die Torgänge.

An der einen Seite des Raumes bot ein zweiter Lichthof den Strahlen der Sonne indirekten Zugang und sorgte gleichzeitig für Luftzirkulation. Hinter ihm führte eine Innentreppe zum oberen Stockwerk hinauf. Ein kompliziertes Spiralmuster zierte die Decke. Alles war Heiterkeit, Schönheit und Farbe.

Evans malte sich sehr anschaulich die mit leuchtendfarbigen Kissen bedeckten Bänke aus. Er konnte sich lebhaft vorstellen, wie der Raum nachts im Lichte einer oder mehrerer jener großen Ständerlampen ausgesehen haben mochte, die in der Werkstatt des Palastes hergestellt wurden. Ja – fast glaubte er, die Hofdamen in ihren gepaspelten Gewändern miteinander schwatzen zu hören, die einst längs der Wände oder auf der Balustrade saßen. »Um sich zu unterhalten«, vermerkte er mit Kennerschaft, »war der Raum mit seinen sowohl Rücken an Rücken als auch rechtwinklig zueinander geordneten Sitzplätzen geradezu ideal.« Doch die Hauptüberraschung sollte erst noch kommen.

Am gegenüberliegenden Ende des Salons gab es eine zweite Reihe sich nach unten hin verjüngender Pfeiler. Sie standen auf einer breiten Balustrade mit einer von ihr rechtwinklig abgehenden Verlängerung, die eine Umfriedung darstellte. Als die bemalten Tonfragmente, die innerhalb dieser Umfriedung zum Vorschein kamen, wieder zusammengesetzt wurden, gaben sie Aufschluß über die Funktion dieses kleinen Raumes: Es handelte sich um das Badezimmer der Königin. Die restaurierte Wanne – eine kleine Sitzbadewanne – nahm spätere entsprechende Wannenformen vorweg, übertraf diese jedoch an Eleganz. Innen und außen war sie mit Pflanzenmotiven (Schilf und Papyrus) dekoriert. Da sie keinerlei Zu- oder Abfluß besaß, muß sie von Hand gefüllt und entleert worden sein. Demzufolge muß die Königin über Dienerinnen verfügt haben, um von anderen, recht »modern« wirkenden Annehmlichkeiten ganz zu schweigen. Hinter dem Bad, in einem kleinen Raum, den Evans mit viktorianischer Sittsamkeit als »Toilettenraum« etikettierte, fand er nicht nur die Überreste eines Abflusses, sondern auch einer Toilette selbst – eines Wasserklosetts, wie eine kleine Leitung vermuten ließ, die zum Hauptabfluß führte. Die sanitären Anlagen in den Wohnräumen der Königin waren ebenso auf dem höchsten Stand wie die übrige Einrichtung der Wohnung selbst.

Minoische Installateure hatten vor 3500 Jahren die Zukunft vorweggenommen, als sie die sanitären Vorrichtungen des Palastes schufen. Jeder einzelne Palastbezirk hatte sein eigenes Kanalisationssystem, das mit den Hauptkanälen verbunden war. Diese bestanden aus Stein, wurden durch Luftschächte belüftet und waren über Einstiegslöcher zugänglich. Minoische Installateure konnten sie mit Leichtigkeit reinigen. »Sie waren so geräumig«, berichtet Evans, »daß meine kretischen Grabungsarbeiter während der Ausgrabung ganze Tage in ihnen zubrachten, ohne sich beengt zu fühlen.«

Die Rohre bestanden aus Terrakotta und waren so geformt, daß ein denkbar hoher Wirkungsgrad gewährleistet war. Jedes war etwa 75 cm lang und verengte sich an einem Ende, war aber mit einem Flansch versehen, um zu verhindern, daß es allzutief in das Nachbarrohr hineinrutschte. Das andere Ende dagegen war weit und besaß eine Muffe, die den Druck des Flansches abfing. Sorgfältig aneinandergefügt, waren sie durch Zement miteinander verbunden. Ihre spitz zulaufende Form garantierte einen kräftigen Fluß und verhinderte die Anhäufung von Schlamm. Allerdings waren Schlammablagerungen auch nicht das ernsteste Problem, mit dem minoische Tiefbauingenieure sich einst herumzuschlagen hatten.

Sobald es auf Kreta regnete – Evans konnte es bestätigen –, kam das Wasser in wilden Gießbächen gestürzt. Trockenbetten wurden zu Wildbächen, Wildbäche zu reißenden Flüssen. Mehr noch – der Palast von Knossos lag auf einem Hügel. Um Überschwemmungen zu verhindern, hatten die Minoer beiderseits der majestätischen Treppe, die vom Zentralhof hinab zum Kellergeschoß des Palastes führte, Kanäle angelegt.

Allerdings lag jeder Treppenabsatz – es gab davon einst fünf – rechtwinklig zum anderen. Damit standen die Wasserbauingenieure vor dem Problem, den Wasserzufluß so zu verlangsamen, daß er an den Ecken nicht über die Balustraden schoß. Sie lösten es, indem sie die Kanäle kurvenförmig anlegten, und zwar in Parabelform. So gelang es ihnen, die Strömungsgeschwindigkeit auf die Hälfte zu reduzieren. »Nichts in dem gesamten Bauwerk«, schrieb Evans voller Bewunderung, »vermittelt einen so starken Eindruck davon, daß wir es hier mit dem Resultat generationenalter Erfahrung auf seiten der minoischen Ingenieure zu tun haben, wie diese parabolische Krümmung der Kanäle.« Außerdem brachten diese Wasserbaumeister eine Reihe von Klärbecken an, in denen sich mitgeführter Schlamm festsetzte, so daß das Wasser unten frei von Rückständen ankam. Dort in einem mächtigen Becken aufgefangen, konnte es für die Wäscherei des Palastes verwendet werden, wie Evans vielleicht nicht zu Unrecht annahm: »Die besondere Eignung des Regenwassers zum Wäschewaschen bestärkt mich in der Vermutung, daß der Behälter derartigen Zwecken diente.«
Diese Menschen längstvergangener Zeit hatten also gewußt, wie man sich Wasser für hygienische sowie für Reinigungszwecke nutzbar macht. Und sie wußten auch, daß Wasser in Form von Fontänen Räume kühlt und ziert. Auf einem Fresko fand Evans die Darstellung einer aufsteigenden Wassersäule und ringsumher niederfallender Tropfen. Das Bild gefiel ihm, vermochte er sich doch mit der ihm eigenen Phantasie Gärten mit Wasserspielen und Häuser im Schmuck der jahreszeitbedingten Blumen vorzustellen. Das Bild, das er von plätschernden Springbrunnen, duftenden Gärten und geräumigen Vasen voller Blumen zeichnete, warf – so seine eigenen Worte – »ein freundliches Licht auf die Bevölkerung«.

15

Der Erderschütterer

Eine *glendi* wie die im Frühjahr 1903 – im soeben erst ausgegrabenen »Theaterbereich« – hatte es seit den Tagen der Minoer in Knossos nicht gegeben. Anlaß war der Besuch Dr. Wilhelm Dörpfelds, des früheren Assistenten Schliemanns, und einer Gruppe von Touristen, die an seiner jährlichen Inselrundfahrt teilnahm.
Die begeisterten Besucher konnten es kaum fassen, daß das Gelände, auf dem sie hier zusammengekommen waren, noch wenige Wochen zuvor voll von Trümmerschutt gewesen sein sollte. Kretas Sonne strahlte auf ein 12×9 m großes, mit Steinen ausgelegtes Rechteck. Rechtwinklig aneinanderstoßende Reihen flacher Stufen flankierten zwei Seiten dieses Rechtecks. Zwischen diesen Treppen, von denen eine noch achtzehn Stufen umfaßte, befand sich ein länglicher Kalksteinblock, der eine Tribüne oder ein Podium bildete. Dies, so erklärte Evans seinen Gästen, war wahrscheinlich einst eine Art Königsloge. Den bemalten Stuckfragmenten nach könnte sie sogar mit einer Art Baldachin überdacht gewesen sein, der den Priesterkönig und sein Gefolge vor der Sonne schützte. Die oberste Stufe ging in eine Plattform über – breit genug, um anderen vornehmen Ehrengästen Platz zu bieten. Da die übrigen Stufen so flach waren, müssen alle anderen Zuschauer in ihren langen Röcken oder Lendenschurzen – ebenso wie nunmehr die Besucher in ihrer Reisekleidung – der Vorführung stehend beigewohnt haben. Nach Evans' Schätzungen hatten hier einst mehr als fünfhundert Personen Platz, wobei er jeder Person 46 cm zugestand.
Was hatte sich auf der »Bühne« abgespielt? Vor allem wohl religiöse Rituale und zeremonielle Empfänge. Für Stierspiele war zu wenig Platz, doch konnte Evans sich vorstellen, daß Box- oder Ringkämpfe hier stattfanden. Sicherlich tanzte man hier auch. Darstellungen auf Fresken und Keramik, auf Siegeln und Gemmen zeigten, welche Bedeutung dem Tanz im Leben und der Religion der Minoer zukam. Im Zusammenhang mit Kreta ist bei Homer von »huschenden Füßen der Tänzer« die Rede.

Nach einer antiken Legende vollführte Theseus einen Tanz, bei dem er sich wie eine Schlange wand, um das Labyrinth zu schildern, dem er und seine Gefährten entgangen waren, und bis in die Neuzeit waren die Kreter ausgezeichnete Tänzer, wovon sich Evans' Gäste nun selbst überzeugen konnten.

Der »Theaterplatz« hallte wider von den rhythmischen Klängen der Musik. Eine Gruppe von Arbeitern und Arbeiterfrauen bildeten in ihren Festgewändern einen farbenfrohen Kreis. Bisweilen hielten sich die Tänzer und Tänzerinnen an den Händen, dann wieder waren sie nur durch Tücher miteinander verbunden. Ihre Bewegungen folgten den mitreißenden Melodien des Instrumentalisten in ihrer Mitte. Dieser spielte die für Kreta typische *lyra* – ein Instrument, das auf die *kithara,* die Leier der Minoer, zurückgeht. Tänzer und Tänzerinnen schwangen und beugten sich, bückten sich nach innen und außen und vollführten Reigentänze, so alt und traditionsverbunden wie die uralten Legenden Kretas selbst.

Die Reisenden, die den Tänzern zusahen, sollten diese Szene in ihren Tagebüchern als »unvergeßlich« bezeichnen. Für Evans war es nichts als eine Beschwörung der Vergangenheit. Wiederbelebte Ruinen begannen zu sprechen. Der »Theaterbereich« war wieder einmal Schauplatz, auf dem sich erneut das Drama von Knossos mit seinen Protagonisten und seinen vielfach ineinanderverschlungenen Handlungsfäden entfaltete. Wie einem dem Faden der Ariadne folgenden Theseus der Neuzeit blieb Evans keine Wahl, als den archäologischen »Fäden« zu folgen, die aus dem Labyrinth herausführten. »Es scheint dieses Jahr noch kein Ende zu geben«, schrieb er 1903 seinem Vater. Heftige Regenfälle hatten wieder einmal aufsehenerregendes archäologisches Material außerhalb der Palastgrenzen freigespült. Am Fuß der steilen Böschung oberhalb des Kairatosbaches wies die Grasnarbe unverkennbare Spuren vorspringender Türwangen auf. Um jedoch festzustellen, zu welchem Bauwerk sie Zugang gewährten, bedurfte es wieder einmal des Einsatzes von Bergleuten, und Evans übertrug die Arbeit den Männern aus den Minen von Laurion.

Diese begannen, einen Suchstollen in die Hügelflanke zu graben, und hatten Glück. Fast sofort stießen sie auf ein Bollwerk aus solidem Mauerwerk, das den Hügel vor dem Abrutschen schützte. Ein kurzes Stück weiteren Grabens brachte sie zu einem doppelten Torgang. Evans, Mackenzie und Fyfe, die mit Kerzen durch den Tunnel krochen, konnten bei dem flackernden Licht sehen, daß die Mauer aus feinen Gipsstein-

(Alabaster)blöcken bestand. Als die Arbeiter sich ihren Weg über eine Flucht von Alabasterstufen zu einem zehn Stufen höher gelegenen Absatz gebahnt hatten, beschloß Evans, das Bauwerk vollständig auszugraben.
Schließlich hatte er nichts Geringeres freigelegt als eine königliche Villa. Sie muß von einem bedeutenden Beamten bewohnt gewesen sein. Möglicherweise diente sie sogar, wie Evans vermutete, als Sommerresidenz für den Priesterkönig selbst. In einen Einschnitt der Hügelflanke gebettet, profitierte sie zwar von den kühlen Winden, war aber vor der Sonne geschützt. An allen Seiten führten, von schmaleren Treppen flankiert, breite Zentraltreppen vom Erdboden bis hinauf zum dritten Stock. Es war ein stattliches Anwesen – nicht so prächtig wie der »Kleine Palast«, der noch immer der Ausgrabung harrte, doch fraglos handelte es sich um eine der vielen »Dependenzen« des Palastkomplexes.
Während die Grabungen in dieser »Königlichen Villa« voranschritten, gab es im Palast große Aufregung. Die Einwirkung der Witterung hatte dazu geführt, daß sich eine kleine Kammer an der den Zeremonialräumen vorbehaltenen Westseite des Zentralhofes gesenkt hatte. Evans ließ einige Bodenplatten entfernen. Darunter stieß er nicht auf die erwartete neolithische (jungsteinzeitliche) Schicht, sondern auf loses Erdreich. Die Sache war äußerst seltsam.
Ein Vorstoß in die Tiefe brachte zunächst rötlichen Ton, dann mit verkohltem Holz und Fragmenten von Goldfolie durchsetzte dunklere Erde. Noch tiefer fand sich eine Schicht mit Terrakottavasen, darunter eine mächtige Ablagerung »fetterer und kompakterer« Erde, und ganz am Ende dieser Schichtenfolge stieß Evans auf zwei gewölbte, steinerne Magazine, deren Inhalt ihn veranlaßte, von »Tempelmagazinen« zu sprechen. Die Palastwächter hatten gut getan, diese Schätze so zu verbergen, daß kein Grabräuber sie fand, sondern erst Evans sie entdeckte. Es gab Unmengen von Blütenblättern aus Goldblech, dazu gegossene Glasperlen, dünnwandige, bemalte Pokale und Vasen, herrliche Fayenceplatten, Schnitzereien aus Knochen und Elfenbein. Das Meisterstück war die elegante »Schlangengöttin« (oder »-priesterin«) aus Fayence – vielleicht das schönste Beispiel minoischer Glasurware. Wiederhergestellt, war das Figürchen 34,29 cm hoch. Die Gottheit war »nach der neuesten Mode« gekleidet, doch das Verblüffendste an ihr waren drei Schlangen, die sich auf so komplizierte Weise um ihren Körper wanden, daß sie fast zu ihrer Kleidung zu gehören schienen. Eine Schlange, deren Kopf sie in der Rechten hielt, ringelte sich um ihren Arm, über ihre

Schultern und den anderen Arm, so daß ihr Schwanz in der linken Hand der Statue lag. Die anderen beiden schlangen sich wie ein Gürtel um die schmale Taille der Statuette. Eine davon wand sich aufwärts und umgab noch den hohen, randlosen Hut, den die Göttin trug, die andere dagegen ringelte sich abwärts und wand sich fast parallel zu dem bestickten, breiten Saum der Schürze. Unter dieser Schürze fiel der ausgestellte Rock der Figur in Fälbeln bis zum Boden hinab. Ein reichbesticktes Leibchen, eng um die Hüften geschnürt, ließ beide Brüste frei. Um den Hals trug sie ein Halsband, ein Armband zierte das Handgelenk. Ihre dunklen Augen funkelten unter den in Relief ausmodellierten schwarzen Augenbrauen. Ihre milchweiße Haut kontrastierte lebhaft mit den Purpur- und Brauntönen ihrer Kleidung sowie den purpurrot gefleckten grünen Schlangenleibern. Bei dieser Schlangengöttin handelte es sich um die chthonische, die mit der Unterwelt verbundene Form der kretischen Muttergöttin. Sie spielte eine wichtige Rolle im minoischen Alltag. Weit davon entfernt, Schrecken zu verbreiten, wurde die Schlange als Symbol der Wiedergeburt und Unsterblichkeit angesehen. Man verehrte sie als Reinkarnation verstorbener Ahnen. Sie zu verletzen, bedeutete, einem toten Vorfahren Leid zuzufügen. Die Minoer teilten diese Ansichten und den Schlangenkult mit den meisten Völkern der antiken Welt, ja sogar mit manchen Völkern der Neuzeit. Evans erinnerte sich an Bauernhäuser, die er in der Umgebung von Ragusa besucht hatte: Hier pflegte man Milchschälchen neben den Herd zu stellen – für die Familienschlange, die von den Bauern als zum Haus gehörig betrachtet wurde, als freundlicher Hausgeist, der dem Hauswesen Glück brachte. Evans war bei Griechen und Albanern zu Gast gewesen, die die Schlange »Hausmeister« nannten. Für ihn bedeuteten die Zeugnisse dieses uralten Kultes kein Heraufbeschwören primitiver, längst vergessener religiöser Vorstellungen, sondern sie erinnerten ihn an Sitten und Gebräuche, die gar nicht so weit von Kreta entfernt noch immer fortbestanden.

Die Tonzylinder oder »Schlangenröhrchen«, die die Minoer für ihre »Hausgeister« aus dem Reptilienreich fabriziert hatten, waren auf recht raffinierte Weise für verschiedene Zwecke bestimmt. Man konnte seitlich an ihnen Näpfchen anbringen, so daß die Schlangen etwas von den für die Götter bestimmten Trankopfern mitbekamen. Hatten die Tiere getrunken, konnten sie in das Rohr hineinkriechen, um darin zu ruhen oder sich einfach zu verbergen. Einige der Zylinder besaßen geradezu Schlangenform, wie um ihren Zweck noch deutlicher zu machen. Außer

derartigen Schlangenröhrchen kannte man auch Schlangentische. Ein solcher war in vier Abteilungen unterteilt, so daß es sich zwei Reptilienpaare gleichzeitig auf ihm bequem machen konnten. In der Mitte befand sich, etwas erhöht, ein Gefäß mit Futter. Ein tönerner »Herd«, an dem sich die Schlange wärmen konnte, vervollständigte schließlich die Ausstattung eines solchen Schlangenheiligtums.
Der Zufall wollte es, daß ausgerechnet das Jahr 1903, das mit der Entdeckung der so beziehungsreichen Schlangengöttin begonnen hatte, die in Evans alte Erinnerungen an frühere Tage auf dem Balkan wachrief, mit dem Klang ganz anderer Töne vom Balkan endete. Wie eifersüchtig die Minoer auch Evans' Aufmerksamkeit mit Beschlag belegen mochten – es gelang ihnen dennoch nie (ebensowenig wie es Margaret, dem *Ashmolean Museum* oder Nash Mills gelungen war), in Evans völlig die Erinnerung an den Balkan zu löschen. Er hatte sich nur geographisch vom Lande der Südslawen entfernt, ihren Freiheitskampf aber nie aus den Augen verloren. Seine ständige Parteinahme für ihre Sache ließ den Archäologen, der er geworden war, immer wieder in seine einstige Rolle als Polemiker zurückfallen, mochte dies auch unangebracht oder gar riskant sein. Niemand, der ihn kannte, war überrascht, im Oktober 1903 seinen Brief an die *Times* zu lesen, und Evans jedenfalls war es recht, daß das Balkankomitee zahlreiche Kopien des Schriftstücks unter dem flammenden Titel »Völkermord in Makedonien« in Umlauf brachte. Im November ließ er einen zweiten Brief folgen, der leidenschaftlich die Einmischung fremder Staaten in die Angelegenheiten des Balkans rügte. Diesmal richtete sich sein Zorn nicht gegen die Hohe Pforte, sondern gegen Griechenland, das Ansprüche auf das noch unter türkischer Herrschaft stehende Makedonien erhob. Margaret hätte in dem von Zorn und Eifer diktierten Text die unerschütterlichen Prinzipien ihres Ehemannes wiedererkannt. Auch Edward Freeman hätte jedes Wort genossen. Sir John, der gerade sein achtzigstes Lebensjahr vollendet hatte, betrachtete es als sehr typisch für seinen Sohn, gerade zum gegenwärtigen Zeitpunkt derart unvernünftige Briefe zu schreiben. Jeder andere Ausgräber von Knossos hätte es sich zweimal überlegt, die griechische Politik öffentlich zu tadeln. Prinz Georg von Griechenland war der Schutzherr des Fonds zur Erforschung Kretas. Kreta selbst war griechisches Schutzgebiet. Die Behörden in Candia waren weitgehend von Weisungen aus Griechenland abhängig, was auch immer geschehen mochte, und gleiches galt letztlich auch für Evans.
Evans kümmerte dies alles überhaupt nicht, sondern er informierte die

Leser der *Times* unverdrossen, Griechenland habe weder aus ethnischen, sprachlichen oder gar humanitären Gründen das mindeste Anrecht auf Makedonien. Nach seiner Unterdrückung durch die Osmanen bedürfe dieses unglückliche Land vielmehr der Reformen, nicht der politischen Annektion. Bevor diese Reformen nicht durchgeführt und der Weg zur Freiheit gebahnt worden seien, halte er weiterhin zu den Patrioten auf dem Balkan, bei deren Freiheitskampf es um Leben oder Tod gehe. Seine Freunde wußten (und seine Kritiker bekamen es bald zu spüren): Evans gab Prinzipien oder einmal ins Auge gefaßte Ziele nie auf.

Es mutet wie Ironie an: Sosehr er auch darauf bedacht war, Ziele, die er sich gesetzt hatte, wirklich zu erreichen – *ein* Ziel erreichte er nie: die Entzifferung der minoischen Schrift. Schon in seiner ersten Ausgrabungswoche hatte er Linear-A- und Linear-B-Täfelchen entdeckt. Sein ganzes Leben von nun an versuchte er, sie zu lesen – ohne Erfolg. Nicht, daß er nicht intensiv genug zu Werke gegangen wäre! Er brütete so lange über den alten Hieroglyphen und Symbolen, daß sie ihm schließlich ebenso vertraut wurden wie das lateinische Alphabet. Mit größter Sorgfalt kopierte er sie. Seine ohnehin schon schwer lesbare Handschrift nahm geradezu ein minoisches Aussehen an. Keine Kerbe des Schreibgriffels blieb ihm verborgen, kein Strich, keine Krümmung, keine durchbrochene Linie, kein Krakel.

Was seine Aufgabe so enorm erschwerte, war das Fehlen irgendeiner zweisprachigen Inschrift, deren in einer bekannten Sprache abgefaßter Teil Anhaltspunkte für die Entzifferung des unbekannten enthielt. Die sonst so freigebige Erde von Knossos erbrachte nichts, was sich mit dem Stein von Rosette vergleichen ließ, der die Entzifferung der ägyptischen Hieroglyphen ermöglicht hatte, oder mit der dreisprachigen Felsinschrift von Behistun, die den Schlüssel zur Enträtselung der babylonischen Keilschrift lieferte. Als Evans seine Grabungen in Knossos beendete, hatte er mehr als dreitausend Täfelchen mit Linear-B-Schriftzeichen zusammengetragen. Wenn vielleicht auch nur eine einzige davon eine zweisprachige Inschrift aufgewiesen hätte – beispielsweise eine Ladeliste oder eine Quittung für einen altägyptischen Kaufmann –, hätte er möglicherweise seinen Traum verwirklichen können, eines Tages die Geschichte der Minoer in ihrer eigenen Sprache zu lesen. Denn er ging jetzt natürlich nicht mehr – wie einst in seinem Artikel in *The Monthly Review* – davon aus, daß es sich um eine archaische Vorform des Griechischen handelte, sondern glaubte, es mit einer Schrift und Sprache rein kretischer Erfindung zu tun zu haben.

Gleichwohl gelangte Evans durch sorgfältige Beobachtungen, durch Intuition und langwierige Untersuchungen zu einer überraschenden Anzahl von Schlußfolgerungen. Selbstverständlich bestand die älteste Form der kretischen Schrift aus einer Art Hieroglyphen. Die Linear-A-Schrift, die ihr folgte (und nicht etwa »Linear« genannt wurde, weil man sie in einer durchgehenden Linie schrieb, sondern weil einige wenige stilisierte Striche an die Stelle des ursprünglichen Bildes traten), vereinfachte die Aufgabe des Schreibers sehr. Dann erfand man irgendwann um 1450 – mitten während des »Goldenen Zeitalters« von Knossos – eine neue Schrift, die aus Linear A hervorging: Linear B – ein Schriftsystem, das Evans bis weit in die Stunden des Kerzenlichtes hinein an seinen Schreibtisch fesselte. Es lehrte ihn eine Menge über Effizienz und Organisation der Minoer. Im großen und ganzen ähnelten die Täfelchen dem Inhalt einer Kartothek in einem modernen Büro mit Bestandslisten, Konten, Inventarverzeichnissen und Personallisten. Ähnlich den linierten Seiten im Notizbuch eines Stenographen war jedes dieser Täfelchen, bevor es der Schreiber in die Hand bekam, mit säuberlich angebrachten »Leitlinien« versehen worden. Der Fluß der Schrift zeugte von großer Übung. Bisweilen bediente sich der Schreiber der größeren Deutlichkeit halber piktographischer Zeichen, die man am Rande unterzubringen pflegte: ein Pferd, einen Streitwagen, eine Waffe und dergleichen. Man rechnete nach dem Dezimalsystem und kannte auch Brüche, was Addition und Subtraktion sowie eine genaue Kontenführung ermöglichte.
Bedeutende Schriftstücke wurden ebenso wie Pakete durch Tonplomben gesichert, auf die ein Beamter sein Siegel drückte. Besonders wichtige Dokumente wurden vom Vorgesetzten des ausstellenden Beamten gegengezeichnet bzw. indossiert. Die Hauptmasse dieser Täfelchen lag in Holzkästchen mit Tuschschrift-Etiketten. Schon zu Beginn seiner Ausgrabungen war Evans auf zwei Pokale mit Linear-Inschriften an den Innenseiten gestoßen. Dabei fiel ihm auf, daß die namensgebenden »Linien der Buchstaben gelegentlich die Tendenz verrieten, sich an den Enden zu spalten«, und schloß daraus auf die Verwendung von Schilf-Schreibrohren mit gespaltener Spitze. Im Gegensatz zum *stylos*, dem Schreibgerät für die Tontäfelchen, mußte man eine Feder in Tinte oder Tusche tauchen – doch worauf schrieb man mit ihr? Auf Pergament? Palmenblätter? Vielleicht auf Holz, Leder oder Papyros, Materialien also, die im feuchten Klima Kretas kaum die Zeiten überdauern konnten.
Unermüdlich sein Material untersuchend, zog Evans eine Schlußfolgerung nach der anderen. Dermaßen peinlich genau angelegte Archive

mußten das Werk einer wohlgeordneten Bürokratie sein. Sie spiegelten »eine mit Rechtsvollmachten ausgestattete Personen- und Güterverwaltung hochgradig moderner Art, wie man sie niemals zuvor auf europäischem Boden sah«. So trugen sie auf ihre Art dazu bei, das überlieferte Bild des Königs Minos als eines großen Gesetzgebers und aufgeklärten Herrschers zu rechtfertigen, dessen Einfluß weit über die Insel Kreta selbst hinausging. Als man auch auf Vasen aus Theben (auf dem griechischen Festland) Spuren aufgemalter Linear-B-Schrift fand, bestätigte dies nach Evans' Ansicht Kretas Vorherrschaft in der ägäischen Welt.

1909 publizierte Evans den ersten Band seiner *Scripta Minoa.* Er enthielt die Hieroglyphentäfelchen und einige wenige Tafeln mit Linear-A-Texten. Zwei weitere Bände, so kündigte Evans an, seien »den fortentwickelten kretischen Linearschriften beider Klassen (A und B)« gewidmet. Damit wollte er sein der Gelehrtenwelt gegebenes Versprechen einlösen, seine Karten offen auf den Tisch zu legen, um auch anderen Forschern zu ermöglichen, seine Funde zu untersuchen und seine Folgerungen zu überprüfen. Leider hielt er dieses Versprechen nicht, und manche Forscherkollegen hörten nie auf, ihm deswegen Vorwürfe zu machen. Zwar veröffentlichte er eine kleine Anzahl Linear-B-Täfelchen, und auch einem finnischen Professor namens Johannes Sundwall gelang es, sehr zu Evans' Unwillen, ein paar weitere in die Hand zu bekommen, doch die Hauptmasse der wertvollen Dokumente blieb ein halbes Jahrhundert lang in Youlbury unter Verschluß. Es lag nicht in Evans' Art, sich geschlagen zu geben. Behielt er die Linear-B-Urkunden etwa für sich, um sie ganz allein zu entziffern? Wollte er unbedingt als erster jene »mykenischen« Lettern lesen, von denen er sich eigens bei *Oxford University Press* hatte Drucktypen gießen lassen? Oder erhob er lediglich, wie manche Kritiker vermuteten, einen übertriebenen Besitzanspruch auf »seine« Minoer?

Was immer der Fall sein mochte – die Minoer, die ihm so viele Geheimnisse anvertraut hatten, enthielten ihm dieses eine, letzte Geheimnis vor. Erst 1952, elf Jahre nach Evans' Tod, veröffentlichte Evans' guter Freund, John Myres, die Linear-B-Tafeln. Er unterzog sich dieser Riesenaufgabe, obwohl er bereits das achtzigste Lebensjahr überschritten hatte. Und im selben Jahr endlich durchbrach ein junger, bisher unbekannter Gelehrter namens Michael Ventris die Verständigungsbarriere, wobei er allerdings von Täfelchen ausging, die nicht Evans, sondern der amerikanische Archäologe Carl Blegen gefunden hatte. Er entzifferte Linear B, und was sich dabei herausstellte, war ebenso unerwartet wie von weittragender Bedeutung. Doch dies alles lag noch in weiter Ferne.

Während der ersten sechs Jahre des 20. Jahrhunderts fuhr Evans fort, Knossos und seine Umgebung zu erforschen und seine Funde im Jahrbuch des Britischen Archäologischen Instituts in Athen sowie in anderen Fachblättern zu veröffentlichen. Mackenzie seinerseits trug dazu bei, die Gelehrtenwelt auf dem laufenden zu halten. Sein unter dem Titel *The Pottery of Knossos* (»Die Keramik von Knossos«) 1902 im *Journal of Hellenic Studies* veröffentlichter Artikel gab einen umfassenden Überblick über das im Lauf der ersten drei Saisongrabungen angehäufte Material und formulierte gewisse Grundthesen, von denen Evans Zeit seines Lebens nicht mehr abwich. Eine davon besagte, die Tontäfelchen mit Linear-B-Texten seien zeitgleich mit der berühmten »Palaststil«-Keramik, die Mackenzie der Periode um 1450 v. Chr. zuschrieb. Eine andere lautete, die nach der Zerstörung des Palastes hergestellte Keramik sei »minderwertig« und »dekadent« und deute so auf eine späte Teilbesiedlung der Ruinen hin. Schließlich legte Mackenzie im selben Artikel ein chronologisches Schema vor, das Evans später überarbeitete, als er daranging, das Problem der absoluten Datierung endgültig zu lösen. Eine der Fragen, die sich Archäologen seither immer wieder gestellt haben, lautet, wieviel Mackenzie dabei Evans oder umgekehrt wieviel Evans dabei Mackenzie verdankte.

Zwei Jahre später erschien endlich der vollständige Bericht über die britischen Ausgrabungen bei Phylakopi auf der Insel Melos. Er enthielt auch einen von Evans verfaßten Beitrag unter dem Titel: *The Successive Settlements at Phylakopi and their Aegeo-Cretan Relations* (»Die einander folgenden Siedlungen bei Phylakopi und ihre ägäisch-kretischen Beziehungen«). Hierin stellte er die Behauptung auf, die letzten Herrscher Phylakopis hätten einem Festlandsvolk angehört. Auch diese Behauptung sollte Auswirkungen haben – allerdings erst viel später. 1904 war Evans noch viel zu sehr damit beschäftigt, eine Entdeckung auf die andere zu häufen, so daß ihm kaum Zeit blieb, sich mit Mackenzie zu streiten oder über künftige Auseinandersetzungen den Kopf zu zerbrechen. Beispielsweise fand er einen großen Friedhof und öffnete mehr als hundert Gräber, deckte ein Fürstengrab auf, das bis aufs Meer hinausblickte, und stieß auf das königliche Waffenarsenal mit einem Hort von mehr als achttausend Pfeilen. Außerdem trieb er weitere Suchgräben in den Hügel von Knossos, die an manchen Stellen für die dortigen

Kulturschichten die eindrucksvolle Tiefe von mehr als 12 m erbrachten.
1905 entdeckte er dann »Europas älteste Pflasterstraße«. Sie führte vom Theaterbezirk aus zu den Überresten eines großen Bauwerkes, das er als »Kleinen Palast« bezeichnete (es handelte sich um den größten aller Nebenpaläste). Zwar zum gesamten Palastkomplex gehörend, nahm dieser Bau doch zwischen dem Palast selbst und der königlichen Villa auf der anderen Seite eine besondere Stellung ein. Hinter dem »Kleinen Palast« stieß er auf die Überreste noch eines weiteren Bauwerkes, das er einstweilen unausgegraben ließ und als »unerforschtes Wohnhaus« registrierte. Seine Überreste erstreckten sich unter einem Olivenhain bis tief in die Bergflanke hinein, doch die Mauer seiner Ostfassade war noch auf einer Länge von 26 Metern sichtbar. Evans beschrieb den schönen Kalksteinbau und bildete ihn auch ab. Die behauenen Kalksteinblöcke bilden regelmäßige horizontale Reihen, ihre Fugen verlaufen nahezu rechtwinklig. Evans vermerkte: »Etwa einen Meter über dem minoischen Bodenniveau gibt es wohlerhaltene Reste eines Raumes aus griechisch-römischer Zeit mit Spuren dekorativer Wandmalereien, die vertikale ›Marmorierung‹ in Grün und Rot erkennen lassen.« Sicher hätte es ihn gefreut zu erfahren, daß jüngere Archäologen, die fast ein Dreivierteljahrhundert später das »unerforschte Wohnhaus« schließlich ausgruben, ihm recht geben mußten.
Gleichzeitig untersuchte er aber auch die Stratigraphie des Palastes mit dem Ziel, eine Chronologie zu erarbeiten. Im April 1905 sah sich Evans endlich in der Lage, in einem Vortrag auf einem Archäologenkongreß in Athen ein Datengerüst aufzustellen. Zweierlei kam ihm dabei zugute: seine Erfahrungen im Bereich der Geologie und die Tatsache, daß das stratifizierte Material in Knossos, so komplex es auch sein mochte, doch im Lauf der Jahrhunderte vergleichsweise unberührt geblieben und daher fast vollständig war, so daß ein Befund sich nahtlos an den anderen fügte. Es war ziemlich leicht, in Knossos eine Besiedlungsschicht von der anderen zu unterscheiden. Komplizierter war dagegen die Zeitbestimmung. Bisweilen freilich schien Klio, die Muse der Geschichte, persönlich ihre Hand im Spiel zu haben, indem sie ein Objekt bekannten Datums in eine Schicht einbettete, so wie die Statue des Ägypters User, die, in der ersten Grabungssaison entdeckt, die Schicht, in der man sie fand, der Zeit um 2000 v. Chr. zuwies, oder den Deckel eines ägyptischen Alabastergefäßes, der ein Jahr später gefunden wurde und mit Namen und Titeln des Hyksoskönigs Chajân (»Chian« [*Se-userenrê*, um

1600 v. Chr.]) beschriftet war. Meistens mußte Evans sich auf »die archäologische Faustregel verlassen, daß die Überreste kleineren Formates, die auf Böden gefunden werden, dem allerletzten Abschnitt einer Besiedlungsphase angehören«, desgleichen auf »Keramiksequenzen«: die Datierung von Keramik aufgrund der stratigraphischen Evidenz und der typologischen Entwicklung. Dies war einer der wertvollsten Bestandteile des methodologischen Rüstzeuges damaliger Archäologen.

Ton ist, hat man ihn erst einmal gebrannt, praktisch unzerstörbar. Zwar können Tongefäße zerbrechen, doch bleiben dann Scherben zurück und künden von sich entwickelnden Techniken, von sich ändernden Moderichtungen, ja sogar von Wandlungen des Lebensstiles. Handgriffe entwickeln sich von Rudimenten zu voller Ausformung (oder umgekehrt). Formen und Dekor werden raffinierter (oder plumper, da die typologische Entwicklung auch sozusagen »in umgekehrter Richtung« verlaufen kann). Neue Formen entstehen, die veränderten (erhöhten oder reduzierten) Ansprüchen genügen. Als es darauf ankam, die archäologischen Schichten zu den einzelnen in ihnen eingeschlossenen Keramiktypen in Beziehung zu setzen, erwies sich Mackenzie, der bei seinen Ausgrabungen in Phylakopi eigene Verfahren entwickelt hatte, als unersetzliche Hilfe.

Bei seinem Vortrag auf dem 1905 in Athen abgehaltenen Archäologenkongreß legte Evans für Kretas Bronzezeit ein Datengerüst vor, und mit einem Schlage waren alle vor 1902 erschienenen Werke über Altgriechenland hoffnungslos veraltet. Er unterteilte die minoische Kultur in drei Perioden: Früh-, mittel- und spätminoisch, die er jeweils wieder in drei Unterperioden gliederte, so daß sich insgesamt neun Perioden ergaben. Sie entsprachen (und dies ergab sich aus der Differentialdatierung des archäologischen Materials anhand von Funden altägyptischen Ursprungs) im Groben dem Alten, Mittleren und Neuen Reich Ägyptens (als rasche Gedächtnisstütze: Die Zeitansätze lagen bei etwa 2500, 2000 und 1500 v. Chr.; genauere Angaben entnehme man der Zeittafel auf Seite 258–259). So brachte Evans eine lange vergessene Hochkultur in Gleichtakt mit dem Ablauf eines schon bekannten Abschnitts der Menschheitsgeschichte. Im übrigen aber bildete der Palast einen Kalender eigener Art, der wie mit ehernen Lettern die Spuren einschneidender Ereignisse bewahrte.

Der erste oder »Alte« Palast von Knossos war um 2000 v. Chr. über den Resten jungsteinzeitlicher und frühminoischer Siedlungen errichtet worden. Das schönste künstlerische Vermächtnis, das seine Erbauer der

Nachwelt hinterließen, war die als Kamáresware bezeichnete herrliche, bemalte Keramik. Das wichtigste war aber, daß ihre Lebensfreude sie dazu inspirierte, einen so glänzenden Palast zu bauen. Dieser war nicht nur Zentrum der Verwaltung und des religiösen Lebens, sondern gleichzeitig auch künstlerischer und handwerklicher Betätigung, und dies in einem solchen Maße, daß die qualitätvollen Produkte auch anderswo begehrt waren. Der schöpferische Ausbruch aus Lebensbejahung hervorgegangener Energie blieb jedoch nicht auf Knossos beschränkt. Der Genius der Minoer ließ auch in Phaistos, Mallia und anderswo Paläste entstehen. Evans' Zuhörer allerdings verstanden es, daß er sich bei seinen Ausführungen auf die Schilderung seiner eigenen Grabungen beschränkte.

Um 1700 v. Chr. muß ein furchtbares Erdbeben den Alten Palast von Knossos ebenso in einen Trümmerhaufen verwandelt haben wie die Villen, Werkstätten und Behausungen der »kleinen Leute«. Doch die anpassungsfähigen Minoer unterschieden sich in nichts von heutigen Opfern derartiger Naturkatastrophen: Sie dachten nicht daran, ihre Heimat aufzugeben, sondern bauten ihren Palast prächtiger als je zuvor wieder auf.

Inzwischen verfügten sie über größere technische Kenntnisse, wußten mit besseren Materialien umzugehen und versahen, um Schäden durch weitere Beben vorzubeugen, ihre Mauern mit einem steinernen Stützgerüst. Dann verkleideten sie Mauerwerk und Steinbalken mit jenen herrlichen Wandmalereien, die Gilliéron später zu rekonstruieren versuchte. Außerdem schufen sie Stein- und Elfenbeinskulpturen, die prächtigen Fayencefiguren und jene elegante Keramik, die die minoische Kultur zur reizvollsten unter den Kulturen der bronzezeitlichen Welt machen. Östlich des Großen Hofes fügten sie dem Palast einen geräumigen Wohnflügel hinzu – Evans' »Wohnviertel«. Der Gott, der in der minoischen Götterwelt dem Poseidon der Griechen entsprach – er war zufriedengestellt. Homer nannte Poseidon den »Erderschütterer«. Unter den ihm zugeordneten Tieren spielte der Stier eine ganz besondere Rolle. Er herrschte über Meere und Stürme – er, der Gott, der die Erde trug, aber auch mit den Schlägen seines Dreizacks beben machte. Mehr als ein Jahrhundert lang gab der Gott Ruhe, und Kreta gedieh.

Dann suchte um 1580 v. Chr. erneut ein schweres Erdbeben das Gebiet von Knossos heim. So heftig waren die Erschütterungen, daß eine massive Palastmauer nach außen kippte und riesige Steinblöcke, manche schwerer als eine Tonne, mehr als sechs Meter weit fortgeschleudert wurden, so daß sie die schlichten Häuser der Handwerker und »einfachen Bürger«, die sich dort drängten, unter sich begruben. Das Haus eines Steinlampenherstellers trug so schwere Schäden davon, daß es nie wieder aufgebaut wurde. Nur acht unfertige Lampen waren als stumme Zeugen seines Fleißes an Ort und Stelle verblieben. Auch das Haus daneben wurde nie wieder bezogen. Evans nannte es »Haus der Stieropfer«. Man fand hier unter den Trümmern die Schädel zweier Exemplare einer heute ausgestorbenen Wildrinderrasse, deren Hörner am Ansatz 30 cm maßen. Vor ihnen lagen die Fragmente tragbarer Terrakotta-Altäre.

Was die Kräfte der Unterwelt auch zerstört hatten – Knossos' Bewohner bauten es abermals auf. Für das minoische Kreta begann nun die Zeit seiner Hochblüte. Der Priesterkönig aus der Familie des Minos war der mächtigste Herrscher auf der Insel. Knossos, »das weitläufige«, war Hauptstadt seines Reiches. Es bedeckte ein beträchtliches Gebiet vom Palast auf dem höchstgelegenen Geländepunkt über den bescheideneren Wohnbereich tiefer unten bis hin zur ferner liegenden Hafenstadt. Nach Evans' Schätzungen belief sich die Einwohnerzahl auf einhunderttausend (allerdings hält man diese Zahl heute für übertrieben).

Im Gegensatz zu anderen Städten des Altertums war Knossos nicht von Mauern umgeben. Keine Zitadelle verriet, daß man Invasionen fürchtete, keinerlei Umwallung, die der Sicherheit diente, engte die Ausdehnung der Stadt ein. Von Gewässern umgeben, die unter ihrer Kontrolle standen, lebten die Inselbewohner in Frieden und Sicherheit, und wie sie das Leben liebten, davon zeugten die Pracht ihrer Keramik und das Raffinement ihrer künstlerischen Äußerungen. Wie hätte der Goldschmied, der mit Hilfe einer Kristall-Linse einen Miniaturlöwen von 15 mm Länge schuf, bei dem gleichwohl jeder Muskel erkennbar war, eine Katastrophe vorausahnen können? Welcher Kaufmann, Fischer oder Töpfer, der seinem Tagewerk nachging, hatte Alpträume, die eine Tragödie ankündigten?

Die Katastrophe, die Kreta um 1450 heimsuchte, war die schlimmste von allen. Knossos erholte sich – wie Evans annahm, unter einer neuen Dynastie – zu neuem Wohlstand. Er hatte noch einmal ein halbes Jahrhundert Dauer, und nun schuf man die unvergleichliche »Palaststil«-Keramik. Doch Knossos fehlte die Kraft, das Ende abzuwehren, nach dem es kein Zurück mehr gab. Zwar blieben die Palastruinen noch fast zweihundert Jahre lang teilweise bewohnt, doch die Zeiten des Glanzes und der Größe waren vorbei. Was noch stand, wurde, nach

Evans' Schätzungen um 1400 v. Chr., völlig zerstört. War dabei abermals der »Erderschütterer« am Werk? Oder bereitete eine Invasion einer so glanzvollen Kultur ein Ende? Gab es einen Aufstand? Einen Bürgerkrieg?

Bei dem Archäologenkongreß 1905 in Athen sah sich Evans noch nicht imstande, weitergehende Folgerungen zu ziehen, und seine gelehrte Zuhörerschaft wäre auch gar nicht in der Lage gewesen, sie zu diskutieren. Seine Kollegen, die hingerissen vernahmen, wie er eine begrabene Kultur wiederauferstehen ließ und ihre verwitterten Schichten in das Datengerüst historischer Fakten einfügte, hatten genug andere Sorgen, ja sogar Evans ging es ebenso. Nach fünf intensiven Saisongrabungen hatte er noch Jahre voller Arbeit vor sich – Jahre nicht allein weiteren Grabens, sondern auch Suchens und Forschens am Schreibtisch. Die täglichen Ritte von Candia nach Knossos und zurück ermüdeten ihn und kosteten Zeit. Er fand, es sei an der Zeit, sich nur einen Fußweg entfernt von den Minoern auf Kreta niederzulassen.

Sir John hatte unterdessen seinerseits neue Baupläne verwirklicht. Nash Mills war nicht mehr die stattliche, mit weißem Stuck verzierte Familienheimstatt wie einst. Die sich ausbreitenden Papierfabriken waren dem Haus immer näher gerückt. Lärmende Maschinen umgaben den Garten mit seinen Kastanienbäumen und Himbeersträuchern. Englands Hunger nach Papier schien unstillbar, und um mit der Entwicklung Schritt zu halten, faßte Sir John einen Entschluß, der seine meisten Altersgenossen sicherlich mit Schrecken erfüllt hätte: Er wandelte Nash Mills in ein Verwaltungsgebäude um und zog fort.

Monatelang hatte er über Bauplänen gebrütet. Das hübsche neue Ziegelhaus, das er für seine Frau Maria, und ihre dreizehnjährige Tochter Joan errichten ließ, sollte bald fertig sein.

16

Villa Ariadne

Mehr als ein halbes Jahrhundert lang hatte John Evans in Nash Mills gewohnt. In den Mauern dieses Hauses hatte er die streitenden und lachenden Stimmen seiner Kinder vernommen und den Verlust zweier Frauen erlitten. Von hier aus hatte er ganz England bereist und war auch ins Ausland gefahren, um an entsprechenden Plätzen die Hinterlassenschaft prähistorischer Vorfahren des heutigen Menschen zu untersuchen. Es gab kaum eine gelehrte Gesellschaft, kaum einen Altertumskundler, kaum einen Antiquitätenhändler auf den britischen Inseln, der seinen Namen nicht kannte.

Seine Sammlungen, die Frucht eines der Forschung gewidmeten langen Lebens, füllten seine Bibliothek und griffen ausufernd auf die übrigen Räume über. An den Wänden häuften sich Kästen mit Stein- und Bronzegeräten, antiker Keramik und frühgermanischen Metallarbeiten. Vitrinen und zahllose Schubläden waren mit Münzen und Medaillen, mit angelsächsischem Schmuck und römischem Glas gefüllt. Nash Mills war für dies alles groß genug gewesen, das neue Haus jedoch nicht, und Sir John beschloß, den größten Teil seiner Sammlungen seinem Sohn Arthur zu schenken. Kein Einwand Arthurs konnte ihn davon abbringen.

An einem Wintertag im Januar 1906 fuhr der größte Transportwagen der Papierfabrik rückwärts in die Einfahrt von Nash Mills. Man belud ihn mit Kisten voller Steingeräte, die nach Youlbury gebracht werden sollten. Doch kaum hatte sich das Fahrzeug mit seiner Last in Richtung Tor in Bewegung gesetzt, brach der Wagenboden. Die Steingeräte allein wogen vier Tonnen, und sie bildeten nur einen Bruchteil der Tausende archäologischer Objekte, die für Youlbury bestimmt waren. Kein Wunder, daß sich Arthur, als er seinem Vater schließlich doch melden konnte, der Transport sei wohlbehalten in Youlbury eingetroffen, kaum vor Begeisterung überschlug.

Arthur Evans zog es vor, Youlbury mit seinen eigenen Schätzen zu füllen. Ihm gefielen hervorragend geschnittene kretische Siegelsteine besser als steinerne Faustkeile. Meisterwerke der Malerei schmückten die Wände seines Hauses: Bronzinos Porträt einer Dame, ein herrlicher Caravaggio, kostbare Ölgemälde der Venezianischen und Veroneser Schule. Farbenfrohe mediterrane Stickereien füllten sein Haus. Sie erinnerten ihn viel mehr, als dunkle Schränke es vermocht hätten, an Ragusa und sein Leben mit Margaret.

Zu seinem großen Kummer hatten sie keine eigenen Kinder gehabt. Um so froher war er, als Margarets Neffe, Lancelot Freeman, dessen Eltern sich in Virginia niederließen, nach Youlbury kam, um ganz bei ihm zu wohnen. Lancelot, an dem er nun Vaterstelle vertrat, war weder besonders kräftig noch überragend begabt, aber er war gutherzig – und er war ein Kind. Evans widmete ihm jede nur erdenkliche Aufmerksamkeit. Sobald Lancelot aus der Schule zurück war, hallte das Haus von den Stimmen junger Menschen wider. Bald schallten auch draußen rings um das Haus die Stimmen von Pfadfindern, als Evans sich ein neues Hobby zulegte.

Die Pfadfinderbewegung war 1908 von Generalleutnant Sir Robert Baden-Powell gegründet worden. Seit eines Tages ein paar zehn- bis zwölfjährige Dorfjungen an seiner Tür in Youlbury geläutet hatten, wurde Evans einer ihrer zuverlässigsten Förderer. Die Jungen hatten sich, wie ihr Leiter, Arthur Sheppard, Evans erklärte, freiwillig zu einer Gruppe zusammengeschlossen. Wochenlang hatten sie Lagerfeuer entzündet, Knoten gespleißt und sich an den Hängen von Boars Hill ihre Abzeichen verdient, wo Evans' Nachbar, Lord Berkeley, ein ausgedehntes Grundstück besaß, das für ihre Zwecke wie geschaffen war. Leider hatte Berkeleys Wildhüter beklagt, sie vertrieben die Goldfasanen. Nun waren sie heimatlos und wußten nicht, wohin.

Es war der Beginn einer langen Verbindung eines berühmten Archäologen, der einen großen Teil seiner Zeit auf Kreta verbrachte, mit der Pfadfinderbewegung, die von England ausging und schließlich eine weltweite Organisation wurde. Evans lud das Häuflein Unglück in seine Wohnung, wo die Jungen sprachlos auf das Labyrinth und den Minotauros am Boden der riesigen Eingangshalle starrten und eine mit ihrem Besuch durchaus nicht einverstandene Haushälterin ihnen Kakao und Gebäck vorsetzte. Während die Jungen zugriffen, erörterte Evans mit ihrem Anführer Zukunftspläne. Die Pfadfinder, so erklärte er Sheppard, könnten sich in den Wäldern von Youlbury ungehindert bewegen, und auch der See stehe zu ihrer Verfügung, vorausgesetzt, jeder von ihnen lernte schwimmen, bevor er sein Abzeichen erwarb. Mehr noch: Evans stellte ihnen als vorübergehendes »Hauptquartier« das Baumhaus am Rande des Sees zur Verfügung, das er für Margaret hatte errichten lassen. Voll und ganz bejahte er die Ziele der Pfadfinder, der Jugend zu einem Leben in Naturverbundenheit und Freiheit zu verhelfen, dabei aber auch eine positive Einstellung zu Staat und Gesellschaft zu fördern. Er wollte alles tun, was in seiner Macht stand, um die Erreichung dieser Ziele zu unterstützen.

Einer aus der Gruppe der Plätzchen kauenden Jungen fiel ihm durch sein kränkliches Aussehen besonders auf. Als Sheppard ihm sagte, dies sei eines der Candy-Kinder, erinnerte sich Evans sofort an den kleinen Jungen, den er auf die Schultern genommen hatte, damit er das Tauziehen besser sehen könne, das seinerzeit den Höhepunkt einer Blumenschau gebildet hatte. James Candy – oder Jimmie, wie Evans ihn stets nannte – war damals etwa zehn. Im Alter von sechs Monaten hatte er sich einer Operation am Warzenfortsatz (hinter der Ohrmuschel) unterziehen müssen. Seither hörte er auf einem Ohr besser als auf dem anderen, und ein Ohr lief beständig. Dies hatte ernsthafte Auswirkungen auf seine Gesundheit, seine schulischen Leistungen und sein Selbstvertrauen. Seine Eltern, arme Pächter auf Boars Hill, die außer Jimmie noch fünf Kinder zu ernähren hatten, hatten alles getan, was in ihren Kräften lag. Evans beschloß, mehr zu tun.

Mehrmals besuchte er Jimmies Eltern, um mit ihnen über die Zukunft des Jungen zu sprechen. Schließlich brachte er sie dazu, daß sie ihm gestatteten, Vormund des Kindes zu werden. Es ginge ihm nicht darum, so versicherte er, sie aus ihrer Elternrolle zu verdrängen. Der Junge solle lediglich die medizinische Versorgung und Ausbildung erhalten, die er brauche. Er wolle dafür sorgen, daß er die beste ärztliche Behandlung bekam, die die Spezialisten in der Londoner Harley Street zu bieten hatten, und auch um seine Schulbildung wolle er sich kümmern. Widerstrebend mußten die Candys schließlich zugeben, daß Evans' Mittel, die Zukunft ihres Sohnes zu sichern, die ihren weit überstiegen. Unter der Bedingung, daß Jimmie stets die ersten zwei Ferienwochen sowie jeden Sonntag die Zeit zwischen Kirchgang und Mittagessen bei seinen Eltern und Geschwistern verbringen durfte, nahm Evans den Jungen mit nach Youlbury.

Für Jimmie war es der Beginn eines neuen Lebens. Für Evans bedeutete es Familienersatz, der die Junggesellenklause Youlbury erst zum echten Heim machte. Nachdem sowohl Lancelot als auch Jimmie in Youlbury wohnten, engagierte er eine Gouvernante, die sich beider annehmen sollte. Miss Mary Wiggins wurde ebenfalls »Familienmitglied«, und oft gesellte sich ihr Neffe Denis zu den Jungen, die nun in Youlbury zu Hause waren. Gelegentlich verbrachte auch Denis' Schwester Nancy ihre Wochenenden hier, obwohl Evans sich in Gegenwart junger Mädchen nie so unbefangen geben konnte, wie wenn er mit jungen Männern allein war.

In Youlbury entfaltete sich überraschende Häuslichkeit, wenn die Jungen aus der Schule zurück waren. Gongschläge regelten den Tag vom Frühstücksgong um 9 Uhr morgens bis zum Dinnergong pünktlich um 7 Uhr. Evans saß im Frühstückszimmer am runden Tisch, las beim Essen seine Post und warf die Briefe, die er gelesen hatte, mit kräftigem Schwung hinter sich auf den Boden. Unmittelbar nach dem Frühstück gingen die Jungen zum Unterricht, und Evans zog sich in seine Bibliothek zurück. Was zwischen Lunch und Tee geschah, hing vom Wetter ab. Punkt 6 Uhr verschwand Evans abermals in seiner Bibliothek, um Briefe zu schreiben, genau um 7 Uhr jedoch hatte jeder, der sich im Hause befand, zum Dinner zu erscheinen – die Jungen in ihren Eton-Jacketts und alle anderen in passender Garderobe. Mackenzie, der die meiste Zeit in Youlbury verbrachte, wenn er sich nicht auf Kreta (oder in seinem »Bau«, wie Evans es nannte, in Schottland) aufhielt, trug seinen plissierten *kilt* (Schottenrock). Die Tafel, an der man speiste, war, wie in Nash Mills, wo Evans großgeworden war, von riesigen Ausmaßen und selten für weniger als zehn oder zwölf Personen gedeckt, oft sogar für mehr – besonders im Sommer. Zu den häufigeren Besuchern zählten Evans' Freund John Myres und seine Familie.

Viele Jahre später erinnerte sich der junge Myres mit Wehmut an diese Ferientage: »Youlbury war ein herrlicher Ort für Kinder: das wuchernde Haus voller Geheimnisse, meilenweit ungehindert wachsender Wald, ein See mit Booten und Bademöglichkeit, Pfirsiche und Weintrauben am Bett, noch bevor man gefrühstückt hatte – alles, was ein Kind sich nur wünschen konnte! Garten und See waren stets voller Kinder aus der Nachbarschaft.«

Nachdem es auch eine Pfadfindergruppe auf Youlbury gab, waren die Dickichte voller Jungen aller Größen und Altersstufen in Pfadfinderuniformen. »Überall gab es dort Pfadfinderlager«, erinnerte sich Myres, »für meinen Geschmack wirklich zu viel, aber Evans schien das nicht zu stören. Nie versuchte er, uns bei dem, was wir taten, zu gängeln, sondern stets war er freundlich, und nichts, was wir unternahmen,

ärgerte ihn. Er strahlte geradezu eine Atmosphäre von Weitherzigkeit und gelassener Sympathie aus, die einem Zuversicht gab. Ich erinnere mich an diese Zeiten in Youlbury mit einem ungeheuren Glücksgefühl. Als Erwachsener unter seinesgleichen mag Evans ein schwieriger Mensch gewesen sein, doch im Umgang mit Kindern war er faszinierend und außerordentlich großzügig.«
Auch James Candy hatte – längst schon ein erfolgreicher Geschäftsmann, verheiratet, Vater von vier Kindern und Großvater – die vielen Jahre, die er in Youlbury verbrachte, in guter Erinnerung. In seinen ersten Wochen, als er dort nahezu allein war, hatte er, ein schüchterner und heimwehkranker Knabe von zehn Jahren, nachts manchmal Alpträume, so daß er schreiend erwachte. Sein neuer Beschützer lief dann herbei, um ihn zu trösten, und sah mit seiner Nachtmütze und in seinem lang herabwallenden Nachthemd wie ein gutherziger Gnom aus. Evans' Schlafzimmer lag unmittelbar neben dem Jimmies, der nie vergaß, wie überrascht er war, als er zum ersten Male einen Blick hineinwarf. Außer einem altmodischen Roßhaarsofa, auf dem sich englische Kriminalgeschichten und französische Romane zu Bergen häuften, enthielt es – unter dem Bett – eine Zinkbadewanne. Der Junge staunte, daß der Besitzer eines Hauses, das ein gekacheltes römisches Bad hatte, sich selbst noch nach viktorianischer Art à la Nash Mills wusch.
Candy hütete die wöchentlichen Briefe, die Evans ihm schrieb, als er fern von Youlbury in der Schule war, wie einen Schatz. Sie begannen oft mit »Mein lieber Kleiner« und gingen dann etwa weiter: »Ich bin nicht geschickt im Auswählen von Schlipsen – meist gefallen mir die Farben nicht! Doch sende ich Dir drei Stück, von denen ich hoffe, daß sie Dir gefallen mögen.« Oder: »Das KANINCHEN IM GARTEN wird täglich fetter (das klingt wie ein Satz, den man ins Französische zu übersetzen hat: *Le lapin du jardin s'ongraisse* [sic (statt: *s'engraisse*)] *tous les jours*).« Besonders liebte er einen Brief, den Evans an seine Mutter geschrieben hatte, und in dem es hieß: »Sie wissen, ich habe Ihrem Jimmie wirklich ein Stück meines Herzens gegeben ...« Oft unternahmen Jimmie und Arthur lange Wanderungen durch die Wälder. Plötzlich konnte Evans ganz still und gedankenverloren sein, dann wieder war er wie von einer Rakete getrieben. Er rannte wie ein Weltmeister davon, stoppte oft erst nach vielen Metern, wenn ihm endlich zum Bewußtsein kam, daß der Junge alle Mühe hatte, mit ihm Schritt zu halten. Auf dem Rasen spielten sie häufig Krocket, ein Spiel, das Evans liebte (allerdings ging es nicht ohne seinen Zwicker, weil er sonst den Ball nicht sah), oder Billard

im Speisezimmer – dieses war so groß, daß der Billardtisch in einer Ecke gar nicht auffiel. Manchmal nahm Mackenzie an ihren Vergnügungen teil: der Kaninchenjagd in den Wäldern von Youlbury, der Jagd nach Dachsen, dem Schmetterlingsfang. Die Jungen liebten Mackenzie, diesen Riesen mit der sanften Stimme, der seinen Schnurrbart in den Haferbrei tunkte und im Dämmerlicht Gespenstergeschichten erzählte, denn dies war, wie der Mann aus dem schottischen Hochland erklärte, die beste Zeit, um mit Geistern und »kleinem Volk« umzugehen. Doch meist drehten sich Candys Erinnerungen um Evans, um die Abende im Salon, wenn Miss Wiggins auf dem herrlichen großen Flügel spielte, um die Ausflüge nach Oxford, wo für die Jungen Kleider und Schuhe nach Maß angefertigt wurden, um das Cricket Match, das Sir Arthur Evans auf seinem eigenen Grund und Boden zwischen der »Youlbury-Elf« und den Pfadfindern organisierte, und um die *pogo*-Stöcke*, mit denen Jimmie, Lancelot und Denis einherstolzierten – sie waren die ersten Jungen auf Boars Hill, die mit solchen Stöcken ausgerüstet waren. Seinen archäologischen Fachgenossen mag Evans bisweilen wie ein Tyrann vorgekommen sein, doch für den Jungen, dem er den Sprung von der Bauernkate zur Luxusvilla ermöglicht hatte, war er »der liebenswerteste und freundlichste Mensch, den ich kannte«.

Für Evans' Fachkollegen wäre es sicher ein Schock gewesen, den Entdekker der Minoer zusammen mit Pfadfindern auf allen vieren durchs Farnkraut kriechen zu sehen, »wie einer von ihnen«, wie er die Hosenbeine aufkrempelte, um paddeln zu gehen, und Woche für Woche zwanzig Pfadfinder nach Youlbury einlud. Die Schar zog – ein Zugeständnis an die Haushälterin, Mrs. Judd – durch den Dienstbotenaufgang hinauf in den »Sonnenraum«, wo man sich um das Klavier scharte, um zu singen, oder Spiele spielte und sich auf sein »Futter« stürzte. Überhaupt nichts Autoritäres war an dem Mann, der den ganzen Abend lang mit Jimmie, Miss Wiggins und Denis Bridge spielte (er spielte schlecht, weil er nicht rechnen konnte; viel besser war er beim Whist oder bei Patiencen) oder ausgefallene Begriffe mimisch wiederzugeben suchte. Noch Jahre später sah Jimmie deutlich vor sich, wie Evans das Wort Popocatepetl durch Gebärden darstellte.

In seiner Bibliothek hatte Evans eine riesige Truhe mit Gegenständen

---

* Eine Art Stelzen mit starken Federn am unteren Ende, auf denen man hüpfen konnte. Man verwendete sie beim *pogo*-Spiel, einem »Springspiel«, bei dem man auf *pogo*-Stöcken hüpfte *(Anmerkung des Übersetzers).*

vom Balkan: Schußwaffen, Säbeln, herrlichen Teppichen und bestickten Stoffen. Zu welchen Spielen diese Pracht anregte! Dann gab es die Sommerferien in Barmouth mit historischen Ausflügen, die der Bildung der Jungen dienten: Besuche in Caernarvon Castle, in Harlech Castle sowie von alten sächsischen und normannischen Kirchen. Zweimal wöchentlich erhielt Evans mit der Bahn aus Oxford in einem eigens ausgefütterten Weidenkorb Pfirsiche und Nektarinen aus Youlbury. Außerdem unternahm man archäologische Expeditionen nach Cornwall, um nach Bienenkorb-Hütten Ausschau zu halten, wobei Evans sein Ziel fand wie ein Hund, der Kaninchen aufspürt. Er zog dann sein Bandmaß hervor, um mit der Vermessung zu beginnen und schließlich mit seinem »Ausgräber-Taschenwerkzeug« an Lehm- und Steinhäufchen zu kratzen. Diese »Taschenausrüstung« war seine ganz persönliche Erfindung: Er ließ einfach den Nagel des kleinen Fingers seiner rechten Hand einen Viertelzoll länger wachsen als die anderen Nägel. Zusammen mit seinem Bandmaß, einem Bleistiftstummel und einem Vergrößerungsglas bildete dies sein »transportables Archäologenrüstzeug«. Evans' Weihnachtsparties in Youlbury waren – ebenso wie die, die er und Margaret zusammen in Ragusa zu geben pflegten – das gesellschaftliche Ereignis der Saison auf Boars Hill. Er lud sämtliche Kinder aus dem Dorf ein, dazu die Kinder der Universitätsprofessoren aus Oxford und anderer Freunde. Mit ihnen allen feierte er Weihnachten, daß die kleinen Mädchen, die sich kleiden konnten, wie sie wollten, und die Jungen in ihren Eton-Jacketts und Eton-Schlipsen es nie wieder vergessen sollten. Ihr Gastgeber, der sich besonders gut in die ganz Jungen einzufühlen vermochte, verstand es, eine solche Party so zu gestalten, daß sowohl Erwachsene als auch Kinder auf ihre Kosten kamen – und alldem gab er noch ein wenig minoisches Kolorit.

Die Party begann wie ein Ball der viktorianischen Epoche. Auf der breiten Galerie oberhalb des ersten Stockwerks saß eine Tanzkapelle. Jungen und Mädchen erhielten verschiedenfarbige Bänder und tanzten, von Evans selbst angeführt, den ersten Kotillon. Träger gleichfarbiger Bänder bildeten dabei jeweils ein Paar. Evans, der Archäologen zu sprachlosem Staunen hinzureißen vermochte, wußte auch Spiele zu erfinden, die Kinder begeisterten. Die meisten Schreie des Entzückens rief das Stierspiel hervor. Die Kinder suchten ihren Weg längs der schwarzen Fliesen des Fußbodenlabyrinths bis zum Minotauros, wo Evans ihnen auflauerte, um mit Gebrüll nach ihnen zu schnappen und sie in die Luft zu werfen.

Mit den Erfrischungen kam der Höhepunkt des Abends. In zwei riesige Torten – eine für die Mädchen und eine für die Jungen – hatte die Köchin jeweils eine schwarze Bohne eingebacken. Je weiter sich die Kinder durch die Kuchen hindurchaßen, um zu sehen, ob ihr Stück die Überraschung enthielt, desto größer wurde ihre Aufregung (und sie legte sich in einem Jahr, als keiner der Jungen die Bohne gefunden hatte, erst, nachdem einer der Allerkleinsten gestand, er habe sie verschluckt). Das glückliche Paar, das die Bohnen fand, wurde feierlich zum König Minos und seiner Königin gekrönt und mußte auf zwei Mahagoni-Nachbildungen des Alabasterthrones von Knossos Platz nehmen.

Dies war eine Seite von Evans, die nur wenig Menschen sahen. Sein Charakter war so vielschichtig wie der Tell von Knossos. Nur wer ihn wirklich gut kannte, wußte, wie sehr er sich an einfachen Dingen freute und wie gern er anonym schenkte. Seine Angehörigen und engsten Freunde nahmen seine gelegentliche Herrschsucht hin. Sie wußten, daß Augenblicke warmer Zuwendung und echter Fürsorge folgen würden. Sie akzeptierten seine gelegentliche Arroganz, sie wußten, mit seiner alle einschüchternden Energie zu leben. So ertrugen sie seine Schroffheit. Doch wenn jemand von ihnen in Schwierigkeiten geriet, wußte er: Er konnte auf Evans' Hilfe und Solidarität zählen. Evans war aber nicht nur ein hilfsbereiter Freund und bezaubernder Gastgeber, er war auch ein lebhafter, wenn auch etwas schwieriger Gesellschafter.

Lange, bevor es zum guten Ton gehörte, kaufte er sich ein Auto. Sein eleganter Wolseley mit seinen luxuriösen Polstern und seiner schimmernd schwarzen, handlackierten Karosserie war das erste Kraftfahrzeug auf Boars Hill. Während andere noch immer die Wärmekraftmaschine mit äußerstem Mißtrauen beäugten, liebte es Evans, neben seinem Chauffeur zu sitzen und in für damalige Zeit gewagtem Tempo durchs Land gefahren zu werden. Auch Lancelot, Jimmie, Denis und deren Freunde begleiteten ihn auf aufregenden Straßenrennen. Ältere Gäste erinnern sich noch an das Botaniklehrbuch, das sie stets auf diesen Fahrten begleitete, denn ihr Gastgeber unterließ es nie, sie auf die Pflanzen am Wegrand aufmerksam zu machen. In Gesellschaft anderer konnte sich Evans ebenso entspannen, wie er zu arbeiten vermochte, sobald er allein war.

Uneingeladen kam niemand in seine Bibliothek. Sie war das Zentralheiligtum seines Labyrinthes in Youlbury. Es handelte sich um einen Raum, der so vollkommen seinen Ansprüchen entsprach, wie die Bibliothek in Nash Mills einst denen seines Vaters. Der Teppich hinter seinem

Schreibtischplatz war mit geöffneten und ungeöffneten Briefen übersät, die er hinterrücks auf den Boden geworfen hatte. Eine Margaret, um sie zu sortieren, gab es nicht, und kein Dienstmädchen hätte je gewagt, es zu tun.

Die Stapel schwarzumrandeten Papieres, auf das er mit einem weißen Federkiel zu schreiben pflegte, waren hoch. Wenn er nicht an seinen *Scripta Minoa* arbeitete, verfaßte er wissenschaftliche Aufsätze für Fachzeitschriften oder arbeitete an seiner Korrespondenz mit Kollegen. Die Briefe, die er zwischendurch in freien Augenblicken eilig hinwarf und die für die Familie und die Jungen bestimmt waren, wenn diese sich außer Haus in der Schule aufhielten, waren witzig, voller Beobachtungsgabe, ironisch, aber stets voll Wärme und Herzlichkeit. Manchmal dauerte es länger, sie zu lesen, als sie zu schreiben, denn mit seiner winzigen, eckigen Kritzelschrift bedeckte Evans den Briefbogen völlig, und zwar einschließlich der Ränder. Wie die meisten Menschen der Viktorianischen Zeit haßte er es, Papier zu verschwenden.

Noch mehr aber haßte er es, Zeit zu verschwenden. Nachdem er sich entschlossen hatte, seinen kretischen Wohnsitz in die Nähe von Knossos zu verlegen, beauftragte er Christian Doll, den Architekten des Britischen Archäologischen Instituts in Athen, ihm dort ein Haus zu bauen, und zeigte ihm auch sofort den Bauplatz. Als das Haus im Oktober 1906 fertig war, stand es genau dort, wo er elf Jahre zuvor bei einem Picknick zu John Myres gesagt hatte: »Hier werde ich wohnen, wenn ich komme, um Knossos auszugraben.« Er gab seinem kretischen Heim den Namen Villa Ariadne. Christian Doll war zwar der Architekt, doch es wäre übertrieben zu behaupten, er habe die Villa Ariadne tatsächlich entworfen. Das Haus, das schließlich zum »Hauptquartier« für die Gelehrten des Britischen Archäologischen Instituts in Athen werden sollte, mußte eine bequeme Wohnung sein, in der man sowohl leben als auch arbeiten konnte, es mußte der glühenden Sonne und den wolkenbruchartigen Regengüssen des Mittelmeerraums trotzen, den alles ausdörrenden Südwinden aus den Wüsten Nordafrikas und der klammen Feuchtigkeit kretischer Wintertage. Wer aber war mit Kretas Klima besser vertraut gewesen als König Minos selbst? So hatte die Villa, wie der Palast auch, Kellerräume, in denen es kühl war. Sie hatte gleichfalls ein flaches Dach und bestand ebenfalls wie der Palast aus massivem Stein mit einer imponierenden Treppenflucht zum Haupteingang hin. Doch auf fünfunddreißig Jahrhunderte zurückblickend und über neuzeitliche Technik verfügend, war Evans besser als einst König Minos in der Lage, sein

Haus vor dem Toben des Erderschütterers zu schützen. Er legte großen Wert darauf, daß das Gerüst der Villa Ariadne aus solidem Stahl und Zement bestand und die Wände fast einen Meter dick waren.
Für Evans war ein Haus ohne Garten undenkbar. Exotisches Gesträuch wucherte im hellen Leuchten der kretischen Sonne. Hibiskus mit seinen Blütenkaskaden erreichte Baumhöhe. Das flammende Scharlachrot der blühenden Granatapfelbäume ging mit dem Wechsel der Jahreszeiten in die gelblichen bis purpurnen Töne ihrer Früchte über. Ölbäume und Palmen behaupteten ihr ganzjähriges Recht auf den kretischen Boden. Geißblatt und Jasmin verbreiteten ihre Düfte auf der Terrasse, wo Evans und seine Gäste ihre Mahlzeiten einzunehmen pflegten. Im Innern blieb der langgestreckte Speisesaal selbst um die Mittagszeit kühl. Die getreue Magd Maria, wie alle anderen Frauen auf der Insel dick schwarz vermummt, ließ sofort bei Sonnenaufgang die Rolläden herunter. In dörflichen Verhältnissen aufgewachsen, war sie daran gewöhnt, täglich ein paar Eimer Wasser über die Kacheln der Fußböden spärlich möblierter Räume zu schütten. Die Teppiche und Sofas, die Vorhänge und Bücherborde, die die Villa füllten, hätten eher eines viktorianischen Hausmeisters bedurft. Evans liebte zwar die Spontaneität der Menschen in den Mittelmeerländern, die alles leichtnahmen, doch schätzte er ebenso gehobenen Lebensstil und den ihm vertrauten Wohnkomfort.
Die Villa Ariadne war ganz auf Evans' alljährlichen Kreta-Aufenthalt eingestellt. Erst wenn das Hauptschlafzimmer belegt war, begann das richtige Leben. Gelehrte, die zu Besuch kamen, verließen das Haus wieder mit der Erinnerung an glanzvolle Gartenfeste, an Büchsenfleisch von Fortnum und Mason, das mit französischem Wein oder Champagner zum Gabelfrühstück serviert wurde, an angeregte Gespräche mit anderen Archäologen aus Amerika, Deutschland, Frankreich, Griechenland oder Italien. Weltberühmte Reisende, die Evans einen Besuch abstatteten, saßen unter den Olivenbäumen, lauschten den Mandolinen und Leiern der Dorfbewohner und sahen den uralten, doch immer wieder neuen Reigentänzen der Kreter zu. Vor allem aber bedeutete die Anwesenheit des Hausherrn für Dutzende von Brotverdienern aus Candia monatelangen Verdienst, denn die Grabungen in Knossos gingen dann in großem Umfang weiter.
Im Frühjahr 1908 waren mehr als hundert Mann am Werk, als aus England die Nachricht eintraf, Sir John sei ernstlich erkrankt. Evans schrieb seiner Stiefmutter sofort: »Meine Gedanken sind sehr viel beim Padre«, fügte aber hinzu, er habe auf Kreta alle Hände zu tun. Es wäre

schwierig, die Grabungsstätte zu verlassen, solange die Arbeiten in vollem Gange wären. Er war sehr erleichtert, als sein Vater ihn beschwor, seine Grabungen ja nicht zu unterbrechen. Evans, Mackenzie und der Vorarbeiter Gregori hatten eine Art Leistungslohn eingeführt, um die Arbeit, wo immer es anging, zu beschleunigen. Der Staub wirbelte nur so.

Wenn es sich herausstellte, daß ein Geländestück, das man gerade ausgrub, oberhalb eines bestimmten Niveaus kein nennenswertes archäologisches Material enthielt, wandte man dieses Wettbewerbssystem an, und denen, die am raschesten vorwärtskamen, winkte eine Belohnung. Man unterteilte das Gelände in Quadrate von 4–5 m Seitenlänge, und jedem Abschnitt wurden drei bis fünf Mann zugewiesen. Während diese gruben, standen schon Gruppen von Dorfbewohnern bereit, Säcke mit der ausgehobenen Erde zu füllen und auf Eseln zur nächsten Abraumhalde zu transportieren. Die Arbeitsgruppe, die zuerst das ins Auge gefaßte Niveau erreichte, erhielt unter allgemeinem Applaus die Prämie. Inzwischen war zwei- bis dreimal soviel Erde ausgehoben und abgetragen worden wie sonst in der gleichen Zeit. Doch nutzte kein Hasten – wie es schien, gab es bei einer Grabungsstätte wie Knossos überhaupt kein Ende. Evans erweiterte seine Forschungen über den Palast hinaus auf dessen Umgebung. Zufällig hatte ein Bauer bei der Feldarbeit Keramikfragmente gefunden, und man ging der Sache nach. Ein erster Test, ein vielversprechender Fund, abermals eine Gruppe von Ausgräbern – alles lief wie am Schnürchen. Sir John, der, obwohl sterbenskrank, seinen Sohn beschwor, nur weiterzumachen, hatte Verständnis dafür. Und so kam es, daß es zwischen diesen beiden starken, hochbegabten Persönlichkeiten, die einander so sehr ähnelten und doch so verschieden waren, kein Wort des Abschieds gab.

John Evans starb am 31. Mai 1908. Nach Beendigung der Saisongrabung kehrte Arthur im Juni nach England zurück. Auch der Padre, dessen war er sicher, hätte den Minoern Vorrang gegeben, und doch vermißte er nun schmerzlich seine bohrenden Fragen nach dem, was er dieses Jahr neu entdeckt hatte. Trotz der Verschiedenheit ihrer Temperamente hatten sie stets die gleichen intellektuellen Neigungen gehabt. So viel Rivalität zwischen ihnen auch bestanden hatte – jeder hatte den anderen respektiert, ja war stolz auf ihn gewesen. Nun brauchte der Sohn nicht länger seinen eigenen Geschmack und seine eigenen Ansichten durchzusetzen. Nun empfand er nur noch Sohnesliebe und das Gefühl eines schweren Verlustes.

Der Tod seines Vaters machte Arthur Evans zum reichen Mann. Fünf Monate später erbte er ein sogar noch größeres Vermögen. Sein Großvater mütterlicherseits, John Dickinson, der Gründer der Papierfabriken, hatte seinen riesigen Besitz zuerst seinem Sohn und dann seinen Enkeln hinterlassen. Als diese starben, war Arthur reicher, als Sir John je gewesen war. Endlich konnte er sich Knossos leisten – und zwar nicht nur seine möglichst vollständige Ausgrabung, sondern darüber hinaus seine möglichst weitgehende Wiederherstellung im alten Glanz. Nirgendwo sonst in der Geschichte der Archäologie liest man von einer Grabungsstätte, die sich gänzlich im Privatbesitz ihres Ausgräbers befand und überwiegend aus dessen privaten Mitteln ausgegraben und rekonstruiert wurde.

Schon lange war es Evans' Wunsch, sich von seinem Amt als Kurator des *Ashmolean Museum* zurückzuziehen, um sich ganz Kreta widmen zu können. Nun tat er diesen Schritt und schenkte bei dieser Gelegenheit dem Museum einen Teil der Sammlungen seines Vaters. Weitere Schätze sollten folgen, ja – wenn heute noch von einer Art Konkurrenzkampf zwischen Evans Vater und Sohn die Rede sein kann, dann allenfalls im Hinblick auf die Besucherzahlen im John-Evans- und im Arthur-Evans-Raum dieses Museums. Beide wären ganz und gar damit einverstanden, daß hier die Früchte ihrer Arbeit offen vor neuen Generationen von Gelehrten zutage liegen, die aus der ganzen Welt mit Schreibblock und Bleistift herbeikommen, um sich in die Erforschung der Vor- und Frühgeschichte zu vertiefen.

Im Januar 1909 trat David Hogarth Evans' Nachfolge als Kurator des *Ashmolean* an. Die dornenreichen Finanzierungsprobleme, die Verwaltungsgeschäfte, die langwierigen Sitzungen mit dem »Besucher«-Ausschuß – all dies oblag nun ihm. Doch Evans, den man zum Ehrenkurator mit permanentem Sitz im Verwaltungsgremium ernannte, dachte nicht daran, sich völlig passiv zu verhalten. Fünfundzwanzig Jahre zuvor hatte er in seiner Antrittsrede das *Ashmolean* zur »künftigen Heimstatt archäologischer Forschung und Lehre« proklamiert. Zweiunddreißig Jahre später strebte er dieses Ziel noch immer an. Wenige Tage vor seinem Tode stattete er dem Museum seinen letzten Besuch ab. Kein Betrachter seines Porträts, das im *Ashmolean* hängt, hätte von ihm wohl auch etwas anderes erwartet. Das Gemälde war ein Werk von Sir William Richmond. Subskribenten schenkten es dem Museum – dies nur fünf Monate, bevor Sir John starb. Die Zeremonie seiner Enthüllung war die letzte Gelegenheit, bei der Arthurs Vater voller Stolz einer öffentlichen

Ehrung seines Sohnes beiwohnte. Richmond, der häufig in Youlbury zu Gast war, kannte sein »Modell« gut. Die Ehrungen nahmen kein Ende. Im März verlieh das Königliche Institut Britischer Architekten Arthur die königliche Goldmedaille. Schliemann, der Troja und Mykenai entdeckt hatte, sowie Layard, der Ausgräber von Nimrud und Ninive, waren bisher die einzigen Archäologen, denen diese Ehrung zuteil geworden war. Im Juni ernannte die Universität Oxford Evans zum Honorarprofessor für Prähistorische Archäologie. Zwei Jahre später, 1911, wurde er geadelt und zum Präsidenten der Griechischen Gesellschaft ernannt. Obwohl es fast schien, als ob der Sohn mehr und mehr in die Fußstapfen seines Vaters träte, ging Evans in Wirklichkeit immer mehr seinen eigenen Weg. Die Ansprache, die er bei seiner Ernennung zum Präsidenten der Griechischen Gesellschaft hielt, rief bei den Vertretern der orthodoxen Klassischen Altertumskunde Bestürzung hervor.
Evans sprach über »das Minoische und Mykenische im Leben Altgriechenlands«, und seine Ausführungen wiesen auf Forschungsbereiche voraus, auf die sich während der nächsten dreißig Jahre sein gesamtes Denken konzentrieren sollte. Den mykenischen Bewohnern des griechischen Festlandes in der Spätbronzezeit fehlte, so behauptete er, jegliche Originalität. Ihre Kultur sei lediglich »ein provinzieller Abklatsch« der minoischen. Tatsächlich verdanke Griechenlands gesamte klassische Kultur viel von ihrer Inspiration – insbesondere in den Bereichen von Religion und Kunst – einer viel weiter zurückliegenden, nichtgriechischen Vergangenheit. Dabei handle es sich, Evans brauchte es kaum noch hinzuzufügen, um das Minoische Zeitalter. Hiermit setzte er jene Linie fort, die ihn schon als Student in Oxford Kritik an der einseitigen altertumskundlichen Ausbildung üben ließ, nur daß er jetzt ein angesehener Archäologe war und über das wissenschaftliche Rüstzeug verfügte, um seine Ansichten gegen alle Widersacher zu verteidigen. Wer sich ihm entgegenstellte, lernte ihn als unbeugsamen Gegner kennen, der kaum Freundschaft zu halten oder auch nur Toleranz zu üben fähig war. Nur wenige auserwählte Freunde konnten bezeugen, welch liebenswerte Persönlichkeit sich hinter seinem olympierhaften Auftreten verbarg, und selbst von ihnen kannten nur wenige das wahre Ausmaß seiner Großherzigkeit.
Ein Nutznießer seiner Großzügigkeit bedankte sich bei ihm noch lange Jahre nach seinem Tode. Im Jahre 1913 war Sir Mortimer Wheeler noch ein junger Mann ganz am Beginn seiner Karriere. Erst kurz zuvor hatte er ein von der Londoner Universität und der Altertumskundlichen

Gesellschaft ausgesetztes Stipendium beantragt. Sir Arthur, so schrieb er später in seinen Lebenserinnerungen (*Still Digging*, London 1955), gehörte dem allgewaltigen Komitee an, das zu bestimmen hatte, wer das Stipendium bekam. Wheeler freute sich, daß die Wahl auf ihn fiel, machte sich aber dennoch große Sorgen. Verlobt und kurz vor der Heirat, sah er der Verantwortung, die da auf ihn zukam, mit Bangen entgegen. Wie konnte er zwei Jahre lang mit jeweils nur 50 Pfund Sterling auskommen?
»Als ich langsam und bedrückt den Korridor entlangging, hörte ich plötzlich leichte Schritte hinter mir. Ich drehte mich um und erblickte die kleine, zarte Gestalt Arthur Evans'. Er war vom Laufen ein wenig außer Atem. ›Diese 50 Pfund‹, sagte er mit seiner sanften Stimme, ›sind nicht viel. Ich meine, Sie sollten das Doppelte bekommen‹, und damit war er verschwunden, fast noch ehe ich ihm danken konnte. Diese für Evans so charakteristische großzügige Handlungsweise veränderte die ganze Situation. Für den Moment war ich gerettet, und ich vergaß nie wieder, mich voller Dankbarkeit an jenen freundlichen Impuls zu erinnern, der mir damals Rettung brachte.«
Wahrscheinlich wäre Sir Arthur von dieser Schilderung eher peinlich berührt als entzückt gewesen. Unterschied er doch streng zwischen dem, was er privat dachte und tat, und dem, was er an die Öffentlichkeit dringen lassen wollte. Die Laufbahn des jungen Wheeler verfolgte er aus einem gewissen Abstand wie die Karrieren vieler anderer junger Gelehrter auch. Denn vor allem konzentrierte er sich auf seine eigene Arbeit. Zwei Ziele lagen ihm stets besonders am Herzen: die Wiedererstehung der Minoer und die Beendigung der türkischen Fremdherrschaft über die südslawischen Völker auf dem Balkan.
Bisweilen schwelten die Unruhen auf dem Balkan unter der Oberfläche, dann wieder brachen sie offen hervor. Im Herbst 1912 brachen sie aus mit der eruptiven Gewalt eines Vulkans. Am 15. Oktober erklärte die Türkei Bulgarien, Serbien und Montenegro den Krieg. Drei Tage später taten sich die Griechen mit ihren Nachbarstaaten zum Kampf gegen die Hohe Pforte zusammen, und der erste Balkankrieg brach aus. Der Kampf war unerbittlich und kurz und endete mit einer Niederlage der Türken. Evans war begeistert, daß sich »in wenig mehr als einem Monat die gesamte politische Konfiguration der Balkanhalbinsel geändert« hatte.
Die Vorgänge auf der von den Großmächten arrangierten Friedenskonferenz verfolgte Evans mit größter Aufmerksamkeit. Er kannte viele der slawischen Abgeordneten, soweit sie aus Gegenden kamen, in denen er

einen so ereignisreichen Teil seines Lebens verbracht hatte. Im Januar 1913 bewirtete er sie in Youlbury. Sie erhoben ihre Champagnergläser auf eine Zukunft, in der die Balkanhalbinsel und die Ägäis von türkischer Fremdherrschaft gänzlich frei sein würden. Doch die Freiheitsträume erwiesen sich als verfrüht.

Innerhalb von drei Wochen brachen die Friedensverhandlungen zusammen. Sechs Monate später begann der Zweite Balkankrieg. Der Zündfunke, der das Pulverfaß zur Explosion bringen und die Weltkatastrophe auslösen sollte, sprang in Sarajevo über, der Hauptstadt Bosniens.

Evans erinnerte sich lebhaft an Sarajevo, als er am 28. Juni 1914 nach der *Times* griff und die Schlagzeile las: ERZHERZOG FRANZ FERDINAND IN SARAJEVO ERMORDET. Bei dem Erzherzog handelte es sich um den österreichisch-ungarischen Thronfolger. Sein Mörder, Gavrilo Princip, war ein junger bosnischer Revolutionär. Er handelte im Auftrag der »Schwarzen Hand«, einer Terrororganisation, die es sich zum Ziel gesetzt hatte, Serbien zu befreien. Die Schüsse von Sarajevo waren die ersten Schüsse des Ersten Weltkrieges. Ein in verhängnisvolle, durch gegenseitiges Mißtrauen diktierte Bündnisse verstricktes Europa ging allmählich auf Kollisionskurs. Am 28. Juli 1914, genau einen Monat nach der Ermordung des Erzherzogpaares durch Princip, erklärte Österreich-Ungarn Serbien den Krieg. Einen Tag später ordnete der russische Zar Nikolaj II. die Generalmobilmachung an. Deutschland reagierte seinerseits mit Kriegserklärungen – zuerst gegen Rußland, dann gegen Frankreich und Belgien. Am 4. August trat Großbritannien in den Krieg ein.

Typischerweise dachte Evans sofort an die Pfadfinder in ihren Zelten überall auf dem Grund und Boden von Youlbury. Unter ihnen gab es etwa ein Dutzend Siebzehn- und Achtzehnjährige, denen ganz gewiß die Einberufung zum Militär bevorstand. Die Anzahl der Gruppen war auf vier angewachsen. Sie setzten sich teilweise aus jungen Leuten zusammen, die sechs bis acht Kilometer entfernt wohnten. Evans hatte ihnen allen Fahrräder gekauft, damit sie von zu Hause nach Youlbury und zurück radeln konnten. Nach seinem Wunsch sollte sich die Pfadfinderbewegung so weit wie möglich ausbreiten und junge Männer und Knaben aller Gesellschaftsschichten umfassen. An jenem Schicksalstag, dem 4. August 1914, bat er den damaligen Anführer, Frank Gilliams, alle Pfadfinder auf seinem Grundstück zusammenzupfeifen. Auf die Bekanntgabe, England befände sich im Krieg, reagierten sie mit »Hurra, hurra!« – Ahnungslose, denen das Wort »Krieg« nicht mehr bedeutete als das »Päng-päng« harmloser Spielzeugpistolen oder die »Gefangennahme« angenommener »Gegner« bei fröhlichen »Geländespielen«. Allerdings dauerte es nicht mehr lange, bis dieselben jungen Leute, unter ihnen auch Jimmie, von ihren zur Armee einberufenen älteren Brüdern unter Tränen Abschied nahmen.

Bevor das Jahr 1914 zu Ende ging, hatten sich die Schüsse von Sarajevo zu einem ständig weiter um sich greifenden Blutvergießen zwischen Deutschland, Österreich-Ungarn sowie der Türkei auf der einen und buchstäblich der gesamten übrigen Welt auf der anderen Seite ausgeweitet.

Schon zu Beginn brachte dieser Krieg auch Trauer nach Youlbury. Kaum zehn Wochen, nachdem britische Truppen gegen die Deutschen ins Feld gezogen waren, fiel Evans Neffe Frederick Longman. Wie viele der Kinderstimmen, die Evans einst in seiner Bibliothek vernommen hatte, sollten noch verstummen? Nacheinander erreichten auch die Pfadfinder, die durch Youlburys Wälder gestreift waren und Soldaten gespielt hatten, das Alter, in dem aus ihren Kriegsspielen bitterer Ernst wurde. Nicht lange, und auch Lancelot Freeman mußte eine Uniform anziehen.

Von einer Weiterführung der Ausgrabungen in Knossos, ja auch nur von der Aufrechterhaltung engerer Kontakte mit Kreta konnte unter den gegebenen Umständen keine Rede sein. Nur auf dem Papier konnte Evans etwas für den Fund seines Lebens tun. So unterzog er sich der gigantischen Aufgabe, sein Hauptwerk *The Palace of Minos* (»Der Palast des Minos«) zu schreiben.

17

Der große Krieg

Im Gegensatz zu den anderen Räumen in Youlbury, deren Eingänge lediglich Vorhänge hatten, besaß Evans' Bibliothek als einziger Raum eine Tür. Mrs. Judd durfte eintreten, um sich die tägliche Speisenfolge genehmigen zu lassen, die sie auf eine große Schiefertafel geschrieben hatte. Ein Hausmädchen durfte allenfalls an die Tür klopfen, sobald der Wagen vorgefahren war, sonst war die Bibliothek, in der ein Chaos ohnegleichen herrschte, uneingeschränkt Sir Arthurs Reich, wenn er in Youlbury arbeitete. Mackenzie war einer der wenigen, die Zugang hatten, desgleichen der Maler E. J. Lambert. Lambert, der in London wohnte, verbrachte seine Sommer teilweise in Youlbury, wo er vormittags an den Illustrationen für Evans' Buch arbeitete und nachmittags herrliche Landschaften malte. Weniger als 1,50 m groß und enorm O-beinig, hatte er alle Mühe, trippelnd mit Mackenzie Schritt zu halten. Genauso wie sie sich über den Zwerg und den Riesen belustigten, wenn beide Seite an Seite nachmittags zum Tee erschienen, waren Jimmy und die anderen Jungen eingeschüchtert, sobald sie einen Blick in die Bibliothek erhaschten, wenn Sir Arthur aus ihr auftauchte, um mit ihnen zusammenzusein.

Wie Evans es fertigbrachte, immer genau das Notizbuch oder genau das Zitat bzw. die Belegstelle zu finden, die er jeweils brauchte, war allen ein Rätsel außer ihm selbst. Der Raum war voller Bücherregale, auf denen sich Fachzeitschriften in verschiedenen Sprachen türmten, dazu vollgestellt mit Tischen aus einfach aufgebockten Platten, auf einem davon stand Gilliérons Nachbildung der Goldbecher von Vapheio. Die haufenweise umherliegenden Briefe waren zum Teil mehrere Jahre alt. Zum Glück bot der Fußboden viel Platz – genug um einen neuen Tisch von 2,50 m Länge für jeden Abschnitt seines Werkes *The Palace of Minos* (»Der Palast des Minos«) aufzubocken: in der Tat eine hervorragende Methode, die schier erdrückenden Massen des Materials zu ordnen, das es zu bearbeiten galt.

Das Hauptwerk war nicht nur als technischer Grabungsbericht für Fachleute gedacht, sondern darüber hinaus als Epos über eine einzigartige Hochkultur, denn Evans verfügte über einen schriftstellerischen Schwung wie nur wenige seiner Fachkollegen. Die Aufgabe, die er sich gestellt hatte, war ungeheuer, hatte er sich doch vorgenommen, einen weitausgreifenden, erschöpfenden Bericht über die Minoische Kultur mit dem Palast von Knossos als ihrem Brennpunkt zu geben, der zugleich die archäologischen Funde und Befunde einbezog, die andere Archäologen anderswo auf Kreta geborgen bzw. gefunden hatten. Da jede Ausgrabung, wo immer sie stattfand, neues Material ans Licht brachte, waren unaufhörlich Änderungen und Ergänzungen erforderlich. So wandelte das Buch sich ständig, während es wuchs. Fast war es, als ob Evans an einem Kriminalroman arbeitete, dessen Ausgang er selbst noch nicht kannte.

Er nahm auch keinen Mitarbeiter, der ihm geholfen hätte, keinen Assistenten, keinen Sekretär, ja nicht einmal eine Schreibkraft. Beinahe könnte man sagen, daß die Funktionäre in Knossos die alles diktieren, was es festzuhalten gab, »moderner« vorgegangen waren als Evans selbst. Er schrieb jedes Wort mit der Hand – alles mit einem weißen Gänsekiel und in einer Handschrift, die immer stärker stilisiert wurde und die Setzer zur Verzweiflung brachte. Zum Glück hatte sein Freund George Macmillan, der ihm angeboten hatte, das große Werk zu veröffentlichen und den Gewinn mit ihm zu teilen, sobald die Ausgaben gedeckt seien, auch zugestimmt, es bei *Oxford University Press* setzen zu lassen.

In dem gesamten Betrieb gab es nur einen einzigen Schriftsetzer, der Evans' Handschrift entziffern konnte. Waren ein Wort oder eine Wendung selbst für ihn zu kompliziert, ließ Evans den Wagen vorfahren und eilte nach Oxford, um ihm zu helfen. Dies geschah mindestens dreimal die Woche. Viel zu oft konnte Evans dann allerdings seine eigene Handschrift nicht mehr enträtseln und beschloß, die betreffende Stelle zu ändern oder neue Textpartien einzufügen. Selbst als ihm bereits die Fahnenabzüge zur Korrektur vorlagen, mochte er nicht auf weitere Verbesserungswünsche verzichten. Das Bedürfnis, alles auszufeilen und immer noch einmal zu verbessern, hatte zur Folge, daß er nicht nur Satzfehler beseitigte oder den einen oder anderen Irrtum korrigierte, sondern ganze Textpassagen völlig umschrieb. Die Geschichte des Publikationswesens kennt wohl nur wenige andere Werke, bei denen die Korrekturkosten die Satzkosten überstiegen.

»Jeder Schritt voran war ein Schritt ins Dunkle.« So charakterisierte Evans in seinem Vorwort zum Band 1 die ersten Grabungstage in Knossos. Doch dieselben Worte hätten auch auf die ersten Tage seiner Arbeit in seiner Bibliothek zutreffen können. Je mehr Länder in den Krieg eintraten, um so mehr Tischplatten bockte er auf und bewegte sich zwischen ihnen wie ein Navigator, der den Kurs seines Schiffes absteckt. Er wußte, das Werk würde mindestens zwei Bände umfassen, möglicherweise auch einen »dritten mit Ergänzungen geringeren Umfanges«. Doch verschätzte er sich um mehr als 100 Prozent. Nach seiner Fertigstellung füllte *The Palace of Minos* sechs umfangreiche Bände und einen zusätzlichen Registerband! Die 3000 Textseiten enthalten neben rein methodisch-technischen Passagen voller Informationen für die Fachwelt auch Seiten mit geradezu homerisch-phantasievollen Gedankenflügen. Mehr als 2400 Karten, Pläne, Zeichnungen und Fotografien, zahlreiche davon bereits in Farbe, ergänzen und illustrieren den Text.
Für den Leser, der sich in diesem Labyrinth zu verlieren droht, sind die Namen, die Evans zu prägen verstand, eine unschätzbare Orientierungshilfe. Wer, der auf einer Skizze erst einmal den »Hof der Spinnrocken« ausgemacht hatte, konnte den Weg zur »Halle der Bogengänge« verfehlen? Wer je den »Raum der Lotoslampen«, die »Halle des Juwelenfreskos« oder das »Megaron des gefleckten Stieres« vergessen? Durch Namen, die auf die mutmaßliche Funktion der einzelnen Räumlichkeiten hindeuteten, erweckte er den Palast geradezu zum Leben: Man denke an das »Klassenzimmer«, die »Bildhauerwerkstatt«, den »Prozessionskorridor« und das »Magazin der *pithoi* (Vorratskrüge) mit Knauf«. Überall spürt man eine auf die Vergangenheit bezogene, einmalige Vorstellungskraft. Was, so fragte er beispielsweise, erblickte man etwa um 1300 v. Chr. noch von Knossos? Das sagenberühmte, von Daidalos erbaute Labyrinth muß sich damals noch über Bodenniveau erhoben haben. Es war zerstört, aber noch nicht verschüttet. Auch die Große Treppe stand noch fünf Treppenfluchten hoch in voller Majestät. Vor allem aber waren die Fresken an den Palastwänden wohl noch intakt – oder zumindest mehr oder weniger. Welch ein Unterschied zu heute! Er konnte sich die griechischen Einwanderer vorstellen, die auf der Insel landeten und ehrfürchtig auf das Fresko des großen Stieres starrten – nicht nur auf den Kopf, der die Zeiten überdauern sollte, sondern auf den ganzen Leib in seiner herrlichen Farbgebung. Wer, der ihn sah, fühlte sich wohl nicht an die Minotauros-Sage erinnert? Und welche anderen, heute verschwundenen Fresken voller Rätsel erblickten die Menschen

der damaligen Zeit noch? Welche uns unbekannten Kunstwerke sahen sie?
»So viel«, schloß Evans, »läßt sich mit Sicherheit sagen. Bei allen künftigen Spekulationen über die Entstehung der legendären Überlieferungen, die sich um Knossos ranken, muß man nicht nur in Betracht ziehen, was in frühgriechischer Zeit noch vom ›Haus des Minos‹ vorhanden war, sondern unbedingt auch die Kunstwerke an seinen Wänden.«
Überreste dieser Kunstwerke waren in Gestalt buchstäblich Tausender von Fragmenten in den Sieben der Ausgräber hängen geblieben. In seinem Vorwort zu Band 1 sprach Evans den Männern, die sie vor der Schutthalde bewahrt hatten, seine Anerkennung aus. Monsieur Gilliéron mit seinem »feinen künstlerischen Gespür und seiner archäologischen Intuition« hatte sie gewissenhaft zusammengesetzt, Noel Heaton, der wegen seiner »chemischen und technischen Fachkenntnisse« konsultiert worden war, hatte sie untersucht und nachgewiesen, daß es sich um echte Fresken auf Kalksteinmörtel handelte. Mit gleicher Großherzigkeit dankte Evans auch zahlreichen anderen Kollegen, die ihm geholfen hatten, die »Lücken im knossischen Befund« zu schließen: Federico Halbherr, Harriet Boyd, David Hogarth, John Myres, Flinders Petrie und anderen.
Einem mit ihm befreundeten Gelehrten konnte er freilich erst lange nach dem Kriege danken: Professor Georg Karo, der Verfasser des großartigen Werkes *Die Schachtgräber von Mykene*, war Deutscher. Evans vergaß es ihm nie (und er hob es im Vorwort zum 4. Band seines Werkes ausdrücklich hervor): Karo hatte »zu einem Zeitpunkt, als der Große Krieg schon ausgebrochen war, als mein Freund und Fachkollege, der auf dem gleichen Sektor arbeitete wie ich, Mittel und Wege gefunden, mir die ersten Abzüge seines Textes zuzusenden«. Leider bildete Karo eine Ausnahme unter den damaligen deutschen Universitätsgelehrten. Sogar Inhaber berühmter altertumskundlicher Lehrstühle ergingen sich in haßerfüllten nationalistischen Tiraden. Das bedrückte Evans besonders, denn seit seiner Studienzeit in Göttingen hatte er zahlreiche Freunde in Deutschland, und für die Wissenschaft akzeptierte er keine Grenzen.
Auch für Youlbury brachte der Krieg spürbare Änderungen mit sich. Da man Strom sparen mußte, wurde abends nicht mehr das ganze Haus beleuchtet. Evans ließ eigens Leuchter mit Glasfassungen für Kerzen anfertigen, von denen kein Kerzenwachs auf die Teppiche tropfen konnte. Ihm, der in Nash Mills aufgewachsen war, war Kerzenlicht vertraut, ja er zog es sogar dem grellen Schein elektrischer Birnen vor.

Doch seine Gäste waren sehr überrascht, wenn man ihnen abends einen Leuchter in die Hand drückte und sie bat, im Schlafzimmer kein Licht anzuschalten. Um Benzin zu sparen, kaufte Evans ein kleines französisches Auto mit einem nach hinten hin offenen Notsitz – eine Wonne jüngerer Fahrgäste, die er einlud, ihn zum *Ashmolean Museum* oder zur *Oxford University Press* zu begleiten. An einem Ferientag verzichteten Jimmi, Miß Wiggnis und ihr Neffe Denis ganz auf das Auto und mieteten ein von Pferden gezogenes Coupé. Sie kamen am ersten Abend bis Marlborough und stiegen dort in einem Hotel ab. Als man Sir Arthur, der Miss Wiggins galant das beste Zimmer überlassen hatte, einen winzigen, dunklen, fensterlosen Alkoven anbot, geriet der Mann, der Kerzenlicht liebte und sich mit einer Zinkbadewanne begnügte, dermaßen in Rage, daß er die gesamte Bettwäsche in einen Innenhof schleuderte. Viktorianische Strenge und kriegsbedingte Einschränkungen waren für ihn eine Sache, sich energisch gegen Unverschämtheit zur Wehr zu setzen eine andere. Nichts ging durch den Krieg von der Disziplin und den strengen Bräuchen verloren, die auf Youlbury herrschten. Mrs. Judd, der in der Küche ein Küchenmädchen und eine Küchenhilfe zur Seite standen, war darin genau so streng wie ihr Brotherr. Das Ober-Stubenmädchen, Emma, eine ältliche Person von ernstem Wesen, putzte jeden Tag in einem dafür bestimmten Raum das Silber und beaufsichtigte die beiden Unter-Stubenmädchen, die sich um die Räume im Erdgeschoß zu kümmern hatten. Sie alle verrichteten am Morgen ihre Hausarbeit in gestreiften Uniformen. Mittags waren sie schwarz gekleidet und trugen dazu weiße Häubchen, weiße, am Rücken gebundene Wickelschürzen, schwarze Strümpfe und schwarze Schuhe. Wenn sich gelegentlich eines der jüngeren Stubenmädchen Make-up oder Seidenstrümpfe leistete, war es die längste Zeit auf Youlbury gewesen. Sir Arthur hielt an Zucht und Ordnung auf Youlbury fest, als ob Königin Viktoria noch regierte, und außerdem fügte er einige von ihm selbst aufgestellte Verhaltensmaßregeln hinzu.
So untersagte er das Rauchen: Er konnte Zigaretten nicht ausstehen. Eine andere Vorschrift bestand darin, daß es in dem von ihm selbst bewohnten Teil des Hauses kein Telefon geben durfte. Jeder Gast, der sich dieses modernen Verständigungsmittels bedienen wollte (zu dem Evans nie ein sonderlich gutes Verhältnis gewann), mußte sich – wie Evans selbst jeden Vormittag Punkt 11 Uhr – in die Dienstbotenräume begeben. Auf einer Kiste stehend, um den Apparat überhaupt zu erreichen, nahm Evans dann die Durchsage der Schlagzeilen des *Manche-*

ster Guardian entgegen. Kein unnötiges Wort wurde dabei gewechselt und keinerlei Zeit verschwendet.

Sogar beim Anziehen geizte Evans mit der Zeit. Obwohl er sich seine Kleidungsstücke beim besten Schneider in Oxford nach Maß anfertigen ließ, ließ er sie nach eigenen Angaben so arbeiten, daß sie einen raschen Wechsel ermöglichten, und übrigens änderten sie, so schien es, nie ihren Stil. Hosen trug er ohne die damals modischen Aufschläge, weil er Aufschläge als Staubfänger betrachtete und sie ihm lästig erschienen. Seine Oberhemden hatten zwar steife Kragen und Manschetten, benötigten aber keine Kragenknöpfe. Außerdem bestellte er Spezialschlipse, die er einfach über den Kopf ziehen konnte, ohne sie binden zu müssen. Auch Schnürsenkel trug er nie. Statt dessen mußte sein Schuhmacher seine Schuhe mit Reißverschlüssen versehen, so daß man sie mit einer einzigen Bewegung an- und ausziehen und schnell mit den schwarzen oder braunen Slippern vertauschen konnte, die Sir Arthur zu Hause trug. Im Sommer schmückte sich Sir Arthur mit einem Panamahut und einer schwarzen Alpaka-Jacke. Während des übrigen Jahres trug er einen Homburg sowie einen der üblichen Anzüge mit Weste und Uhrkette.

Unermüdlich arbeitete Evans an seinem Werk *The Palace of Minos*, in dem er das Bild einer frühen, friedvollen Vergangenheit entwarf, aber vor allem war er besorgt um die vom Krieg erschütterte Gegenwart.

Ende des Jahres 1914 schoß die deutsche Armee die belgische Universitätsstadt Löwen zusammen, so daß sie in Flammen aufging. Seit langem war dieses bezaubernde kleine Städtchen eines der bedeutendsten Zentren katholischer Gelehrsamkeit. Seine 1426 gegründete Universität gehörte zu den ältesten Europas. Unersetzbar waren die seltenen Drucke und Handschriften, die damals in den Flammen der Universitätsbibliothek zugrundegingen. Als Präsident der Altertumskundlichen Gesellschaft verurteilte Evans dieses »Verbrechen gegen die Geschichte« und verlangte von den Deutschen Wiedergutmachung sowie die Wiederherstellung der Stadt. Doch nie ließ er sich durch seinen Zorn über derartige Akte der Barbarei zu blindem Haß oder Chauvinismus hinreißen.

Als Mitglied zahlreicher gelehrter Gesellschaften weigerte Evans sich vielmehr stets, den Ausschluß ausländischer Mitglieder zu unterstützen, nur weil der Zufall es wollte, daß sie Bürger eines gegen Großbritannien Krieg führenden Landes waren. Ganz im Gegenteil trat er immer wieder leidenschaftlich dafür ein: »Wir haben keineswegs aufgehört, mit denjenigen an der Lösung unserer gemeinsamen Aufgabe zu arbeiten, die heute unsere Kriegsgegner sind. Und wir kommen nicht darum herum, morgen wieder auf einem und demselben Forschungssektor mit ihnen zusammenzuarbeiten. So ist es an uns, nichts zu tun, das die Tür zum gegenseitigen Gedankenaustausch auf Arbeitsgebieten wie dem unseren zuschlagen könnte, die weit weg vom Bereich menschlicher Leidenschaften auf den stillen Pfaden der Vergangenheit liegen.«

Mit Feder, Beredsamkeit und tatkräftigem Handeln suchte er die Härten des Krieges zu mildern. Als einige Flüchtlinge aus Ragusa mit der Begründung interniert werden sollten, sie seien Bürger des mit England im Kriegszustande befindlichen Österreich, protestierte er so energisch, daß die Hafenbehörden ihre Gefangenen seiner persönlichen Obhut unterstellten.

Er gab ihnen in Youlbury Obdach, bis er ihre formelle Freilassung durchgesetzt hatte. Haus und Grundbesitz beherbergten bereits eine Gruppe serbischer Studenten, die der Kriegsausbruch in Oxford überrascht hatte, und Evans hatte wieder einmal Gelegenheit, die Sprache seiner Wunschheimat zu sprechen und sich früherer Zeiten zu erinnern. Außerdem gewährte er vier belgischen Familien Zuflucht und verwandelte den »Sonnenraum« ganz oben auf dem Dach, wo die Pfadfinder zum Singen zusammenzukommen pflegten, in einen Kindergarten für die Kleinsten der Flüchtlinge. »Sie fanden dort«, schrieb er an Jimmie, »jede Menge Spielzeug«. So sorgte sich Sir Arthur um vom Krieg entwurzelte Kinder, obwohl er gleichzeitig gerade seine erbittertste Schlacht gegen Behördenwillkür ausfocht.

Ohne die Zustimmung der Treuhänder einzuholen, hatte das Amt für Luftverteidigung verfügt, das Britische Museum als Hauptquartier zu benutzen. Gegen diesen »Einbruch des Dschungels« ging Sir Arthur auf die Barrikaden. Es galt jetzt, all die Prinzipien und Werte zu verteidigen, an denen er eine zivilisierte Gesellschaft zu messen pflegte. Auf gar keinen Fall sollten diese Luftverteidigungsbürokraten durch die geheiligten Hallen der Kunst stampfen, schäumte er. In Protestbriefen an die *Times*, die *Morning Post* und den *Manchester Guardian* rief er zum Handeln auf. Der Sturm der Entrüstung, den er sowohl auf öffentlichen Versammlungen als auch in privaten Gesprächen entfachte, gab Offizieren und Beamten mancherlei zu denken, was über ihren Bürohorizont hinausging. Nach nur neun Tagen fiel die Entscheidung, daß man das Museum doch nicht benötigte. Leider war bereits Schaden entstanden: Übereifrige subalterne Beamte und Offiziere hatten eilfer-

tig unbezahlbare Ausstellungsgegenstände von ihrem Platz entfernt, um Büroplätze zu gewinnen.
In einer Rede, die laut in den mit teuren Tapeten ausgestatteten Büros widerhallte, wetterte Evans leidenschaftlich: In den wenigen Wochen, in denen man drei große Gänge ausgeräumt habe, habe man damit die Arbeit von anderthalb Jahrhunderten zunichte gemacht. Er verurteilte »dieses Vorgehen gegen das Britische Museum sowie die dort angerichtete und noch gar nicht absehbare Zerstörung der Arbeits- und Klassifikationsergebnisse ganzer Generationen von Gelehrten.« Er ließ seinem Zorn über unbedachtes Handeln freien Lauf, das selbst die Kultstätten der Wissenschaft auf Schritt und Tritt bedrohe. Ja schließlich unterstellte er den Politikern sogar Verachtung der Gelehrten als einer »sehr niedrigstehenden Rasse«, erinnerte sie aber gleichzeitig daran, daß selbst die primitivsten, wildesten Stämme ihre Reservate besäßen.
Mochte schließlich die Überlegenheit der Alliierten den Ersten Weltkrieg beenden – der Kampf, den Sir Arthur gegen jede Art von Philistertum führte, zählte sicher zu den bemerkenswerten Taten im Interesse der Menschlichkeit, die die Geschichte dieses Krieges zu verzeichnen hat. Dabei handelte es sich nicht um eine vereinzelte Kampagne, sondern um ein unaufhörliches Ringen, das seinen Höhepunkt im September 1916 erreichte. Als Präsident der Britischen Vereinigung zur Förderung der Wissenschaft – ein Amt, das er bis 1919 innehatte – sollte er auf dem turnusmäßigen Treffen in Newcastle die übliche Ansprache halten. Gerade in diesem Augenblick erhielt er die Nachricht, Lancelot Freeman läge schwer verwundet in Abbeville (Frankreich) – demselben Abbeville, wo Sir John mehr als ein halbes Jahrhundert zuvor sein nun schon historisches Treffen mit Boucher de Perthes hatte. Lancelots Zustand war so kritisch, daß Evans den nächsten Zug zur Kanalküste bestieg.
Die schon zu Friedenszeiten anstrengende Reise wurde für Evans zum Alptraum. Mit jedem Rucken des Zuges, jedem Schlingern der Kanalfähre, die ihn Lancelot näher brachte, wuchs seine Angst, und trotzdem verfaßte er unterwegs die Rede, die er nach seiner Rückkehr vor einer Elite des britischen Geisteslebens halten wollte. Zwei Jahre waren seit Kriegsausbruch vergangen, und noch immer war kein Ende in Sicht. In einem überfüllten Feldlazarett schwebte ein junger Mann in Lebensgefahr. Die Welt war düster und hoffnungslos. Doch Evans blickte bereits in die Zukunft. Zunächst setzte er durch, daß Lancelot nach Somerville College in Oxford verlegt wurde, das in ein Lazarett umgewandelt worden war. Hier hatte er ihn näher bei sich. Dann kehrte er rechtzeitig

zu dem Treffen nach England zurück, wo er eine seiner zündendsten Reden hielt:

»Wir aber, die wir heute hier versammelt sind, um auf ganz besondere Weise die Sache der Wahrheit und des Wissens zu fördern, sahen uns noch nie einer ernsteren Pflicht gegenüber. Ich weiß, daß unsere Reihen gelichtet sind. Wie viele von uns, die sich sonst dem Fortschritt wissenschaftlicher Forschung gewidmet hätten, wurden zum Dienst für ihr Vaterland abberufen! Wie viele, die wenigstens noch am Leben sein könnten, sind von uns gegangen, um nie wiederzukehren! Der wissenschaftliche Gedankenaustausch ist unterbrochen und der kosmopolitische Charakter der Wissenschaft bedroht durch den tödlichen Kampf, der ganze Kontinente erfaßt hat ...

Man muß wohl tatsächlich befürchten, daß die Erkenntnis der Wahrheit als Kraftquelle ... verlorengeht ... In einer solchen Zeit und unter derartigen Umständen sind wir, deren erklärtes Ziel es ist, den Fortschritt der Wissenschaft zu fördern, zum Handeln aufgerufen. An uns ist es, darauf bedacht zu sein, daß die leuchtende Fackel, die uns von unseren Vorfahren hinterlassen wurde, noch strahlender leuchtend an die Zukunft weitergegeben werde.«

Evans kämpfte in Wort und Schrift. Insbesondere galt sein Kampf nach wie vor der Befreiung der Slawen. Bereits im Januar 1916, als Europa noch immer ein großes Schlachtfeld war, befürwortete er öffentlich die Gründung eines freien, unabhängigen jugoslawischen Staates. Anlaß war ein Treffen der Königlichen Gesellschaft für Geographie. Um zu verstehen, warum es notwendig war, »dieses neue Element der politischen Geographie« zu schaffen, müsse man, wie er ausführte, bis zur Römerzeit zurückgehen.

Er schilderte die Dualität der Natur dieses Landes: die von unbeugsamen Bergbewohnern besiedelten, zerklüfteten Gebirge und die subtropischen Küstenlandschaften, deren Kultur in der römischen wurzelte. Er skizzierte die Geschichte dieses Landes seit den Tagen der Illyrier über die römische Eroberung im Jahre 9 n. Chr. bis zu den einander folgenden Wellen slawischer, magyarischer, tatarischer, venezianischer, türkischer und österreichischer Eroberer. Das dauerhafteste Resultat dieser Invasionen sei die Schaffung des südslawischen Nationalismus. Nun sei die Zeit reif, einem lange unterdrückten Volk Selbstbestimmung zu geben.

Darüber hinaus aber galt es, dem neuen Staat leichteren Zugang zu seinen europäischen Nachbarn zu verschaffen. Noch immer war, wie

Evans hervorhob, die alte Römerstraße, die von Westen nach Osten durch das Savetal lief, die Hauptverkehrsader. Er schlug vor, sie als Eisenbahnlinie neu zu beleben, die Brod mit Belgrad und Ljubljana (Laibach) mit Gradiśka verband, so daß sich eine durchgehende Route von Westeuropa nach Belgrad und dem Osten ergab. Sechs Jahre später wurde Evans' Vision Wirklichkeit, als in der Schweiz endlich das zweite Gleis des Simplontunnels fertiggestellt war. Er stellte eine viel engere Bahnverbindung zwischen West- und Südosteuropa her, die eine Alternative zu der bisherigen Orientexpreß-Route bildete.

Ebenfalls 1916 erfuhr der britische Geheimdienst, die Österreicher planten, alle jungen Serben zwischen fünfzehn und achtzehn Jahren für die kaiserliche Armee anzumustern. Um dies zu verhindern, trommelte man die jungen Leute zusammen und ließ sie durch die Dinarischen Alpen nach Fiume (heute: Rijeka) und Triest marschieren, wo Schiffe auf sie warteten, um sie nach England zu verfrachten. Evans brachte einige Dutzend von ihnen nach Youlbury, wo sie zusammen mit seinen Pfadfindern in Zelten hausten, bis man ihnen in verschiedenen Teilen Englands dauerhaftere Quartiere zuweisen konnte. Die jungen serbokroatisch sprechenden Leute, die sich im See seines Grundstückes tummelten, sollten diesen Mann nie vergessen, der ihnen Nahrung und Unterkunft gewährte, zu ihrem Zeitvertreib für sie Spiele kaufte, ihre Sprache sprach und sie seelisch aufrichtete. Und auch ihre Eltern nahmen jede Gelegenheit wahr, seinen Rat und seine Hilfe zu suchen.

Im Juli 1917 luden führende Männer der slawischen Freiheitsbewegung Evans zu einem Treffen auf die griechische Insel Korfu ein. Evans war hier der einzige Nichtslawe. Gegenstand der Beratungen war die nationale Einheit Jugoslawiens. Zu der Runde am Verhandlungstisch zählten zähe Gebirgler, kampferprobte Widerstandskämpfer, aber auch auf Ausgleich bedachte Politiker aus Ragusa – und der kleine, drahtige, aristokratische Engländer mit seinem Spazierstock. Er half, die Schlußresolution zu formulieren, in der die Bildung einer einzigen, ungeteilten Slawennation gefordert wurde. Es war ein Schritt voran – eine konstruktive Tat in einer destruktiven Welt, die gerade im Begriff stand, sich selbst zu zerstören.

Lancelot, der sich von seiner Verwundung noch immer nicht gänzlich erholt hatte und den Arm in einer Schlinge trug, war aus dem Lazarett entlassen und nach Youlbury gebracht worden. Wegen des Zustandes seiner Lungen verordneten ihm die Ärzte, in frischer Luft zu schlafen. Evans ließ das Baumhaus auf seinem Grundstück in eine Art Kranken-

station umwandeln und kümmerte sich liebevoll um den Neffen seiner verstorbenen Frau. Im übrigen hörte er nicht auf, sich über minoische Scherben und Linear B den Kopf zu zerbrechen, bockte in seiner Bibliothek neue »Tisch«-Bretter auf und tröstete sich mit seiner Arbeit an *The Palace of Minos* über die täglichen Verlustziffern hinweg. Immerhin erinnerte ihn Lancelots Anwesenheit daran: die Schlachtfelder waren durchaus nicht unerreichbar weit entfernt!
Obwohl sich im Vorjahr auch die USA den Alliierten angeschlossen hatten, waren im Frühjahr 1918 der Ausgang des Krieges und die Friedensaussichten denkbar ungewiß. Den Deutschen gelang es, in einer am 21. März begonnenen Offensive einen 46 km tiefen Keil in die englischen Linien zu treiben. Nach einem zweiten und dritten Vorstoß standen die kaiserlichen Truppen am 30. Mai an der Marne – nur noch 64 km vor Paris. Bei den geheimen Treffen, die im Juni zwischen Evans und einer weiteren Gruppe führender slawischer Untergrund- und Exilpolitiker stattfanden, ging es ebenso um die Vorbereitung des allgemeinen Friedens, den sich alle erhofften, wie um die Kämpfe, die noch durchgestanden werden mußten, um ihn zu erlangen. Viele Jahre später erinnerte sich James Candy ganz besonders an einen bestimmten Juliabend so deutlich, daß er ihn in allen Einzelheiten schildern konnte.
Sir Arthur hatte ihm erklärt, an diesem Abend gebe es kein Billardspiel nach dem Dinner und er solle auch nicht in die Bibliothek kommen. Statt zu Bett zu gehen, versteckte sich Jimmie mit jungenhafter Neugier auf der oberen Galerie, um zu sehen, was vor sich ging. So hörte er, wie gegen Mitternacht Wagen vorfuhren, und sah sechs oder sieben Männer durch die Eingangstür eilen und in der Bibliothek verschwinden. Dann brachte ein Hausmädchen Brote und Kaffee, bevor die Tür endgültig geschlossen wurde. Als Jimmie am nächsten Morgen vor dem Frühstück seine üblichen Runden schwamm, erblickte er auf einer der Bänke am See einen der nächtlichen Besucher, der, den Blick auf das schimmernde Wasser gerichtet, gedankenverloren dasaß. Er stellte sich dem Jungen als Thomas Masaryk vor (man hatte ihn zum ersten Präsidenten der zu gründenden tschechoslowakischen Republik ausersehen).
Bei Kriegsausbruch war Thomas Masaryk nach Paris geflohen. Zusammen mit Eduard Benesch, der ihm schließlich im Amt des Präsidenten nachfolgen sollte, hatte er den tschechischen Nationalrat – eine Art Exilregierung – gegründet und mitten im Herzen des k. u. k. Vielvölkerstaates tschechische Legionen aufzustellen geholfen, die auf seiten der Alliierten kämpften. Jeden Morgen plauderte Masaryk nun mit Jimmie

über die Pfadfinderbewegung und versprach, ihm für seine Sammlung Briefmarken zu schicken. Doch nur Sir Arthur war in alles eingeweiht, was sich im Lauf des übrigen Tages und bis spät in die Nacht hinein auf Youlbury, in Oxford und anderswo begab. Für Evans kam die Gelegenheit, das Vertrauen zu rechtfertigen, das seine slawischen Freunde in ihn setzten, weit später, als die Feindseligkeiten längst vorüber waren.
Als das Morden vorbei war, war eine ganze Generation junger Menschen ausgeblutet und hatte den Überlebenden ein Europa hinterlassen, das einem Schlachthaus glich. Vier Jahre lang hatte mit unverminderter Heftigkeit der Kampf getobt. Die Friedensverhandlungen, die nach der Unterzeichnung des Waffenstillstandes am 11. 11. 1918 begannen, sollten sich hinziehen, ohne daß die Verbitterung schwand. Als Evans merkte, welch geringe Bedeutung man den Jugoslawen beimaß, deren Recht auf einen unabhängigen Staat er drei Jahre zuvor propagiert hatte, verließ er unverzüglich Youlbury und begab sich zu den in Paris versammelten slawischen Politikern. Diese hießen ihn als wertvolles, wenn auch inoffizielles Mitglied ihrer Delegation willkommen. Sir Arthur konnte doch Türen öffnen, die unbekannten Partisanen mit unaussprechlichen Namen sonst für immer verschlossen geblieben wären. Seine fundierten Denkschriften und Briefe trugen zur Aufklärung von Politikern bei, deren Unkenntnis der Geschichte, Geographie und der ethnischen Verhältnisse auf dem Balkan geradezu abgrundtief war. Vor allem aber gelang es Evans, den britischen Außenminister Arthur Balfour für die Sache der Südslawen zu gewinnen.
Es war ein langes Ringen, das keineswegs nach seinem Geschmack war. Man kann sich vorstellen, wie widerwillig er an diesen endlosen Verhandlungen teilnahm, voll innerer Abwehr gegen alles politische Manövrieren, Zunge und Temperament mühsam im Zaun haltend. Youlbury muß ihm damals wie ein reines Gelehrtenparadies vorgekommen sein. Und doch unterbrach Evans seine Rekonstruktion der minoischen Vergangenheit lange genug, um die Zukunft der Balkanländer zu sichern.
Das erste, was er nach seiner Heimkehr tat, war, ein Kriegerdenkmal für die jungen Menschen zu errichten, die einst in Youlbury gespielt hatten, für die Pfadfinder, die durch die Wälder seines Anwesens gestreift waren und nun nie mehr heimkehrten. An der einen Seite seines Hauses, das sich hoch über den See erhob, fiel der Boden steil in eine tiefe Schlucht ab, in der hohe Fichten wuchsen, durch die kaum je ein Sonnenstrahl drang – ein düsterer Ort, der an die Düsternis der Kriegsjahre erinnerte.

Dann stieg das Gelände langsam wieder zu einer sonnendurchfluteten, stillen Heide oberhalb des Seeufers an, die den der Welt wiedergegebenen Frieden symbolisierte. Hier pflanzte er Zypressen sowie zwei Scharlacheichen und ließ eine halbrunde Bank aufstellen. In der Rasenfläche dazwischen brachte er eine Sonnenuhr an. Sie trug eine von ihm verfaßte, ergreifende Inschrift zum Gedächtnis der Gefallenen und darüber das Motto: »Nur die sonnigen Stunden zähle ich.« Fünf Jahre später fügte er den Namen der Gefallenen den Lancelot Freemans hinzu, nachdem dieser seiner schweren Kriegsverletzung erlegen war.

Evans begab sich oft hierher, um allein die sonnigen Stunden des Lebens zu zählen, wenn ihn nicht einmal die Minoer von seinen politischen Aktivitäten abzuhalten vermochten, die er an den verschiedensten Verhandlungsorten wie Paris, Versailles, Saint-Germain, Neuilly, Trianon, Sèvres und Konstantinopel entfaltete. Erst im November 1920 lagen die Grenzen des neuen Staates Jugoslawien fest, und die Welt gewöhnte sich daran, Ragusa mit seinem slawischen Namen Dubrovnik zu nennen. Für Evans bedeutete diese Erfüllung eines Völkertraumes einen wichtigen Einschnitt in seinem Leben, hatte er doch damit eines seiner Lebensziele erreicht. Das folgende Jahr brachte ihn seinem zweiten Hauptziel näher: Band 1 seines *The Palace of Minos* wurde veröffentlicht.

Lange hatte die Fachwelt auf diesen Bericht gewartet – schon zu lange, wie Evans in seinem Vorwort reuevoll bekannte. »Im Fall der Palaststätte von Knossos«, so schrieb er, »bedingte nicht nur die enorme Komplexität des Planes mit seinen Ober- und Untergeschossen, sondern allein schon der Umfang und die Vielfalt der zum Vorschein gekommenen Überreste – die vielleicht nirgendwo . . . ihresgleichen haben –, daß die Aufarbeitung des Materials mehr Zeit erforderte als die eigentlichen Ausgrabungen«.

Die Veröffentlichung des ersten Bandes von *The Palace of Minos* rief bei Prähistorikern und Archäologen aller Nationen größtes Aufsehen hervor, gleich, ob man soeben noch gegeneinander Krieg geführt hatte oder nicht. Während Europa sich noch mit dem Frieden schwertat wie mit einem schlecht sitzenden Mantel, ermöglichte das Ende der Feindseligkeiten immerhin eine rasche Wiederaufnahme der Forschungen in der Agäis. Glücklicherweise, so berichtete Mackenzie, hatten der Palast von Knossos und die Villa Ariadne den Krieg ohne nennenswerte Schäden überstanden. Mackenzie räumte bereits wieder Erde beiseite, jätete Unkraut und ging Inventarlisten durch, um die nächste Grabungssaison vorzubereiten. Der griechische Archäologe Joseph Hazzidakis meldete die Entdeckung eines minoischen Palastes in Mallia, während sein Landsmann Stéphanos Xanthoudídes anderswo auf Kreta neuentdeckte Gräber und Höhlen untersuchte. Die Franzosen sandten Gelehrte, die die Arbeiten in Mallia fortsetzen sollten, und Alan Wace, ein Engländer, führte in Mykenai die Arbeiten Schliemanns weiter. Anderswo auf dem griechischen Festland grub der Amerikaner Carl Blegen. Was er entdeckte, war unverkennbar minoisch geprägt. Evans legte seine Notizbücher beiseite, klappte seine aufgebockten Tische zusammen und schickte sich an, auf dem schnellsten Wege nach Kreta zu reisen. Dabei machte er erstmals Bekanntschaft mit einem neuen Fortbewegungsmittel: dem Flugzeug. So schlecht er das Reisen zur See vertrug, so begeistert war er von der Fliegerei, als die meisten Leute sich noch den Nacken verrenkten oder den Kopf vor Staunen schüttelten, wenn sie einen Flugzeugmotor brummen hörten. Nach seinem ersten Flug von London nach Paris beklagte er nur: »Es hätte etwas mehr hinauf- und heruntergehen können.« Nur zu fliegen war ihm anscheinend noch nicht genug, obwohl er schon auf die Siebzig zuging!

18

Eine neue Ära des Wiederaufbaus

Im Frühjahr 1922 prangte die Villa Ariadne von bunten Farben umgeben. Die Granatäpfel standen in voller Blüte, und die Rosenbüsche leuchteten. Der 20. April begann wie jeder andere Werktag auch. Evans vertrat sich die Beine im Garten, bevor er sich zur Grabungsstätte begab. Wie üblich, kam mehr zum Vorschein, als man voraussehen konnte: Mauern tauchten auf, denen man nachgehen mußte, Anhaltspunkte für eine Säulenhalle mit Stufen zeigten sich, Bodenplatten, die es zu untersuchen galt. Unterhalb des Wohnbezirk-Grundniveaus legten Arbeiter im Tal die Handwerkerhäuser frei. Riesige Mauerblöcke hatten sie zerschmettert, die bei dem verheerenden Erdbeben von etwa 1580 v. Chr. vom Palast herabgeschleudert worden waren. Gerade war das »Haus der Stieropfer« aufgedeckt worden. Vor den Terrakotta-Altären lagen noch die vier abgetrennten Hörner. Der minoische Priester hatte sie hier deponiert – ein erschütternder Versuch, die Götter gnädig zu stimmen.

Plötzlich, genau 12.15 Uhr, verspürte man an der Grabungsstätte sowie in der gesamten Umgebung »einen kurzen, scharfen Ruck, stark genug, um einen Mann hinterrücks zu Boden zu schleudern, und begleitet von einem tiefen, grollenden Geräusch«.

Für die abergläubischen Kreter, die sich hier mitten unter den Trümmern einer früheren Erdbebenkatastrophe zu schaffen machten, war dieser neuerliche Erdstoß wie ein Zornesgrollen aus altersgrauer Vorzeit.

Doch eine viel größere Bedrohung der in Knossos freigelegten Überreste als das Erdbeben stellte das kretische Klima dar. Gehörte doch sengender, alles ausdörrender Wüstenwind ebenso zu seinen Extremen wie alles druchdringende Feuchtigkeit. In der trockenen Luft Ägyptens und Mesopotamiens blieben alte Mauern, Säulen und Balken Jahrtausende hindurch erhalten, ohne sich zu verändern. Auf Kreta dagegen zerfraß und zerstörte die Feuchtigkeit alles, das sie durchdrang. Darüber hinaus waren die gewaltigen Bauten Altägyptens aus Steinen errichtet, die massiven Bauwerke Mesopotamiens immerhin aus Ziegeln. Ganz anders verhielt es sich beim Palast von Knossos: Ein großer Teil seiner Mauern war in eine Art Fachwerk aus Holz eingefügt – eine Art Rahmenwerk aus hölzernen Balken, die auf hölzernen Pfosten und Holzsäulen ruhten. In der Tat stand König Minos einst viel mehr Bauholz zur Verfügung, als heute auf Kreta anzutreffen ist. Ursprünglich hatte man überall in Knossos nur Zypressenholz verwendet, was ganz der Angabe des römischen Historikers Plinius entspricht, Kreta sei die »eigentliche Heimat der Zypresse«.

Beim Wiederaufbau der Großen Treppe hatte Evans Föhrenholz verwendet, das er, was ungeheure Transportkosten verschlang, aus Tirol herbeischaffen ließ. Dort, in den Alpen, hielt es sich generationenlang, doch in Knossos zerfiel es binnen weniger Jahre buchstäblich zu Staub. Die den Unbilden der Witterung ausgesetzten Zeugnisse der Vergangenheit zu sichern, bedeutete ständigen Kampf.

Grabungssaison um Grabungssaison stand man erneut vor der Aufgabe, die Große Treppe zu sichern. Pflasterböden stützte man durch Ziegelbögen ab. Diese ruhten auf eisernen Tragbalken, die man – auch dies kostete enorm viel – aus England bezog, wobei durchaus nicht alles glatt lief (zwei der größten Träger, die während eines ungewöhnlich heftigen Gewitters in Candia eintrafen, landeten prompt auf dem Grund des Hafenbeckens). Daß Evans sich über die Unterstützung freute, die der Archäologie in den zwanziger Jahren durch die moderne Technik zuteil wurde, ist verständlich. Die Einführung des durch ein Netz von Stahleinlagen (Drähten oder Stäben) verstärkten (»bewehrten«) Stahlbetons ermöglichte den Beginn einer gänzlich »neuen Ära der Rekonstruktion«.

Das neue Material war dauerhaft und leicht zu handhaben. Es hob sich auch deutlich genug von den anderen Werkstoffen ab, so daß niemand, der Knossos besuchte, alte Balken und Säulen mit ihren modernen Nachbildungen aus Beton verwechseln konnte. Und billig war es auch. Als in der Inflation, die dem Krieg folgte, Preise und Löhne in schwindelnde Höhen stiegen, wurde sogar für einen so reichen Mann wie Arthur Evans die Finanzierung zum Problem. Schon mußte er einen Teil der Sammlungen seines Vaters verkaufen.

Säulen, die man sonst Stück für Stück aus Stein hätte hauen und formen müssen, konnte man nun »en gros« in Holzformen, die Evans' Zimmerleute an Ort und Stelle herstellten, aus Zement gießen. Auch zu

Holzkohle gewordene Balken und Pfosten wurden auf dieselbe Art wiederhergestellt. Ebenso ließen sich schnellsten ganze Böden auslegen und Dächer decken. Die Einführung dieses »bewehrten« (Stahl-)Betons ermöglichte so manches, was Evans sich von einer Wiederherstellung von Knossos erträumt hatte (und was sonst unerschwinglich gewesen wäre). Dabei wurde allerdings keine Mühe gescheut, um dem Palast des Königs Minos keine Gewalt anzutun. Man ersetzte beispielsweise niemals antiken Stein durch Zement, wenn das ursprüngliche Baumaterial noch vorhanden war. Der in Knossos tätige neue Architekt, Piet de Jong, ein magerer Mensch aus Yorkshire, achtete ganz entschieden darauf. Gab es in einem verfallenen Mauerstück eine Kerbe, in der einst ein Balken geruht hatte, entging dies seinem geschulten Auge nicht. Man ersetzte dann den Balken durch Zement, der einen graubraunen Anstrich erhielt, damit er wie Holz aussah. Die Mauer selbst stellte man, so weit es nur ging, aus den ursprünglichen Steinen wieder her. Jedes einzelne Stuck- oder Steinfragment, das bei den Grabungen geborgen wurde, verwendeten die Restauratoren wieder. Obwohl ein großer Teil des Balkenwerks der Mauern von Knossos rekonstruiert werden mußte, besteht noch immer ein großer Teil des Mauerwerkes selbst, das heutige Besucher von Knossos zu sehen bekommen, aus dem Original-Baumaterial, das schon die Minoer vor 3500 Jahren sahen.

Evans' (um sich seiner eigenen Ausdrucksweise zu bedienen) »wiederverfestigte«, »wieder fest zusammengefügte« Große Treppe bot einen grandiosen Anblick. Als Evans sie in *The Palace of Minos* beschrieb, geriet er regelrecht ins Schwärmen: »Mit ihren in ihrer einstigen Farbe wiederhergestellten, [einst] verkohlten Säulen, die reihenweise ihren Mittelschacht umgeben, ihren Geländern, die sich praktisch intakt eines über dem anderen reihen, mit ihrem eindrucksvollen Fresko der großen minoischen Schilde an den rückwärtigen Wandpartien ihres Mittelganges, von denen sich heute eine Replik dort befindet, und ihren noch gut erhaltenen Gipsstufen [Alabasterstufen], die zu vier Treppenabsätzen emporführen, läßt sie – wie kein anderer Teil des Bauwerks – eine weit zurückliegende Vergangenheit wieder lebendig werden.«

Ja – die Große Treppe bemächtigte sich seiner Phantasie geradezu bis zur Sinnestäuschung. Eines Nachts, so schrieb er, konnte er wegen eines Fieberanfalls nicht schlafen. In dem Mondlicht, das er als warm empfand, versuchte er, auf den Treppenschacht hinabzublicken und fühlte sich plötzlich in eine ganz andere Zeit versetzt. »Der gesamte Grabungsplatz schien für eine Weile zum Leben zu erwachen. Alles kam in

Bewegung. So stark war die Illusion, daß sich der Priesterkönig mit seiner federgeschmückten Lilienkrone, enggegürtete Hofdamen mit Fälbeln und Leibchen, langgewandete Priester und hinter ihnen eine Gefolgsschar eleganter, doch muskulöser Jünglinge – als ob der Rhytonträger und seinesgleichen von den Wänden herabgestiegen seien – dort unten auf den Gängen hin und her zu bewegen schienen.« Sie schienen ihm so wirklich und leibhaftig wie er selbst, nur daß fünfunddreißig Jahrhunderte ihn und sie voneinander trennten. Ging also, wie manche seiner Fachkollegen meinten, seine Einbildungskraft mit ihm durch? Ging er bei seinen Restaurationen zu weit? Immerhin war der Architekt Piet de Jong nicht dieser Ansicht. Jahre später berichtete er Leonard Cottrell, dem Verfasser von *The Bull of Minos* (»Der Minos-Stier«), »eine der hervorstechendsten Gaben Sir Arthurs war seine Fähigkeit, sich etwas *bildlich vorzustellen.* Der Anblick einiger zerbrochener Steine, einer umgestürzten Säule und einiger Freskenfragmente genügte ihm, um sagen zu können, wie der gesamte Raum oder das unzerstörte Bauwerk einst ausgesehen hatten. Und er wurde äußerst ungeduldig, wenn sein Architekt dies nicht ebenso rasch sah. Doch nachdem der Architekt die Fundstätte untersucht, vermessen und ihre baulichen Verhältnisse geprüft hatte, stellte es sich in fast allen Fällen heraus: Sir Arthur hatte recht.«

Die meisten Zeitgenossen Evans' stimmten de Jong zu. Nur wenige stellten die Notwendigkeit in Frage, Knossos zu konservieren, oder äußerten Zweifel an Evans' Vorgehen. In einem Vortrag, den Evans am 9. Dezember 1922 vor der Altertumskundlichen Gesellschaft hielt, gab er zu: »Jemandem, der zufällig zum ersten Male nach Knossos kommt und etwa einen Morgen Land mit mehrgeschossigen Bauten vor sich sieht, mag unser Versuch bisweilen als allzu kühn erscheinen, und wer malerische Ruinen liebt, mag geschockt sein.« Doch seine Zuhörer nickten zustimmend, als er fortfuhr: ohne Restaurierung wäre vieles vom Reich des Königs Minos wieder zur Erde zurückgekehrt, aus der er es geborgen habe.

Eine lebhafte Diskussion schloß sich an. Carr Bosanquet, der damalige Direktor des Britischen Archäologischen Institutes in Athen, fand die Rekonstruktion »überzeugend und gerechtfertigt« und erklärte, sämtliche Teilnehmer der Versammlung wüßten Evans' »weise und selbstlose Bemühungen« zu würdigen. Keinerlei fachliche Zweifel im Hinblick auf die Große Treppe meldete auch der Architekt Christian Doll an. Sie ließe sich anhand genauer mathematischer Linien rekonstruieren, erklärte er den Zuhörern, da die Abmessungen jeweils ein Vielfaches voneinander ausmachten und die Breite jeweils das Dreifache der Stufenhöhe betrage. Professor John L. Myres brachte die übereinstimmende Auffassung der Versammlung zum Ausdruck, die von Evans angewandten Methoden garantierten die dauernde Erhaltung eines Großteils der alten Palastanlage, wofür künftige Generationen ihm dankbar sein würden.

Dennoch ließ vier Jahre später der österreichische Archäologe Camillo Praschniker an Evans' Knossos-Rekonstruktion kein gutes Haar. Evans habe, so sagte er, aus Knossos eine »Filmkulisse« gemacht – eine böse Formulierung, die sich auch andere zu eigen machten, die die Rekonstruktion teils als geschmacklos, teils sogar als gänzlich falsch verwarfen.

Eine Gegenposition nahm Professor Georg Karo ein. Er stimmte Evans von ganzem Herzen zu, daß Knossos ohne die Rekonstruktion nichts als ein einziger Trümmerhaufen sei. Seine Eingriffe seien nicht nur dem Wesen dieser Bauten gemäß und zwingend, sondern jede sorgfältige Untersuchung bewiese, wie erstaunlich wenig davon überflüssig sei. Auch die bedeutenden griechischen Archäologen Nikolas Platon und Spyridon Marinatos sowie der italienische Gelehrte Doro Levi schlossen sich dieser Auffassung an.

Der Streit ist auch heute noch nicht gänzlich beigelegt. Auch heute noch gibt es Puristen, die das so lebensecht rekonstruierte Knossos mit Halbherrs unrestauriertem Phaistos vergleichen, wobei Evans ihrer Ansicht nach schlechter abschneidet. Andere, die praktischer denken, erwidern darauf, Phaistos sei – im Gegensatz zu Knossos – auf ebenem Grunde erbaut, so daß sich Halbherr nicht dem gleichen Problem wie Evans gegenübersah, den Palast davor bewahren zu müssen, hangabwärts in die Tiefe zu rutschen. Ja, manche Archäologen sind sogar überzeugt, daß das heutige Knossos, so unübersichtlich-rätselhaft und labyrinthisch es ist, einen treueren Begriff von seinem minoischen Urbild vermittelt als Phaistos, das in seiner gesamten Ausdehnung unter freiem Himmel liegt und eher geräumig und harmonisch wirkt.

Keiner der vorgebrachten Einwände konnte Evans beirren. Er hatte, daran gab es für ihn keinerlei Zweifel, keine andere Wahl, als die vorgefundenen Ruinen entweder wieder zuzuschütten oder zu restaurieren. Für ihn begann 1922 seine neue »Ära des Wiederaufbaus«, und er wäre weit weniger erstaunt als seine Kritiker, wenn er erführe,

auf welch ungeheure Summe die Beträge inzwischen aufgelaufen sind, die es Jahr für Jahr kostet, die Hinterlassenschaft der Minoer vor den Unbilden der Witterung zu schützen.
Während der Grabungssaison 1922 schien Kreta entschlossen, sich von seiner unliebenswürdigsten Seite zu zeigen. Im April grollte und bebte die Erde. Im Juni peitschten Stürme das Meer, so daß es die Ufer überflutete und idyllische Buchten in tobende Hexenkessel verwandelte. Evans unternahm eine Exkursion nach dem Süden der Insel. Er ließ keine Gelegenheit ungenutzt, während jeder erzwungenen Grabungspause auch andere Teile Kretas zu erforschen.
Diesmal machte er sich auf, um die wilden Felsenberge zu überqueren, die sich wie ein Rückgrat von Ost nach West längs durch die ganze Insel ziehen. Sein Ziel waren die »Schönen Häfen« *(kaloí liménes)* am Libyschen Meer ganz im äußersten Süden der Insel. Evans' Begleiter waren recht bunt gemischt: Duncan Mackenzie, Piet de Jong, Manolaki, der derzeitige Vormann, der blauäugige Koch Kosti und schließlich ein »Boy« als »Mädchen für alles«. Manolakis voller Name lautete Emmanouel Akoumianakis. Seit Evans ihn als Jungen in seinem Heimatdorf angeworben hatte, hatte er in Knossos gearbeitet, bis er nun an die Stelle des alt gewordenen Gregori trat. Doch auch sein Bart war schon graumeliert und sein runzliges Gesicht von der Sonne nußbraun gebrannt. Alle nannten ihn den »Alten Wolf«. Wie sein Herr und Meister besaß er ein geradezu unheimliches Gespür für archäologische Fundstätten, und ebenso wie Evans kannte er keine Müdigkeit.
Noch im Alter von einundsiebzig Jahren brachte Evans es fertig, ununterbrochen zwölf Stunden lang auf einem Esel durch rauhes, unbewohntes Gelände zu reiten – und dies bei Temperaturen, die rund 40 Grad Celsius im Schatten erreichten! Dennoch war er froh, schließlich bei den »Schönen Häfen« sein Zelt aufschlagen zu können, und zwar nahe am Meer, wie er Manolaki ausdrücklich anwies. Die übrigen Exkursionsteilnehmer zogen weiter landeinwärts gelegene Lagerplätze vor.
In der Nacht kam der Wind. Ein zorniger, heftiger Wind. Er peitschte die See, und immer höhere Wogen rasten ans Ufer. Hätten nicht ein paar Bootsleute, deren Boot vollzulaufen drohte, die Schläfer geweckt (wobei sie schreien mußten, um das Donnern der brüllenden See zu übertönen), wäre es wohl mit Knossos' weiterer Rekonstruktion vorbei gewesen. So brachte man Evans gerade noch im letzten Augenblick aus seinem Zelt, allerdings »nicht bevor eine große Welle mitten hinein-

schwappte«, wie er mit sichtlichem Behagen nach Hause schrieb. »Am nächsten Morgen rollten dort Brecher, wo ich mein Zelt aufgeschlagen hatte!«

Es war ganz nach seinem Geschmack; er blühte bei derartigen Anlässen regelrecht auf.

Außerdem hatte er ein geradezu unstillbares Interesse an allem, was ihn bei seinen minoischen Forschungen weiterbringen konnte. Oft war er in Phaistos, wo er und Halbherr Beobachtungen austauschten, auch andere Grabungsstätten auf Kreta ließ er nicht aus dem Auge. Eine davon war Mochlos. Hier arbeitete der amerikanische Archäologe Richard Seager. Seager fand entzückende kleine Steingefäße aus der Frühbronzezeit. Aus Gräbern brachte er Grabausstattungen aus feinem Gold sowie einen Becher ans Licht, der den berühmten beiden Bechern von Vapheio glich. Evans und Seager wurden gute Freunde, und als Seager 1925 starb, machte Evans ihm das größte Kompliment, dessen er fähig war: »Er war der *englischste* Amerikaner, den ich je kannte.«

Weniger Hochachtung empfand er für einige französische Fachkollegen. Unterwegs nach Mallia, wo diese ihre Grabungen durchführten, mußte er zweimal im Zelt auf Berggipfeln übernachten, und trotzdem sei er, so bemerkte er spitz, auf dieser Reise im Vergleich rascher vorangekommen als die Franzosen bei ihren Grabungen (denn in Mallia waren nur zwei Männer und drei Jungen am Werk). Im übrigen beschränkte sich sein Interesse keineswegs auf Kreta allein. Vielmehr veranlaßte ihn ein goldener Siegelring aus einem mykenischen Grab, sich auf das griechische Festland zu begeben. Eines Siegels wegen machte er auch einen Abstecher nach Ägypten. Und was er nicht selbst aufstöberte, brachten ihm andere – und zwar durchaus nicht immer nur Gelehrte – in die Villa Ariadne, um es ihm zu zeigen.

Sogar die Bewohner entlegener Dörfer hielten nach Artefakten Ausschau. Bauern kehrten mit Scherben zertrümmerter Gefäße zurück, auf die sie während der Feldarbeit gestoßen waren. Kleine Buben liefen Evans nach, wenn er vor der Villa Ariadne die Straße überquerte, um die wenigen Schritte bis zur Grabungsstätte zu gehen. Sie hielten ihm schmutzverkrustete Münzen hin, die er umständlich untersuchte, bezahlte und ihnen dann zurückgab.

Der Ruf, in dem Knossos und sein Ausgräber standen, zog ganze Schiffsladungen von Touristen nach Kreta. Für die, die das Glück hatten, eingeladen zu werden, bedeutete eine Teeparty im Garten der Villa Ariadne den Höhepunkt ihrer Reise. Innerhalb eines einzigen Monats

bewirtete Evans allein drei verschiedene Touristengruppen von jeweils 100–150 Personen aus England. Gruppen von Schweden, Dänen, Deutschen und Amerikanern kamen hinzu. Zu den amerikanischen Besuchern gehörte der millionenschwere Bankier John Pierpoint Morgan, der Kreta in seiner Privatjacht anlief. »Recht angenehme Leute«, so äußerte sich Evans in einem Briefe über all diese Besucher. Und er fügte hinzu: »Die Romanschriftstellerin Edith Wharton hat sich angesagt. Daran siehst Du, dies hier ist wirklich der Nabel der Welt.«
All das Wieseln der Kellner, die man in Candia angeheuert hatte – sie trugen ihre enormen Pluderhosen, Schärpen, mit Fransen besetzte Jacken und hohe Stiefel –, all das Klappern von Löffeln auf Untertassen vermochten nicht, Evans' hohe, sanfte, gepflegte Stimme zu übertönen, der jedermann lauschte. Evans war stets untadelig gekleidet und trug immer eine gelbe Rose im Knopfloch. Als Gastgeber war er reizend und denkbar großzügig, als Gelehrter sprach er mit Autorität. Doch das Unvergeßliche an ihm waren die Kraft, die Energie, die er ausstrahlte. Obwohl bereits hoch in den siebziger Jahren, schien er unzerstörbar. Alterslos.
Gleiches galt keineswegs für den »armen Mr. Mackenzie«, wie Evans ihn in einem seiner nach Hause gerichteten Briefe ein wenig steif apostrophierte. Obwohl Mackenzie acht Jahre jünger war als sein unverwüstlicher älterer Partner, begann er doch zu kränkeln – kein Wunder nach fünfundzwanzig Jahren Arbeit unter der Sonne Kretas, fünfundzwanzig Jahren, in denen er eine so komplizierte Ausgrabung wie die von Knossos geleitet und in mühevoller Kleinarbeit zahllose Details registriert hatte! Der Schotte erschien nun nicht mehr auf den Hochzeiten der Einheimischen. Er ging vornübergebeugt und schleppend wie ein alter Mann. Es gehörte nicht mehr viel dazu, ihn nervös zu machen. »Er sagte mir«, schrieb Evans ungläubig, »die Nachtigallen (die jetzt all die Nächte hindurch und teilweise auch bei Tage singen) hätten ihn ›zurückgeworfen‹!« Ausgerechnet Nachtigallen! Schlimmer noch: »Er trinkt *angewärmtes* Flaschenbier und ruht die meiste Zeit.« Schwer zu sagen, welchen von all diesen Mängeln Evans am unverzeihlichsten fand.
Dennoch ritt auch der »arme Mr. Mackenzie« noch immer Tag für Tag auf seinem Esel zur Grabungsstätte. Am Südhang unterhalb des Palastes, wo Evans Spuren eines monumentalen Portikus gefunden hatte, waren neue Ausgrabungen im Gange. Hier hielt man jetzt nach einer Zugangsstraße Ausschau, die ganz sicher zu dem Portikus hinaufgeführt haben mußte. Eine Stichgrabung an geeigneter Stelle hatte sofort drei

große Blöcke erbracht, die vermutlich von der minoischen Straßendecke herstammten. Außergewöhnlich heftige Regengüsse brachten »gewisse andere Strukturen ans Licht, die weiteres Sondieren geraten erscheinen ließen«. Es war die altbekannte Geschichte vom Spaten, der den ermittelten Anhaltspunkten nachgeht.

Zwanzig Mann gruben sechs Wochen lang in Schichtarbeit. Was sie schließlich freilegten, war nicht nur eine Straße, sondern eine Straße über einen Viadukt hinweg – ein neuer Beweis des baulichen Wagemutes und der Ingenieurkunst der Minoer! Und eine neue Probe ihres Könnens, Wassser zu speichern und zu kanalisieren – Wasser, diese Kostbarkeit, an der während Kretas Regenzeit zwar kein Mangel herrscht, die aber dann während des übrigen Jahres so bitter fehlt. Allerdings hätte es wohl niemand außer Evans fertiggebracht, die Minoer sogar den chronischen Wassermangel der Villa Ariadne beheben zu lassen. Jedem war klar: Man brauchte eine zusätzliche Bezugsquelle für das kostbare Naß, doch die Frage war, wo man den neuen Brunnenschacht in die Erde treiben sollte. Die einheimischen Grabungsarbeiter waren für eine entlegene Ecke im Weinberg. Evans jedoch dachte anders. »Aufgrund gewisser vager Schlußfolgerungen aus der Form des Abhanges weiter oben zeichnete ich neben einem großen Steinblock, der zufällig dastand, ein Kreuz in den Boden und forderte sie [die Arbeiter] auf, dort nachzugraben.« Danach begab er sich auf eine seiner periodischen Erkundungstouren durch Kreta. Als er ein paar Tage später wieder zurückkehrte, fand er »die ganze Welt aus dem Häuschen«.

Nur dreißig Zentimeter unter der Erdoberfläche waren die Männer auf die verstopfte Öffnung eines minoischen Brunnens gestoßen, dessen Durchmesser mehr als 90 cm betrug. Unten im Schacht, in etwa 12 m Tiefe, sprudelte »eine reiche Quelle, deren Wasser, wie sich herausstellte, von besserer Qualität war als alles andere Wasser im Umkreis von Meilen und die noch immer das Haus versorgt«. Und das war noch nicht alles. Rücksichtsvollerweise hatten die Minoer für Leute, die Wasser schöpfen wollten, ein Paar zweihenkliger Krüge zurückgelassen, die aus der Zeit um 2100 v. Chr. stammten. »Für die Arbeiter«, vermerkte Evans belustigt, »war das von mir in die Erde gezeichnete Kreuz ein Zeichen übernatürlicher Eingebung, und ich fand mich plötzlich unter die Wuntertäter versetzt!«

Es war eine herrliche Geschichte – wie geschaffen, um in England erzählt zu werden. Evans pflegte sie bei Dinnerparties in Youlbury zum besten zu geben. Er verzog dabei keine Miene, und doch merkte man ihm sein

Vergnügen an. Die Anekdote paßte zu den Epigrammen, die er sammelte, zu den doppelbödigen Spötteleien und Wortspielen, mit denen er Gesprächslücken überbrückte oder neue Themen einführte. Nur an wenigen Wochenenden standen die Gastzimmer des geräumigen Hauses leer. Meist wohnten hier Kollegen von Evans, bisweilen sogar von ihren Frauen und Kindern begleitet. War dies der Fall, dann waren die Chauffeure und Hausmädchen, die mit ihren Herrschaften mitgekommen waren, in den Räumen der Dienerschaft untergebracht. Welch bedeutende Persönlichkeiten in Youlbury auch zu Gast sein mochten (tatsächlich umfaßt die Gästeliste einige der berühmtesten Archäologen, Historiker und Vertreter anderer wissenschaftlicher Disziplinen jener Tage) – jeder Besucher Youlburys sah sich rasch in den Tageslauf-Rhythmus eingespannt, den Youlburys genialer, doch unnachgiebiger Gebieter diktierte.

Sir Leonard Woolley, der berühmte Ausgräber der Königsgräber von Ur, war ein häufiger Wochenendbesucher in Youlbury. Ein anderer »Stammgast« war H. R. Hall, Verfasser der *Ancient History of the Near East* (»Alte Geschichte des Nahen Ostens«), und auch Vere Gordon Childe, dessen Buch *The Dawn of European Civilization* (»Der Anbruch der europäischen Zivilisation«) einen wichtigen Markstein der Vor- und Frühgeschichtsforschung darstellte. Doch waren nicht nur Archäologen auf Youlbury zu Gast. Auch Männer, die sich in anderen Bereichen hervorgetan hatten, waren Evans nach Boars Hill gefolgt, und es gab zahlreiche nachbarschaftliche Besuche und Gegenbesuche.

zur Farbtafel rechts:
Magazinräume mit Vorratsgefäßen (pithoi).

zu den Farbtafeln auf den beiden folgenden Seiten:
links: Die sogenannte »Pariserin«, Bruchstück eines Freskos aus dem Prunksaal im Westflügel des Palastes. (Herakleion, Archäologisches Museum)
rechts oben: links kleine Tasse aus Phaistos (Höhe 5 cm); rechts Tasse aus Eierschalenkeramik aus dem Palast von Knossos (Höhe 7,5 cm). (Herakleion, Archäologisches Museum)
rechts unten: Stierkopf (ergänzt); Stuckrelief vom Nordeingang des Palastes. (Herakleion, Archäologisches Museum)

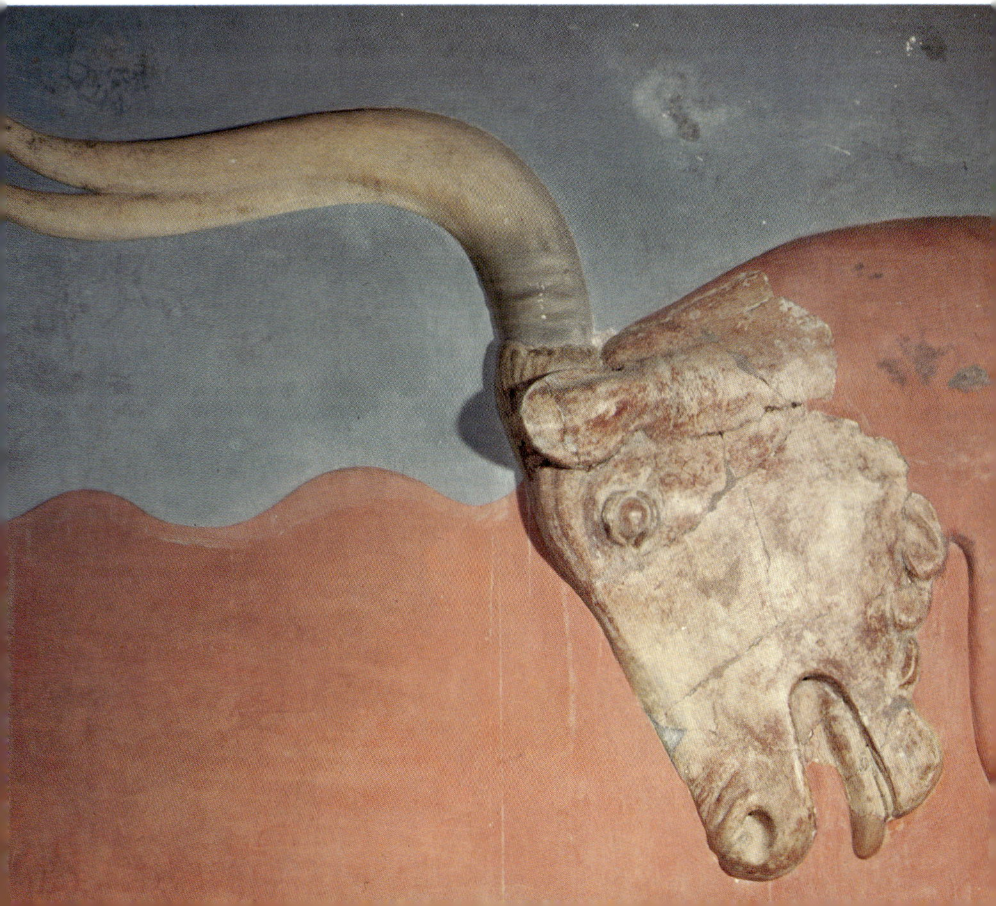

2619

Evans liebte das Zusammensein mit Intellektuellen, das Boars Hill ihm bot, doch noch wichtiger war ihm sein Heim. Er war wie dazu geschaffen, bei Tisch den Vorsitz zu führen. So gern er auf Kreta auch seinen schmutzverkrusteten Regenmantel trug – auf Youlbury legte er schwarze Krawatten und steife Kragen an.

Überraschenderweise aber ließ er sich zu Hause auch in Pfadfinderuniform sehen. So nahm er 1926 an einer Grundsteinlegungsfeier teil, die Englands Oberpfadfinder Sir Robert Baden-Powell persönlich leitete, und war dabei wohl der älteste Teilnehmer, der Khaki trug. Er hatte den Pfadfindern einen großen Teil seines Grundbesitzes für ein Trainingszentrum geschenkt, ihnen völlige Bewegungsfreiheit in den Wäldern und auf dem See von Youlbury garantiert und ihnen außerdem ein Haus für ihren Leiter, ein geräumiges Hauptquartier-Gebäude, einen Fahrrad-Abstellplatz sowie einen Zeltplatz zum Geschenk gemacht.

Sich noch immer gerade haltend, noch immer eine drahtige Erscheinung, stieg Evans, nachdem die bei solchen Anlässen üblichen Reden verhallt waren, von der Tribüne herab, um sich unter die Jungen und ihre Anführer zu mischen. Diese jungen Menschen hatten die Arbeit einer vom Kriege schwer dezimierten Generation weiterzuführen. Ein Jahr zuvor war Lancelot Freeman, kaum daß er sein dreißigstes Lebensjahr erreicht hatte, an den Folgen seiner Kriegsverletzungen gestorben. Und viele andere, die eigentlich bei dieser Grundsteinlegung hätten dabei sein sollen, hatten ihr Leben auf dem Schlachtfeld verloren. Die Schaffung dieses Pfadfinder-Trainingszentrums war Evans' Art und Weise, ihr Andenken lebendig zu erhalten – dies und die Gedächtnisgottesdienste, die er alljährlich am Waffenstillstandstag (11. November) an seinem privaten Ehrenmal für die Gefallenen abhielt. Einen Monat nach seinem Auftritt in Pfadfinderkleidung kehrte Evans nach Kreta zurück. Er flog nun stets – zunächst nach Paris, wo er in das Flugzeug nach Athen umstieg. (Es war »ein Rekordflug nach Paris«, berichtete er begeistert: »245 Meilen [= 394,17 km] in einer Stunde und 29 Minuten, das ergibt 150 Meilen [= 241,39 km] im Stundendurchschnitt.«) Ab Athen gestatteten ihm die *Imperial Airways* noch bis zu ihrem Treibstoffdepot auf

zur Farbtafel links:
Tongefäß mit Liliendekor aus dem Palast von Knossos
(Höhe 27 cm; Herakleion, Archäologisches Museum)

der Griechenland-Ägyptenroute mitzufliegen, das damals in den Tagen der Wasserflugzeuge und Flugboote in der Bucht von Mirabello (Ostkreta) lag. Von Mirabello brachte ein Mietwagen Evans zur Villa Ariadne.
In Knossos fand Evans Piet de Jong hart arbeitend vor. Nach wie vor ersetzte er verfaultes Holz durch stahlverstärkten Beton. Evans' »neue Ära des Wiederaufbaus« brachte täglich neue Resultate. Solide Böden, Wände und Decken machten eine Palastbesichtigung viel weniger abenteuerlich, als sie es einst gewesen war. Die sich nach unten hin verjüngenden Säulen, ein so charakteristisches Kennzeichen der Bauten in Knossos, waren nun ebenso haltbar wie die Balken, die auf ihnen ruhten.
In dem Maße, wie die Betongießer mit ihrem Werkstoff vertrauter wurden, arbeiteten sie auch rascher – eine Eile, die etwas Ahnungsvolles hatte und zumindest Evans' Arbeitern, denen Ehrfurchtsschauer den Rücken herabrieselten, »bewies«: Ihr Herr und Meister vermochte nicht nur, intuitiv alles aufzuspüren, was mit vergangenen Erdbeben zu tun hatte, sondern er sah auch künftige voraus!
Später – in *The Palace of Minos* – bestreitet nicht einmal Evans selbst eine gewisse Vorahnung oder vielmehr ein gewisses Gefühl des Vorgewarntseins. »Besorgt, wie ich im Frühjahr 1926 wegen der Spuren seismischer Tätigkeit war, die ich in den Überresten des antiken Knossos fand, war ich vom Gedanken an ein neues Beben geradezu besessen, als am 26. Juni eben dieses Jahres, um 9.45 Uhr am Abend eines ruhigen, warmen Tages die Erdstöße begannen.«
Diesmal ließ es der Erderschütterer nicht bei einer Ankündigung kommenden Zornes bewenden, sondern was Evans und seine Mitarbeiter nun in Knossos erlebten, war sein richtiger Zornesausbruch selbst.

19

Klirrende Spaten

Später erzählte jeder, der am 26. Juni 1926 in der Villa Ariadne gewesen war, die Ereignisse ein wenig anders. Piet de Jong hatte gerade ein paar Gäste – den Historiker H. R. Hall sowie John Forsdyke, der eine minoische Nekropole (Gräberfeld, Friedhof) untersuchte – auf das Dach geführt, um ihnen den Anblick bei Nacht zu zeigen. Beim ersten Erdstoß rannten alle zur ersten Terrasse hinab, wo der runde Steintisch auf seiner massiven römischen Basis einen wüsten Hexentanz vollführte. Das ganze Haus krachte und stöhnte. Aus tiefsten Tiefen drang ein unheilverkündendes Grollen. Die Bäume im Garten schüttelten sich wie wild, als ob sie jeden Augenblick umfallen wollten. Draußen, außerhalb des Gartens, brachen mit donnerndem Krachen die Dächer zweier Häuser zusammen. Frauen schrien, Kinder weinten. Als Stoß auf Stoß einander folgte und die einzelnen Stöße immer heftiger wurden, begaben sich die drei auf die – vergebliche – Suche nach Evans.

Evans befand sich in der Villa Ariadne und registrierte, was geschah, vielleicht nicht ganz so kaltblütig, wie es sich später in seiner Schilderung ausnimmt, doch sicherlich mit der Neugier eines Wissenschaftlers. Erst kurz zuvor hatte er mittelalterliche und jüngere Berichte studiert, denen zufolge Kreta im Durchschnitt von zwei großen Erdbeben pro Jahrhundert heimgesucht wurde. Da sich »das letzte gute Beispiel« eines solchen im Jahre 1856 ereignet hatte, war das, das nunmehr eintrat, längst überfällig. So war er zwar sofort hellwach, aber keineswegs überrascht, als die ersten Erdstöße einsetzten.

»Sie ereilten mich, während ich in einem Erdgeschoßraum meines Hauptquartiers – der Villa Ariadne – im Bett lag und las, und im Vertrauen auf die außergewöhnliche Festigkeit des Mauerwerks beschloß ich, mir das gesamte Beben von meinem Zimmer aus anzusehen. Vielleicht hatte ich die ehrfurchtgebietende Gewalt dieser Naturerscheinung doch unterschätzt, obwohl sich mein Vertrauen in die Stärke des Bauwerkes als gerechtfertigt erwies, das lediglich ein paar unbedeutende

Risse davontrug. Aber es krachte und stöhnte, hob sich und schlingerte von einer Seite auf die andere, als ob alles zusammenbrechen müßte. Kleinere Gegenstände wurden umhergeschleudert, und ein Wassereimer schwappte über, bis er fast leer war.«
Die Schlingerbewegung, schrieb er später seiner Halbschwester Joan, dauerte wohl nicht länger als eine Minute. Doch erzeugte sie bei ihm die gleiche Übelkeit, die er an Bord eines auf stürmischer See schwankenden Schiffes empfand. »›Erdkrankheit‹ ist ein ganz neues Leiden«, scherzte er später. Trotz dieser seiner »Erdkrankheit« dachte er noch immer nicht daran, das Haus zu verlassen und sich ins Freie zu begeben. »Ein dumpfes Dröhnen drang aus der Erde – wie das gedämpfte Brüllen eines zornigen Stieres. Unsere Glocke schlug an, und durch das offene Fenster drang das ferne Bimmeln von den Türmen der Kathedrale in Candia ... Inzwischen erhob sich, von einem plötzlichen scharfen Wind aufgewirbelt, eine riesige, dunkle Staubwolke zum Himmel. Sie verfinsterte fast den Vollmond. Wo das Licht von Häusern auf sie fiel, erweckte sie den Eindruck einer dichte Rauchschwaden aussendenden Feuersbrunst.«
Aus seinem geöffneten Fenster konnte Evans sehen, wie dieser Staubnebel gleich einem durch überirdische Gewalten aus der Tiefe emporgewirbelten Leichentuch gen Himmel stieg. Sein Erdgeschoßzimmer fing jedes Rumpeln und dessen Echo ein und verstärkte es noch. Ähnliches mußte jener minoische Priester erlebt haben, der das »Haus der Stieropfer« versiegelte. So dürfte sogar der Priesterkönig selbst den Zorn der Unsichtbaren erfahren haben. »Es ist ungefähr so«, schrieb Evans, »als ob man mit eigenen Ohren das Brüllen des Stieres unter der Erde gehört habe.«
Fast alle Bewohner Candias strömten aus den Stadttoren und verbrachten diese schreckliche Nacht, ja noch manche Nacht danach im Freien – so groß war die Furcht, das Beben könne sich wiederholen. Erst am Morgen nach der Katastrophe ließ sich das Ausmaß der Zerstörung absehen. Mehr als fünfzig Stadthäuser lagen in Trümmern. Glockenturm und Kuppel der Kathedrale hatten schwere Schäden erlitten, desgleichen das Museum, das die bedeutendsten Funde aus Knossos barg. Viel größer freilich war die Verwüstung in den Dörfern ringsum. Ganze Straßenzüge waren – wie einst in minoischer Zeit – mit den Trümmern eingestürzter Häuser förmlich zugeschüttet. Überall ein Wirrwarr wie Kiesel umhergeschleuderter Mauerblöcke. Doch die Villa Ariadne hatte dem zornigen Stier standgehalten.
Bei Tagesanbruch untersuchten Evans, Mackenzie, de Jong und ihre

Gäste das Haus Stein für Stein. Hier und da gab es ein paar Risse, ein paar kleinere Schäden an den Möbeln – alles in allem nichts von Bedeutung. Die tragenden Elemente aus Stein und Beton waren so fest wie zuvor. Hatte die moderne Technik auch die Ausgrabungen vor Schaden bewahrt?

»Weitgehend dem Eisenbeton der Böden ist es zu verdanken«, berichtet Evans in *The Palace of Minos* mit spürbarer Erleichterung, »daß die wiedererrichteten oberen Palaststockwerke nur äußerst geringfügige Schäden davongetragen hatten. Das Oberteil eines erst jüngst errichteten Pfeilers – bei dem der Beton offensichtlich noch nicht genug erhärtet war – war insgesamt mehrere Zentimeter genau nach Süden hin versetzt worden: Ein brauchbarer Anhaltspunkt für die Hauptrichtung, aus der die Erdstöße kamen.« Doch die Große Treppe war unversehrt. Die Kopien des Rhytonträgers und der anderen Prozessionsteilnehmer befanden sich noch an Ort und Stelle, und noch immer blickte der Priesterkönig triumphierend auf den Gang zum Zentralhof hinab. Mit Evans' Hilfe hatte Knossos diesmal dem Erderschütterer widerstanden.

Evans führte die Rekonstruktion des Palastes sogar dann noch fort, als Knossos nicht mehr »seine« Grabungsstätte war. Kurz nach dem Erdbeben schenkte er die gesamte Grabungsstätte mitsamt der Villa Ariadne sowie den zugehörigen Olivenhainen und Weinbergen dem Britischen Archäologischen Institut in Athen. Es war eine fürstliche Gabe – dies um so mehr, als Evans auch die Gehaltszahlung für einen in Knossos zurückbleibenden Kurator und die anfallenden Instandhaltungskosten übernahm. Verdientermaßen war es sein treuer Assistent Mackenzie, den man, obwohl es um seine Gesundheit nicht zum allerbesten stand, zum ersten Kurator von Knossos ernannte. Evans vollendete am 8. Juli 1926 in aller Frische sein fünfundsiebzigstes Lebensjahr. Seine Freunde und Kollegen widmeten ihm aus diesem Anlaß eine stattliche Festschrift, die den Titel trägt: *Essays in Aegaean Archaeology* (»Betrachtungen zur ägäischen Archäologie«). Die Verfasser der Beiträge waren führende Historiker und Archäologen aus zahlreichen Ländern. Im Vorwort verlieh Lewis R. Farnell ihrer gemeinsamen Bewunderung für die »Gaben und Fähigkeiten« Ausdruck, »die Sie [Sir Arthur Evans] zu einem so großen Entdecker in der Welt der Archäologie gemacht haben: Ihre von kritischem Urteil und solidem historischen Wissen gezügelte, kühne Vorstellungskraft, Ihre nie erlahmende Energie und hoffnungsfrohe Begeisterung, Ihr einzigartiger *Spürsinn* beim Lokalisieren unerforschter Stätten, wo die Schätze vergangener Epochen verborgen lagen.«

Alle Aufsätze brachten sorgsam dokumentierte Fakten aus der Geschichte Kretas. Insbesondere einer aber schlug regelrecht eine Brücke zwischen den Minoern und den heutigen Kretern. Es ging um eine ganz alltägliche Kleinigkeit, die beide miteinander verband. Verfasser dieses *Some Minoan Potter's Wheel Discs* (»Einige minoische Töpferscheiben«) überschriebenen Beitrages war der griechische Archäologe Stéphanos Xanthoudídes. Schon lange hatte Xanthoudídes vermutet, daß es sich bei gewissen in Gurnia gefundenen runden Tonscheiben um Zubehörteile von Töpferscheiben handeln müsse, deren Holzbestandteile zerfallen waren. Bestätigung dafür fand er in dem Weiler Silamos unmittelbar hinter Knossos. Die dortigen Handwerker benutzten noch immer völlig gleichartige Töpferscheiben. Und zwar taten sie auf diese die frische Tonmasse, mit der sie die oberen Holz-»Teller« bzw. Platten ihrer Töpferscheiben beschickten. Die minoischen Töpfer in der von der jungen Amerikanerin Harriet Boyd ausgegrabenen »Industriestadt« Gurnia »sprachen« also, technisch gesehen, sozusagen »die gleiche Sprache« wie 3500 Jahre später die Töpfer von Silamos.
Auch für eine weitere Frage ähnlicher Art fand Xanthoudídes die Antwort in der Gegenwart: Wie verfuhr man in der Antike (und welcher Hilfsmittel bediente man sich), um die riesigen Vorratskrüge *(pithoi)* zu formen, die bisweilen größer waren als ein Mann? Des Rätsels Lösung fand sich in diesem Falle in Thrapsanos, einem Ort, den jedermann auf Kreta als Dorf der *pithos*-Hersteller kannte. Von Mitte Mai bis um den 10. August reisten Töpfer aus diesem Dorf in kleinen Gruppen auf ganz Kreta umher. Die Gruppen bestanden aus je fünf bis zwölf Mann und unterstanden jeweils einem erfahrenen Töpfermeister. Xanthoudídes beobachtete nun, wie eine dieser Gruppen in einer Reihe hintereinander zehn tiefe Löcher aushob und innen herdähnlich mit kleinen Mäuerchen auskleidete. Dann kam in jeden »Herd« eine kleine, hölzerne Töpferscheibe auf einer in einer Metallspitze endenden Holzachse. Mit Hilfe eines horizontal durch eine Bohrung in der Achse gesteckten Querholzes konnte man die Scheibe drehen, wobei die Eisenspitze der Achse in einer Tülle aus Stein oder Metall lief. Nun schuf man den kreisrunden Boden des ersten *pithos* und ging dann zum zweiten und dritten über. War man mit dem zehnten fertig, war der erste *pithos*-Boden trocken. Daraufhin erhielt der erste *pithos* einen zylindrischen Abschnitt von etwa einem Sechstel der gewünschten Höhe. Desgleichen ebenfalls auch die anderen. Jedesmal, wenn die Töpfer zum ersten Vorratskrug zurückkehrten, fügten sie einen neuen Abschnitt hinzu, insgesamt drei, die durch einen

regelrechten Gurt aus Ton miteinander verbunden wurden. War der letzte Abschnitt fertig (man sprach vom »Anbringen des [Gefäß-] Halses«), versah man den *pithos* mit »Ohren«, d. h.: mit drei großen Henkeln. Bis Sonnenuntergang hatten so der Töpfermeister und seine Gehilfen zehn riesige Vorratskrüge geschaffen.

Wie die Töpfer von Silamos verfügten auch ihre Kollegen aus Thrapsanos über einen Vorrat genau der gleichen Ton-Töpferscheiben, wie schon die Minoer sie benutzt hatten. Voller Stolz rühmten die Dörfler, die handwerklichen Traditionen ihrer Töpfer seien bereits Jahrhunderte alt. Vermutlich wären sie überrascht gewesen, hätte man ihnen gesagt, *wie viele* Jahrhunderte es waren und daß sie die Entdeckung ihrer Vorläufer einem eigensinnigen Engländer zu verdanken hatten, der auf Kreta zu graben begonnen hatte, um Schriftdokumente zu finden.

Mit fünfundsiebzig Jahren hatte Evans den Gipfel seines Ruhmes erreicht. Ihm verdankte die Menschheit die Kenntnis jenes Kapitels ihrer Kulturgeschichte, in dem es um die Minoer geht. Ja – er hatte sogar den Namen geprägt, mit dem heute jedes Schulkind jenes von ihm entdeckte und vorher so lange vergessene Volk bezeichnet. Um der Nachwelt die Kultur dieses Volkes möglichst lebendig vor Augen zu führen, hatte er Ruinen wiedererrichten und deren Wände mit rekonstruierten Fresken bedecken lassen. Wo um der Klärung von Details willen sozusagen »Fußnoten« erforderlich waren, hatte er auch für diese gesorgt und ein Korpus von Karten, Quellenangaben, Deutungen und einfallsreichen Schlußfolgerungen geschaffen, die er teilweise aus so wenig Belegmaterial gezogen hatte, daß manch anderer Forscher wohl einfach darüber hinweggesehen hätte. Sowohl in der Tages- als auch in der Fachpresse war Evans' Name unauflöslich mit dem der Minoer verknüpft, eines lebensfrohen Volkes von gewinnendem Wesen, dessen Erforschung für Evans nahezu zur Besessenheit wurde. Tatsächlich belegte er die Minoer geradezu für sich mit Beschlag. Es waren »seine« Minoer, und nicht viele Archäologen wagten es, seine Schlußfolgerungen und die darauf aufgebauten Thesen über sie in Frage zu stellen. Man brauchte wahrhaftig Mut, um sich mit Evans anzulegen, doch immerhin gab es ein paar Unerschrockene, die dieses Wagnis auf sich nahmen.

Ein halbes Jahrhundert war vergangen, seit Schliemann angefangen hatte, nach Troja zu suchen, und auch Evans' Grabungsbeginn in Knossos lag schon mehr als ein viertel Jahrhundert zurück. Sowohl auf Kreta als auch auf dem griechischen Festland arbeitete nun eine ganz neue Generation von Archäologen. Keiner von ihnen war reich. Meist aus Universitätsmitteln oder öffentlichen Stiftungen finanziert, hätten sie es sich gar nicht leisten können, wie Schliemann nach homerischen Schätzen zu graben oder wie Evans in kostspieligen Restaurierungen zu schwelgen – selbst wenn sie es gewollt hätten, und die meisten wollten es nicht einmal. Ihre Ziele und ihre Methoden waren ganz anders. Archäologische Feldforschung hörte auf, ein Abenteuer zu sein und war im Begriff, zur Wissenschaft zu werden.

Obwohl bereits Mackenzie (dieser ganz besonders), aber auch Schliemann selbst Pionierarbeit geleistet hatten, was die Erforschung der minoischen Tonware anging, ging die nun herangewachsene Archäologengeneration viel weiter als beide. Für sie wurden ganz gewöhnliche Tonscherben zum unentbehrlichen Hilfsmittel chronologischer Einordnung. Mehr noch: Man lernte neue Verfahren der Ausgrabung, bei deren Anwendung die Stratigraphie (d. h.: die Schichtungsverhältnisse) einer Grabungsstätte so wenig wie möglich zerstört wurde (bzw. wurden). Man ging wesentlich langsamer vor als Evans – um so langsamer, je weiter die Grabung voranschritt.

Es wurde zur allgemein geltenden Regel, nicht die gesamte Fläche des auszugrabenden Geländes auf einmal abzutragen. Einen Fund genauestens zu registrieren, ihn naturwissenschaftlich untersuchen zu lassen und möglichst rasch zu veröffentlichen, galt nun als ebenso wichtig wie seine Entdeckung selbst. Zwar fließt in jedem Archäologen ein wenig Schatzgräberblut, doch die erregenden Zeiten der reinen, unverhüllten Schatzsuche waren ein für allemal vorbei. Archäologen gruben nun nicht mehr in erster Linie nach goldenen Diademen wie jenem, in dem Sophia Schliemann posiert hatte, oder nach Skulpturen geflügelter Stiere mit Menschenantlitz, wie Austen Henry Layard sie einst zu Schiff aus Ninive nach London ins Britische Museum bringen ließ. Ein schlichter Tontopf, ein Täfelchen mit Schriftzeichen, ein paar Knochen, Weizen- oder Gerstenkörner oder ein bescheidenes Grab konnten ihnen mehr darüber berichten, wann und wie ein altes Volk einst gelebt hatte.

Zwei der begabtesten Vertreter dieser neuen Ausgräbergeneration waren der Engländer Alan Wace und der Amerikaner Carl Blegen. Beide arbeiteten auf dem griechischen Festland und brachten die Überreste einer lebensvollen Bronzezeitkultur ans Licht, die Evans als aufs Festland verpflanzten Ableger der minoischen Kultur Kretas ansah. Und prompt gerieten sie mit dem gefürchteten Evans in Konflikt, als sie sich erdreisteten, ihre eigenen Folgerungen zu ziehen. Dies galt ganz besonders für Wace. Er war weniger diplomatisch als sein amerikanischer

Kollege, wenn es darum ging, an Standpunkten zu rütteln, die er für überholt hielt, und ihm fehlte Blegens Art, kontroverse Ansichten in einer ruhigen Weise darzustellen, die die Gegensätze glättete und herunterspielte.

Wace, damals Direkter des Britischen Archäologischen Instituts zu Athen, hatte 1920–1923 mit fast ebenso großem Erfolg wie Schliemann in Mykenai gegraben. Nachdem Schliemann und sein Assistent Dörpfeld dort die Pionierarbeit geleistet hatten, hatte zunächst der griechische Archäologe Chrestos Tsountas die Untersuchungen weitergeführt. 1893, sieben Jahre, bevor Evans in Knossos den Spaten ansetzte, veröffentlichte Tsountas eine glänzende Darstellung unter dem Titel *Mycenae and Mycenaean Civilization* (»Mykenai und die mykenische Hochkultur«). In den beiden folgenden Jahrzehnten jedoch standen die Minoer im Rampenlicht, und Evans war der Souffleur, dem jedermann lauschte. Dann nahm das Rätselspiel der Entschlüsselung vergangener Kulturen abermals eine dramatische Wende, als Wace es wagte, einige der Lieblingsthesen Evans' in Frage zu stellen.

Schon einmal waren Wace und Evans aneinandergeraten, als Wace zusammen mit Blegen einen Artikel verfaßt hatte, der den Titel trug: *The Pre-Mycenaean Pottery of the Mainland* (»Die prämykenische Tonware auf dem Festland«). Die beiden jüngeren Gelehrten hatten Hunderttausende von Scherben untersucht, die aus alten Kulturhügeln abseits der größeren Siedlungszentren stammten und deren archäologisches Schichtungsbild daher weniger verunklärt war. Aufgrund ihrer Untersuchungen waren sie zu einer Keramikabfolge gelangt, was die Beschaffenheit des Materials selbst sowie die Gefäßformen und Dekormotive anging, die mehr oder weniger immer wieder in einer und derselben Reihenfolge und in gleichen Konstellationen wiederkehrten. Und dann hatten sie ihre Ergebnisse veröffentlicht.

Ihr Artikel begann ganz unverfänglich. »Der Glanz von Tiryns und Mykenai«, so hoben sie vorsichtig hervor, »war der Höhepunkt vorgeschichtlicher Kunst auf dem griechischen Festland und geht, wie Sir Arthur Evans überzeugend darzulegen verstand . . . auf Kreta zurück«. Allerdings fuhren sie fort: »Wenn auch minoischen Ursprungs, wurde die mykenische Kultur doch nicht nur einfach aus Kreta verpflanzt, sondern ist die Frucht eines auf den wilden Festlandsstamm gepfropften kretischen Reises . . . Das darunterliegende, festlandstypische Element beeinflußte die dominierende minoische Kunst, und so entstand die mykenische [Kunst] im Gegensatz zur kretischen.«

Dies bedeutete eine direkte Kampfansage an eine der Grundthesen Evans': daß ab 1600 v. Chr. das Festland uneingeschränkt Domäne der minoischen Kultur und wohl auch politisch von den Minoern beherrscht worden sei. Erst ab 1400 v. Chr. sei, so Evans, im ägäischen Raum die Macht von Knossos auf Mykenai übergegangen.

Ja, Wace und Blegen gingen sogar noch weiter und schlugen vor, für den von ihnen untersuchten Bereich Evans' allumfassende Bezeichnung »minoisch« durch »helladisch« (von *Hellas*, dem alten und neuen griechischen Namen Griechenlands) zu ersetzen.

Auch mit fünfundsiebzig Jahren verteidigte Sir Arthur seine Ansichten und Überzeugungen mit dem gleichen Temperament wie fünfzig Jahre früher, gleich, ob es einst um das Recht der Slawen auf Unabhängigkeit gegangen war oder jetzt um den Anspruch der Minoer ging, zu ihrer Zeit die Vormachtstellung in der Ägäis besessen zu haben. Doch muß man ihm zugutehalten, daß er sich als fairer und großzügiger Gegner erwies, denn er gewährte Wace finanzielle Unterstützung, damit dieser seine Arbeit weiterführen konnte. Wace untersuchte die neun *tholoi* in Mykenai noch einmal und verglich seine Resultate mit den stratigraphischen und sonstigen Befunden aus Tiryns, wo zur selben Zeit Professor Karo grub. Demnach mußten die beiden vollendeten Kuppelgräber später als die Schachtgräber entstanden sein, die Wace und Karo in die Zeit zwischen 1600 und 1500 v. Chr. wiesen. Die *tholoi* gehörten – und gehören noch immer – zu den archäologischen Wundern (und Rätseln) von Mykenai. Zwar gelang es Wace ebensowenig wie irgend jemand anderem bis zum heutigen Tage, ihren architektonischen Ursprung genau zu bestimmen, doch stand eines für ihn fest: nicht Kreta kam hier als unmittelbares Vorbild in Frage. Auch Wace stellte einen alles durchdringenden minoischen Einfluß auf dem Festland keineswegs in Abrede, doch bestand er darauf, auch der mykenischen Kultur schöpferische Eigenart zuzugestehen. Beispielsweise wies er darauf hin, daß die in den älteren Schachtgräbern von Schliemann gefundenen gravierten Dolche nur dem Stile nach minoisch seien. Der Inhalt der Darstellungen dagegen – Jagd- und Kampfszenen – spiegele die Lebensweise eines kriegerischen Volkes, das sich von Feinden umgeben sah, nicht von Bewohnern einer geschützten, vom Meer umgebenen Insel. Die Mykener hatten also mit Hilfe des aus Kreta importierten Kunststiles eigene Vorstellungen zum Ausdruck gebracht, und so hatte sich eine eigene Kultur entwickelt, die sich klar von der minoischen abhob. Wace publizierte seine Resultate, und die Schlacht war eröffnet. Evans feuerte seine ersten beiden Schüsse in zwei Nummern von *The Journal of Hellenic Studies* ab, das gewöhnlich der Veröffentlichung in viel zurückhaltenderem Tone vorgetragener Ansichten diente. Zuerst bestritt er das Datum der *tholos*-Gräber. Sie seien, so betonte er mit Nachdruck, älter als die Schachtgräber. Dann stellte er sowohl die Klassifikation als auch die Datierung der »späthelladischen Tonware« in Frage. Wace antwortete in einer dritten Nummer der gleichen Fachzeitschrift. Er begann seine Widerlegung sehr geschickt, indem er zunächst seine Hilfstruppen aufmarschieren ließ: Professor Karo und die Ausgräber von Tiryns, so schrieb er, hätten den Bericht über seine Arbeiten in Mykenai begrüßt und gebilligt. Dann ging er im einzelnen auf die beiden von Evans vorgebrachten Haupteinwände ein und mahnte zunächst zur Vorsicht, müsse man doch »sorgsam darauf bedacht sein, der Gefahr zu entgehen, daß man Theorien oder vorgefaßte Meinungen das Übergewicht über die Tatsachen, das heißt über das durch Ausgrabungen zutage geförderte archäologische Material gewinnen« lasse. Darauf folgte eine ausführliche technische Auseinandersetzung mit dem Ziel, »Mißverständnisse« über Keramikstile und Beschaffenheit keramischen Materials aus der Welt zu räumen – allerdings dürfte sie kaum angetan gewesen sein, Evans versöhnlicher zu stimmen. Und schließlich erklärte Wace kategorisch: »Nach Knossos' Sturz verfiel Kreta, während das Festland, nun der Vormachtstellung Kretas ledig, die Freiheit genoß, eigene Ausdrucksformen zu [suchen und zu] finden.«

Nun griff – unabhängig und vielleicht ganz unbeabsichtigt – Blegen in den Kampf ein. Er veröffentlichte eine Untersuchung über *Zygouries: A Prehistoric Settlement in the Valley of Cleonae* (»Zyguries – eine vorgeschichtliche Siedlung im Tal von Kleonai«). Im Zusammenhang mit der Erörterung chronologischer Fragen äußerte er hier: »Das System orientiert sich selbstverständlich an Sir Arthur Evans' Klassifikation, die die Grundlagen für alle künftigen Untersuchungen im Bereich der ägäischen Chronologie schuf. Doch was das Festland oder andere Gebiete außerhalb Kretas angeht, so sollten, ja – müssen die Untergliederungen nicht auf ein auf der Grundlage der inneren Verhältnisse Kretas ausgearbeitetes System oder auf irgendeine mathematische Formel bezogen sein, sondern auf die tatsächlichen Gegebenheiten, wie sie durch Ausgrabungen in den betreffenden Gebieten selbst ans Licht gebracht wurden. Wenn sie in sich stimmig sein sollen, sollten und müßten sie der Stratifikation [den Schichtungsverhältnissen, dem archäologischen Schichtungsbefund] entsprechen.«

Nunmehr reichten die Seiten im *Journal of Hellenic Studies* für Evans' Reaktion auf eine derartige Bilderstürmerei nicht mehr aus. Seine Antwort legte er 1929 in Form einer separaten Schrift vor, die den Titel trug: *The Shaft Graves and Beehive Tombs of Mycenae and Their Interrelation* (»Mykenais Schacht- und Kuppelgräber und deren gegenseitige Beziehung«). In ihr würdigte eine Fußnote Waces sorgfältige Arbeit als »großen Fortschritt gegenüber allen früheren Darstellungen«. Nachdem damit der Höflichkeit Genüge getan war, verwarf der gesamte übrige Text sämtliche Folgerungen Waces in Bausch und Bogen: »Beiläufig sei festgestellt, daß die Bezeichnung dieser Kultur als ›helladisch‹ einerseits unzutreffend und andererseits ... irreführend ist.« Soviel zur Nomenklatur. »Die höheren Aspekte jener Kultur, die sich uns in Mykenai offenbart, müssen auf jeden Fall der minoischen Welt zugerechnet werden. Zweifellos gehörten zu dieser Welt auch Kulturprovinzen wie z. B. Westkreta selbst, von dem wir bis zur Stunde noch nichts wissen, und sie schloß auch kolonisierte Gebiete an der Ostküste der Ägäis ein. In ihr gab es Raum für zahlreiche lokale Varianten und unterschiedliche Bräuche. Doch das minoische Kreta ist noch immer ihr Zentrum, und – wie hier in vollem Umfang dargelegt werden soll – zumindest bis zum Ende der Palastzeit blieb der Einfluß von Knossos, der ›Großen Stadt‹, nach wie vor vorherrschend.«

Zwei Jahre später nutzte Evans, als er das Vorwort zu Emil Ludwigs Schliemannbiographie verfaßte, die Gelegenheit, um seine Polemik fortzusetzen. Er wetterte gegen »jene archäologische Schule ..., die die Frage nur vom kontinentalen Gesichtspunkt zu erfassen sucht«, und versicherte abermals, die Kuppelgräber seien älter als die Schachtgräber. Anders zu denken, sei »verkehrt und pervers«.

Damit war der Kampf keineswegs beendet – nein, in Wahrheit hatte er kaum begonnen! Eines seiner ersten Opfer war Wace selbst, der, wie man seinerzeit überall tuschelte und munkelte, nicht mehr zum Direktor des Britischen Archäologischen Institutes in Athen wiederernannt wurde, weil er mit Evans die Klingen gekreuzt hatte. Allerdings sollte er schließlich nach Mykenai zurückkehren, um dort seine Grabungen fortzusetzen. Auch von Blegen und anderen nach ihm sollte man noch hören, als Evans, das große »lebende Denkmal« aus der Pionierzeit der Archäologie, nicht mehr da war und niemand von seiner Zustimmung abhing oder seine Mißbilligung zu fürchten hatte. 1927 war Sir Arthur noch sehr lebendig und hatte durchaus nicht nur Polemik gegen Wace und andere Abweichler im Kopf, sondern auch noch andere Dinge.

Wieder einmal sah die Bibliothek in Youlbury mit ihren aufgebockten Tischen wie der abgesteckte Kurs für ein Hindernisrennen aus. Band 2 seines Werkes *The Palace of Minos* befand sich in der Endphase der Vorbereitung, und dies bedeutete, daß sich Evans und die Setzer in Oxford unablässig um kostenintensive Autorenkorrekturen stritten – und sich bei all dem Fehler einschlichen, so sehr sich auch die Setzer über Sir Arthurs Handschrift den Kopf zerbrachen. Beispielsweise liest man da »erotisch« statt »exotisch« und *skytotes* – ein unübersetzbares Phantasiewort – statt *rhytons* (englisch für griechisch *rhyta* [»Spendegefäße«, »Trankopfergefäße«. Einzahl: *rhyton*]). Das Manuskript wurde dermaßen umfangreich, daß es schließlich zwei Bände füllte. In der Einleitung bedankte sich Evans für den »Gedenkband mit Betrachtung über minoische Themen, den ich kürzlich erhielt – die Arbeit einer erlesenen Schar von Gelehrten und mir im Namen einer viel größeren Zahl von Gratulanten unter den Auspizien der Philologischen Gesellschaft von Oxford zu Ehren meines 75. Geburtstages überreicht ... Es ist ein zu Herzen gehendes Geschenk und eine große Ermutigung.«

Eine Ermutigung, wie kaum anders zu erwarten, seine Arbeit fortzusetzen. Als 1928 Band 2 endlich erschien, war sein Verfasser längst wieder auf Kreta.

Gewiß – die Villa Ariadne gehörte ihm nicht mehr. Sie war nun Eigentum des Britischen Archäologischen Institutes in Athen. Doch der livrierte Chauffeur war zur Stelle, um Evans abzuholen. Maria trug eine gestärkte weiße Schürze über ihrem schwarzen Kleid. Kosti überbot sich in der Küche, auf dem Tisch stand französischer Wein, und Manolaki kam aus Candia, wo er zu Hause war, herbei, um nach dem Rechten zu sehen. Wenn der große Altmeister wieder hier wohnte, ging das Leben in der Villa Ariadne seinen alten, hochherrschaftlichen Gang, und jeder im Hause spürte Sir Arthurs Anwesenheit. Nur, daß sich nun neben Mackenzie, de Jong und dem nicht abreißenden Besucherstrom auch noch Studenten des Britischen Archäologischen Instituts in Athen hier befanden.

Junge Menschen beugten mit ernster Miene die Köpfe über Topfscherben, um sie zu untersuchen und zu klassifizieren. Bereitwillige Hände griffen in die Arbeiten an der Grabungsstätte ein, um archäoligische Ausgrabungsmethoden kennenzulernen. Tiefes Schweigen herrschte in der Bibliothek. Nur das Rascheln umgewendeter Buchseiten unterbrach hier die Stille. So hatte Evans es gewollt. Sein einstiges Heim auf Kreta war zu einem Zentrum für die Erforschung der minoischen Kultur geworden.

Ja – er erweiterte die Anlage noch. Am unteren Gartenende stand ein kleines, von Weinlaub überwuchertes Haus, das allgemein als »Taverna« bekannt war. Hier versammelten sich die Leute aus dem benachbarten Dorf, um ihre »Tischlieder« zu singen, die von Liebe und Freiheit handelten, und sich bei einer Flasche Raki zu entspannen. Evans ließ es in ein Landhaus mit zwei Schlafzimmern, Wohnzimmer, Arbeitsraum und Küche umbauen – »zur ständigen Verfügung für Mitglieder des Institutes, die ungestört die Altertümer dieser Grabungsstätte studieren wollen«. So traten erst einmal für zwei Jahre durchreisende Archäologen an die Stelle der Landleute, die sich bisher in der »Taverna« aufzuhalten pflegten. Dann gab es eine neuerliche Veränderung, und die inzwischen geradezu vom Hauch klösterlicher Meditation umwitterte »Taverna« wurde ganz unerwartet zur Heimstatt häuslicher Geschäftigkeit: Knossos' neuer Kurator, John Pendlebury, und seine Frau Hilda zogen hier ein.
Der »arme Mr. Mackenzie« hatte seinen wachsenden Verpflichtungen nicht mehr nachzukommen vermocht. Obwohl es seinerzeit niemand bemerkt hatte, waren seine Klagen über die Nachtigallen, die ihm den Schlaf raubten, die ersten Anzeichen einer schweren psychischen Störung. Allmählich wurde er immer stiller, griesgrämiger, ängstlicher. Viele Stunden verbrachte er mutterseelenallein in seinem Zimmer, und außerdem ergab er sich mehr und mehr dem Alkohol (jedenfalls hatten Evans und andere diesen Eindruck). Schließlich erlitt er einen geistigen Zusammenbruch, von dem er sich nie mehr erholte.
Evans hatte bis dahin bewundernswerte Nachsicht gegenüber seinem Mitarbeiter bewiesen. Schließlich sah er sich aber gezwungen, ihn von seinen Pflichten zu entbinden, obwohl beide fast dreißig Jahre zusammengearbeitet hatten. Es war für beide ein tragischer Augenblick. »Ich glaube, es hat ihm das Herz gebrochen«, sagte Evans einige Jahre später. Doch die Minoer hatten Vorrang vor Gefühlen. Als der an Leib und Seele gebrochene Mackenzie ging und die jungen Pendleburys Einzug hielten, war dies für Knossos gleichsam symbolisch der Übergang der Arbeit aus den Händen seines noch der Piongeneration angehörenden Entdeckers und seines einst so tüchtigen Stellvertreters in die einer neuen Generation akademisch ausgebildeter Experten.
John und Hilda Pendlebury waren beide vom Fach. Als John 1930 Kurator von Knossos wurde, war er erst fünfundzwanzig, Sir Arthur dagegen schon neunundsiebzig Jahre alt. Vom Alters- und Erfahrungsunterschied abgesehen, waren beide einander im Charakter sehr ähnlich. Pendlebury war ein hervorragender Sportler, obwohl er in seiner Kind-

heit ein Auge eingebüßt hatte und ein Glasauge trug. Sir Arthur hielt – so nachtblind und so sehr auf seinen »Prodger« angewiesen er auch sein mochte – noch immer extrem anstrengende Maultierritte ins Hochgebirge durch. Der junge Mann Mitte der Zwanzig war so zäh wie der alte, der sich seinem achtzigsten Geburtstag näherte. Beide hatten ein lebhaftes Temperament und machten aus ihrem Herzen keine Mördergrube, sondern hielten nicht mit dem hinter dem Berge, was sie dachten. Beide waren schließlich enorm aktiv und liebten das Abenteuer. Auf der Suche nach einem Nachfolger für Mackenzie hatte Evans in John Pendlebury einen Menschen jener Denkart und Energie gefunden, wie er ihn sich nur wünschen konnte. Er war mit seinem neuen Kurator außerordentlich zufrieden.

Andererseits waren Pendleburys Gefühle gegenüber Sir Arthur eher gemischt. Zwar mochte und bewunderte er den alten »Olympier«, doch arbeitete er nicht gern mit ihm zusammen. Weil Evans stets das erste und letzte Wort für sich beanspruchte, fühlte Pendlebury sich gegängelt. Was der alte Mann wollte, schien ihm unvernünftig. Tatsächlich wandelte sich seine Hartnäckigkeit mehr und mehr in puren Starrsinn. Selbst wenn Evans weit fort in Youlbury war, schien er noch die Villa Ariadne zu beherrschen und ihre Bewohner zu erdrücken. Und wenn der »Milord Inglese« über Kreta einschwebte, schienen sogar die Minoer in Aufregung zu geraten. Erregung lag in der Luft. Spannung herrschte an der Grabungsstätte. Was führte der alte Mann als nächstes im Schilde?

Was Pendlebury rein fachlich am meisten zu schaffen machte, war Evans' Rekonstruktion von Knossos. Wie die meisten anderen Archäologen seiner Generation, vertrat auch Pendlebury eher einen puristischen Standpunkt. Seiner Ansicht nach sollte man eine Grabungsstätte zwar vor Schäden durch Wetter und Touristen schützen, sich aber vor jedem sonstigen Eingriff hüten. Persönlich lag ihm an keiner der Evansschen Rekonstruktionen, obwohl er sie – vielleicht nur aus Respekt oder vielleicht sogar lediglich aus Höflichkeit – in seinem *Handbook of the Palace of Minos* (»Handbuch des Minos-Palastes«) sogar verteidigte: »Ohne Restauration wäre der Palast ein nichtssagender Trümmerhaufen, dies um so mehr, als sich der Naturgips« – aus dem so viel in Knossos besteht – »im Regen wie Zucker auflöst und schließlich gänzlich verschwände«.

Dennoch erlagen die jungen Pendleburys wie jedermann sonst der Faszination, die Sir Arthur ausstrahlte. So sehr sie auch auf Zehenspitzen gingen, wenn er in der Villa Ariadne weilte, sobald er fort war,

verbrachten sie endlose Stunden damit, sich über ihn, über das, was er erzählt hatte, und seine Art, über seine eigenen Scherze zu lachen, zu unterhalten. Und sie sprachen natürlich von seiner Großzügigkeit. Eine Bemerkung Pendleburys, er denke daran, für die Villa Ariadne eine regelrechte, allen wissenschaftlichen Ansprüchen genügende archäologische Institutsbibliothek zu schaffen, veranlaßte Evans sofort, sein Scheckhaft zu zücken. Außerdem bestand Evans darauf, die »Taverna« mit den farbenfrohen kretischen Stickereien zu schmücken, die er so sehr liebte, und unternahm einen ausgedehnten Einkaufsbummel, um neue Vorhänge, Möbel und Läufer zu beschaffen. Als die Pendleburys ihr erstes Kind bekamen, war Sir Arthur in Youlbury. Seine ersten Worte, als er die Nachricht erhielt, waren: »Ein Kinderhort für Knossos – das wäre etwas ganz Neues!« Und als die jungen Eltern seinen Glückwunschbrief lasen, konnten sie sich gut den alten Mann vorstellen, wie er sich mit der Hand durch die Haare fuhr, um sich an der anderen Kopfseite zu kratzen – jene koboldhafte Geste, die er stets zu machen pflegte, wenn ihm eine Formulierung besonders gelungen schien oder er Anlaß sah, die Brauen zu rümpfen. Man konnte anderer Ansicht sein als er, ja man konnte sich sogar richtig über ihn ärgern – aber es war schwer, ihm zu widerstehen, und noch schwerer, mit ihm Schritt zu halten.
Evans hatte sich auf etwas Neues geworfen: Sein neues Ziel war es, das ländliche England zu erhalten!

20

Die Legende war wahr . . .

Obwohl noch niemand die Vokabeln »Umweltschutz« und »Ökologie« kannte, reichte Evans' Wortschatz für seinen Zweck vollauf: den Gipfel von Boars Hill vor Bauspekulanten zu schützen und sicherzustellen, damit man von hier aus weiterhin einen ungehinderten Ausblick auf Oxford und die friedliche Landschaft ringsum genoß. Die »wirklich weite Aussicht« – so Evans selbst – war eine Wohltat für das Auge und eine Aufforderung zum stillen Insichgehen für das Gemüt. Hier, im Schatten eines Baumes mit kaskadenartig herabfallendem, breitem Geäst, war die Szenerie für Matthew Arnolds Gedicht *The Scholar Gypsy*, desgleichen für *Thyrsis* – eine der reizendsten Elegien, die je in englischer Sprache verfaßt wurden. Sobald Baulöwen, denen es freilich mehr um Profite als um Poesie ging, in ihren Prospekten Vorteile aus diesem einzigartigen Blick zu schlagen versuchten, trat Evans in Aktion. Man hatte die Stiftung zur Erhaltung Oxfords *(Oxford Preservation Trust)* von der drohenden Gefahr in Kenntnis gesetzt, doch sie reagierte für Evans' Geschmack viel zu behäbig. Also nahm er die Dinge oben auf Boars Hill selbst in die Hand. Zuerst kaufte er das Gelände, und dann ließ er auf dem Gipfel eine 15 m hohe Erdaufschüttung von 162 m Umfang anlegen. Er nannte sie »Jarn-Hügel« *(Jarn Mound)*, dies nach dem Flurnamen des Platzes. Krone und Kronjuwel dieser Schöpfung waren eine kupferne Hinweistafel unter einer Schicht unzerbrechlichen Glases. In die Kupferplatte waren die bedeutendsten Sehenswürdigkeiten nicht allein Oxfords, sondern über grüne Täler und gewundene Flußläufe hinweg bis nach London hin eingraviert und mit rotem, schwarzem und grünem Email ausgelegt. Zwar war nicht alles, was diese Platte verzeichnete, von hier oben aus auch wirklich zu sehen, man konnte sich aber anhand dieser Tafel vorstellen, wo man es zu suchen und einzuordnen hatte – so z. B. die mehr als 86 km in südöstlicher Richtung gelegene Sankt-Pauls-Kathedrale in London und die Themse, die in mächtigen Windungen durch das Land mäandriert.

Fast drei Jahre dauerte die Aufschüttung von *Jarn Mound*. Der erste Versuch schlug fehl, da der Ton, den man für die Errichtung des Hügels verwendet hatte, nach Evans' Worten »einen allgemeinen Zusammenbruch« erlitt. Man versuchte es noch einmal und verwendete dabei neues Material. Durchschnittlich zwanzig Mann arbeiteten vierunddreißig Monate lang Tag für Tag. An Hilfsmitteln standen ihnen eine Motorwinde und Loren zur Verfügung, die auf Schienen die Böschungen auf und ab liefen.

»Zum Vorteil künftiger Archäologen« vergrub Evans, wie er pathetisch verkündete, »neugeprägte Münzen des dortigen Währungsbereiches« im Erdreich am Hügelfuß. Seine Panoramascheibe lockte Besucher auf den Hügelgipfel. Um dessen Erklimmen zu erleichtern, ließ er ein Geländer aus Eisenrohren anbringen. Damit jedoch Kinder nicht in Versuchung kämen, auf diesem Geländer talwärts zu rutschen und einen Sturz zu riskieren, versah er es in gewissen Abständen mit vorstehenden Dornen. Dann ließ er die Böschungen mit verschiedenen Heidearten bepflanzen – »ein geeignetes Zentrum für ein Experiment der Landschaftsgärtnerei«, wie er in seinem Büchlein über *Jarn Mound* schrieb.

Auf *Jarn Mound* war der Botaniker Evans ganz in seinem Element. Ringsum umgab er den Hügel mit blühenden Pflanzen aus ganz Großbritannien, wobei er darauf achtete, die Arten so anzuordnen, daß ihre Blüteperioden stets, wie es die Jahreszeit mit sich brachte, umschichtig einander ablösten, so daß der Hügel das ganze Jahr über in flammende Blütenpracht getaucht war. Längs der sich emporwindenden Pfade pflanzte er Traubenhyazinthen, Fingerhut und Kornblumen und schuf Dickichte aus sämtlichen bekannteren Rosenarten Englands. Er pflanzte Eisenhut und echten Alant (*Inula helenium*, eine Korbblütlerart), Herzblatt mit seinen Täuschnektarien, desgleichen den Schneeball *(Viburnum opulus)*. Besonders bevorzugte er, wie er schrieb, wilde Kirschbäume, »die in ihrer Frühlingsblüte einen ebenso herrlichen Anblick bieten wie im Schmuck ihres Herbstlaubes«. Er sorgte für Möglichkeiten, sich bei Regen unterzustellen, entwarf einen Steingarten und machte sich selbst mit Botanisierbesteck auf Wildblumensuche.

Ein Abschnitt blieb ausgespart, so daß Evans hier eine »zusätzliche Zufluchtsstätte für von der Ausrottung bedrohte einheimische Arten« schaffen konnte. Hier sollten purpurne Orchideen, Sumpfdotterblumen, blaue Glockenblumen, Primeln, weiß-purpurne Schachtbrettblumen vor pflügenden Bauern, der immer mehr über ihre Grenzen hinauswuchernden Stadt, vor gedankenlos blumenpflückenden Spaziergängern, ja regelrechten Blumen-»Piraten« geschützt sein, »die geradezu professionell auf Blumenjagd gehen und in Oxford doch tatsächlich auch Abnehmer finden«. Ja – in diesem kleinen Pflanzenreservat sollten Botaniker wissenschaftliche Bobachtungen und weitergehende Experimente durchführen, die der Erforschung der lokalen Bodenverhältnisse und Klimabedingungen dienten. Bei alldem hatte er auch noch die Plackerei mit Band 3 von *The Palace of Minos* gerade hinter sich. Der Band erschien im März 1930. Da Evans ein wenig Abwechslung von seiner Bibliothek brauchte und *Jarn Mound* zur Hälfte fertig war, beschloß er, Federkiel und Botanisierkelle beiseite zu legen und wieder »zum Spaten zu greifen«. Allerdings beabsichtigte er, bei seinem nächsten Kreta-Besuch, »von ein paar kleineren Untersuchungen abgesehen«, seine gesamte Zeit dem Wiederaufbau namentlich des Thron-, aber auch des an diesen angrenzenden Vorraumes zu widmen. Doch es stellte sich heraus: »die große Ortsgöttin« hatte anderes im Sinn.

Es war Anfang April. Sir Arthur war kaum eingetroffen, und die Villa Ariadne hatte noch kaum Zeit gehabt, »den neuen Gang einzulegen«. Evans ließ einige Leute jenseits des westlichsten Punktes, den man bis dahin erreicht hatte, ein paar Sondierungen durchführen. Nur wenige Tage vergingen, und schon wieder sah man sich vor einer Entdeckung, die Aufsehen erregte. Bevor Evans, Pendlebury und de Jong so recht begriffen hatten, was sie da erwartete, »erwies es sich als erforderlich, abermals eine Ausgrabungskampagne in Gang zu setzen, die mit denen der Anfangsjahre vergleichbar war«.

Fünfzig zusätzliche Arbeitskräfte wurden eingestellt. Ein, wie Evans es nannte, »massiver Angriff« von etwa sechs Wochen Dauer legte 60 Meter eines Mauerzuges frei, der zunächst genau nach Westen lief, sich dann nach Süden wandte und sich schließlich weitere 32,5 m wieder nach Osten fortsetzte. Ein Teil seiner vom Material her sehr unterschiedlichen Füllung enthielt Gefäßscherben, die bis zum Neolithikum (der Jungsteinzeit) und zur frühminoischen Zeit zurückgingen. Das Vorhandensein dieser Scherben und der gesamte Schichtungsbefund ließen keinen Zweifel, daß man es hier mit der Mauer des ersten Palastes von Knossos zu tun hatte, der irgendwann um 2000 v. Chr. erbaut worden sein mußte. Er ging mithin bis ganz an den Anfang der Palastgeschichte zurück und befand sich damit zeitlich wie räumlich ganz an der Grenze des Komplexes von Knossos. Der erst einen Monat zuvor erschienene Band 3 von *The Palace of Minos* bedurfte bereits der Ergänzung. Was hier an Neuem zum Vorschein gekommen war, machte

einen weiteren Band erforderlich. Die Arbeit an der Grabungsstätte ging bis August weiter und endete mit der traditionellen *glendi.*
»Alte Hasen«, die an dieser Abschlußfeier teilnahmen, fühlten sich an jene frühen Jahre fröhlichen Schaffens erinnert, als der »Heilige« aus der Erde gekommen war – und mit ihm der Rhytonträger und der Stier. Würden die Überraschungen in Knossos denn nie ein Ende nehmen? Evans persönlich war freilich der Auffassung, es »könne wohl sein, daß ein gewisses Endstadium erreicht« sei. Doch er sollte sich irren. Für das nächste Jahr, in dem Evans seinen achtzigsten Geburtstag feierte, hielt die Große Göttin eine weitere Überraschung bereit.
Gleichsam als Vorzeichen dessen, was noch bevorstand, begann die Grabungssaison 1931 bereits mit einer Reihe unvorhergesehener Ereignisse. Gerade als Evans von Youlbury nach Kreta aufbrechen wollte, gab es in Makedonien ein Erdbeben. Sämtliche Landverbindungen mit Griechenland waren unterbrochen. Also flog Sir Arthur nach Paris und reiste über Italien weiter. Schließlich traf er in Piräus – dem Hafen von Athen – ein: gerade noch rechtzeitig, um einen Dampfer zu besteigen, der fertig zum Auslaufen nach Kreta draußen im Hafen lag. Doch wenige Stunden, bevor er die Anker lichtete, brach ein furchtbarer Schneesturm aus – der schlimmste, an den man sich erinnern konnte. Das Unwetter machte jeden Gedanken an ein Verlassen des Hafens zunichte.
Evans war nur gerade so lange an Bord, um eine Szene zu machen – und einigen Gaunern, die er als »Piräus-Piraten« apostrophierte, eine Lektion zu erteilen: jenen Bootsleuten, die damals, als es noch keine modernen Piers gab, Schiffspassagiere von Land an Bord und von Bord an Land beförderten. Einer von ihnen, so schrieb Sir Arthur nach Hause, »versuchte, mich am Betreten des Salons zu hindern. Er forderte den vierfachen Fahrpreis, 100 Drachmen anstatt 25, obwohl ich ihm wegen des schlechten Wetters bereits 50 gegeben hatte.« Stets bereit, sich großzügig zu erweisen, wollte Sir Arthur sich keineswegs ausnehmen lassen.
»Dann verfolgte er mich hinein in den kleinen Salon, wo unter den Passagieren, die mich samt und sonders kannten, der griechische Kriegsminister und andere Würdenträger saßen. Sie alle wandten sich aus Furcht vor diesem Vertreter der Piräus-*Camorra* ab!« Bei der *Camorra,* auf die Evans hier anspielt, handelte es sich um einen neapolitanischen Geheimbund, der – ähnlich der ursprünglich sizilianischen Mafia –, zum Gangstersyndikat verkommen, damals viel von sich reden machte.

Was jedoch einen Kriegsminister einschüchterte, brachte Evans höchstens in Rage. Er beschloß, den Schneesturm in Athen abzuwarten und dann das nächste Wasserflugzeug nach Kreta zu nehmen. Inzwischen nutzte er die Gelegenheit, um der griechischen Zeitung *Hestía* (»Herd«, vor allem im Sinne von »häuslicher Herd«, »Haus und Hof«) einen geharnischten Brief über die Piräus-Piraten zu schreiben. Sei es wegen des Inhalts dieses Briefes, sei es wegen seines Namens – er erhielt postwendend Antwort, und zwar vom Hafenmeister persönlich, der Sir Arthur nach geradezu fußfälligen Entschuldigungen versicherte, alle erforderlichen Schritte seien in die Wege geleitet.

Evans' Abenteuer waren damit noch keineswegs vorbei. Das Wasserflugzeug landete in der kleinen Lagune von Spinalonga (im Nordwesten der Mirabello-Bucht [Ostkreta]). Von hier, so fährt Sir Arthur in seinem Brief fort, der diese Reise beschreibt, »hatte ich noch sieben Meilen (= 11,27 km) über offenes Meer (den Mirabello-Golf) zu fahren, um Ajios (Hagios) Nikolaos, die nächste Hafenstadt, in einem Motorboot zu erreichen. Doch dieses erwies sich als dafür zu klein, und obwohl der englische Kapitän sehr beherzt war, wühlte eine aus der falschen Richtung wehende steife Brise die See dermaßen auf, daß wir bei dem Versuch, die Halbinsel (Spinalonga) zu umrunden, dreimal zurückgeworfen wurden und mit Schmach und Schande zu dem kleinen Weiler Elunta zurückkehren mußten, wo wir aufgebrochen waren.« Wohl jeder andere zur Seekrankheit neigende Achtzigjährige hätte jetzt seine Weiterreise verschoben und das Ende des Sturmes abgewartet. Nicht so Evans. »Ich schaffte es«, so fuhr er fort, als wäre das nichts, »ein größeres Motorboot aufzutreiben, das uns durchbrachte.«

Und nun war er wieder in der Villa Ariadne bei den Pendleburys und de Jongs – und stand im Begriff, ihnen einen erneuten Beweis seiner einzigartigen Gabe zu liefern, Spuren der Vergangenheit aufzudecken.

Eines hatte Evans schon seit seinen allerersten Ausgrabungen Kopfzerbrechen bereitet: Knossos, davon war er überzeugt, mußte ebenso Kultstätte wie Palast gewesen sein, residierten doch einst hier Priesterkönige, die sowohl geistliche als auch weltliche Macht ausübten. Die Erde in Knossos erbrachte eine wahre Fülle von Beweisen für diese ihre Doppelfunktion. Und trotzdem war in drei Jahrzehnten archäologischer Forschung nicht eine Spur einer eines Priesterkönigs würdigen Begräbnisstätte zum Vorschein gekommen – kein Grab, das sowohl Beisetzungsstätte als auch Heiligtum war und zu einem Herrscher gepaßt hätte, der irdische und göttliche Macht in seiner Hand vereinte.

Evans hatte seine einstigen Hoffnungen, ein derartiges »Tempelgrab« zu finden, noch keineswegs aufgegeben. Nach wie vor wurde er das Gefühl nicht los, irgendwo müsse hier, tief in der Erde verborgen, die letzte Ruhestätte eines Priesterkönigs zu finden sein. Ja mehr noch – es gab eine Überlieferung darüber: eine Überlieferung, die schon uralt war, als im ersten Jahrhundert vor unserer Zeitrechnung der in Sizilien heimische Historiker Diodor in einem der vierzig Bücher seiner »Universalgeschichte« von ihr berichtete.

Diodor zufolge war der letzte König Minos auf Sizilien ermordet worden, als er seinen entflohenen Baumeister Daidalos verfolgte. Minos' Untertanen, denen man erklärte, ihr König sei verunglückt, ließen seinen Leichnam nach Kreta überführen und mit großem Pomp in einem Grab tief in der Erde beisetzen. Über dem Grab errichteten sie einen für alle sichtbaren Tempel der Muttergöttin. Es war eine Legende, die Evans nicht losließ, und eine Ahnung war in ihm, die ihm unaufhörlich zusetzte. Dabei wäre es wohl geblieben, hätte nicht eines Tages ein kleiner Junge seinem Vater das Mittagessen in einen Weinberg unmittelbar südlich des Palastes gebracht. Es war einer jener strahlenden Apriltage, an denen Kiesel in der Sonne wie Diamanten schimmern. Ein glitzernder Gegenstand auf der umgegrabenen Erde neben einem Weinstock zog den Blick des Kindes auf sich. Wie es sich herausstellte, lag da ein etwa 27 Gramm schwerer Ring aus massivem Gold – ein Reif mit einem Siegel. Das eingeschnittene Siegelbild zeigte die Göttin, wie sie auf dem Wege von einem Felsenheiligtum zum anderen einen Streifen Meer überquerte.

Ein Meister der Goldschmiedekunst hatte diesen Ring um die Mitte des 16. Jahrhunderts v. Chr. geschaffen. Nur eines Königs Hand konnte ein so prächtiges Schmuckstück getragen haben. Es war ein fürstliches Stück Vergangenheit. Hatte es einst zum Grabschatz seines hochgestellten Besitzers gehört? War es ein Symbol seiner zugleich priesterlichen und königlichen Würde? Evans' »unheimlicher Spürsinn für Altertümer, fast wie die Witterung eines Hundes« – wie J. N. L. Myres schrieb – war sofort hellwach. Ein paar Tage später ließ ihn der Besitzer des Weingutes noch wacher werden, denn im Zuge seiner Kultivierungsarbeiten war dieser nicht weit von der Stelle, wo der Knabe den Ring gefunden hatte, auf einige große Mauerblöcke gestoßen. Evans sondierte das Gelände, organisierte abermals eine »massierte Attacke« und fand das Tempelgrab des Priesterkönigs Minos – »wo ich es erwartet hatte«, wie er nach Hause schrieb.

Es war großartig. Durch einen einstöckigen Pavillon gelangte man in einen offenen, mit Steinen ausgelegten Hof mit einem Tor am gegenüberliegenden Ende (den Sturz des Torganges fand man noch *in situ*, in seiner ursprünglichen Position). Das Tor wiederum führte in einen Gang, der sich teilte. Auf der einen Seite tat sich eine freigiebig mit dem heiligen Zeichen der Doppelaxt geschmückte Pfeilerkrypta auf. Die andere Seite endete in einer Treppenflucht, die nach oben ging – wohin? Evans hatte eine ganz hervorragende Idee. Zunächst aber galt es, die Pfeilerkrypta (und was hinter ihr lag) auszuräumen.
Geduldig und mit aller Sorgfalt schaufelten die Männer den Schutt beiseite. An der Südseite der Pfeilerkrypta stießen sie auf eine Art ummauerter »Kojen«, die die Gebeine von etwa zwanzig Toten enthielten. Um wessen Überreste handelte es sich? Um die frommen Beter, vermutete Evans, die hierhergekommen waren, um der Begräbnisstätte des Königs ihre Ehrerbietung zu bezeugen. Dabei hatte der »Erderschütterer« sie eingeschlossen, und als man später kam, um die Erdbebenschäden zu besichtigen, fand und bestattete man sie, wie es sich gehörte. Die Ausgräber arbeiteten weiter. Plötzlich ließ die aufgemauerte Wand der Pfeilerkrypta einen Riß erkennen. Der Bruch führte – Evans wußte es schon – zu einer aus dem Felsen gehauenen inneren Kammer: der Totenkammer eines oder mehrerer der Priesterkönige von Knossos. Es war ein quadratischer Raum, dessen Boden und Wände man mit Naturgipsplatten ausgelegt hatte. Noch immer stand sein gleichfalls aus Gipsstein bestehender Mittelpfeiler, obwohl der Zypressenholzbalken, der das eigentlich tragende Element gebildet hatte, nicht mehr vorhanden war.
Eine kleine Grube im Boden enthielt die einzigen Menschenüberreste in diesem Grab – leider stammten sie nicht von einem Priesterkönig, sondern von einem älteren Mann und einem Kind. Man hatte die beiden Leichname im frühen 14. Jahrhundert v. Chr. hier zur letzten Ruhe gebettet (ein Zeitansatz, der sich aus den bei ihnen gefundenen Tongefäßen ergab). Eindeutig hatte es hier bis zur endgültigen Zerstörung von Knossos, ja sogar noch später, einen Totenkult gegeben.
Die Decke der Grabkammer war einst leuchtend himmelblau gestrichen, wie Farbspuren verraten, die man noch immer an der kreidigen Oberfläche des Kalksteines erkennt. Die Minoer liebten diese Farbe so sehr, daß, wie Evans an einer der »poetischeren« Stellen seines Hauptwerkes *The Palace of Minos* schrieb, »trotz der Finsternis, die in diesen Gewölben herrschte – und die ohne Kunstlicht keines Menschen Auge zu durch-

dringen vermochte –« sogar »die Toten die Illusion eines blauen Himmels über sich« haben sollten.
Und die Treppe? Geradezu mit magnetischer Kraft zog es die Spaten aufwärts, bis man sich zu einer einst offenen Terrasse oberhalb der Pfeilerkrypta hindurchgewühlt hatte. Hier hatte sich das obere Heiligtum erhoben: ein zweireihiger Säulentempel der Göttin, zu dem drei Stufen hinaufführten. Seine Wände waren mit Stuck in Venezianisch-Rot bedeckt, und er stand, für jedermann zugänglich, unter freiem Himmel – genauso, wie Diodor es beschrieben hatte. Minos' Untertanen hatten einst Zutritt, sie konnten herbeikommen, um sowohl ihrer Göttin als auch ihrem toten Herrscher ihre Verehrung zu erweisen, ohne die Ruhe des königlichen Toten stören zu müssen, der in der Felsenkammer darunter bestattet war. Also stimmte die Legende. Es hatte das Tempelgrab gegeben. Mit achtzig Jahren hatte Evans abermals seinen noch unvermindert wachen Entdeckerspürsinn bewiesen. Mit einundachtzig bewies er seine ungebrochene Reiselust: Begleitet von seiner Schwägerin Helen Freedman fuhr er noch nach Ragusa. Ein halbes Jahrhundert war vergangen, seit seine Frau Margaret und seine Schwester Alice ihn aus dem Gefängnis geholt und sie alle drei ein Dampfschiff nach Venedig bestiegen hatten. Inzwischen waren ringsum an den Berghängen neue Häuser entstanden, doch der Stadtkern innerhalb der Altstadtmauern hatte sich nicht verändert. Noch immer gab es das Ragusa, das er liebte. Ein paar der blühenden Büsche, die Margaret und er im Garten der Villa San Lazzaro gepflanzt hatten, gab es erstaunlicherweise noch. Auch den *Stradun* (alias *Placa* [einst italienisch *Stradone* bzw. *Piazza*]) gab es noch, es gab das Café, die verwunschenen Höfe, die Antiquitätenläden – und das Gefängnis. Hier besuchte er den Zellenblock mit der Aufschrift *condannati.* Er erinnerte sich an das Brot mit den eingebackenen Geheimbotschaften, und dem verblüfften Gefängnisbeamten, der ihn umherführte, erklärte er: »Ich komme alle fünfzig Jahre hierher.«
Nur zweierlei hatte sich in Ragusa geändert. Wenn sie jetzt dort gewohnt hätten, hätte Margaret bei keinem Fleischer mehr ihren Braten auf italienisch bestellen können. Jedermann sprach jetzt serbokroatisch. Und Sir Arthur hätte keine Papiere mehr zu verstecken oder gar zu verbrennen brauchen, sich nicht mehr zu nachtschlafender Zeit nach Hause schleichen oder verschlüsselte Botschaften versenden müssen. Das neue Ragusa, das Dubrovnik hieß, bewillkommnete ihn als Helden.
Zwei Jahre später ehrte man ihn erneut in England. Die *Society of*

Antiquaries hatte soeben erst ihre erste Goldmedaille herausgebracht, um mit ihr besonders herausragende Leistungen auf dem Gebiete der Archäologie zu belohnen, und Evans wurde zum ersten Träger dieser Auszeichnung erkoren. Sir Arthur hatte vor dieser erlauchten Gesellschaft schon manchen gelehrten Vortrag gehalten, aber seine jetzige Dankrede war sicherlich sein bewegendster Auftritt vor diesem Gremium. Er sprach von der langen Geschichte dieser Gesellschaft und von seinen eigenen Erinnerungen an ihr Wirken, die nun schon an die siebzig Jahre zurückreichten. Und er würdigte die Reihe ihrer hervorragenden Präsidenten in diesem Zeitraum mit den Worten: »Sie alle waren meine Freunde, und einer von ihnen mein Vater.«

Evans wurzelte in der Vergangenheit und gehörte seinen Lebensgewohnheiten nach noch ganz der Viktorianischen Zeit an, doch hielt er durchaus auch mit der Gegenwart Schritt. Er hatte das erste Automobil auf Boars Hill besessen. Er reiste im Flugzeug, lange bevor man alle die Sicherheitsvorkehrungen kannte, die heute in der Zivilluftfahrt selbstverständlich sind. Er drehte leidenschaftlich an den Knöpfen seines neuen Rundfunkempfängers – und er gehörte zu den ersten Archäologen, die eine Luftaufnahme ihrer Ausgrabungen veröffentlichten: ein »Desiderat« (Erfordernis), so schrieb er, »das lange unerfüllt bleiben mußte«. Als einem Piloten der *Imperial Airways* ein Schnappschuß von Knossos aus der Luft gelang, war er begeistert. Auf dem Bild sah man fast die gesamte Ausgrabungsstätte. So unscharf sie war – Evans' Augen vermochten doch so winzige Details wie einen Maultierpfad auszumachen, obwohl sich dieser nur so dünn wie ein Haar abzeichnete. Seine kreative Phantasie erkannte darüber hinaus noch sehr viel mehr, was keine Kamera der Welt mehr sah, denn es gehörte der Vergangenheit an.

Das »Haus des Minos« war größer als der Buckhingham-Palast und dürfte 1400 Räume enthalten haben. Der Zugangsweg war denkbar großartig gewesen. Über eine Brücke überquerte man das Tal und den Kairatos-Bach. Am Palast angelangt, teilte sich dann der Besucherstrom. Handwerker, Kaufleute oder Bauern, die als Lieferanten oder Tributzahlende gekommen waren, wandten sich nach dem Westhof, wo sie auf den Beamten zu warten hatten, der ihre Produkte wog und vermaß, bzw. ihre Abgaben entgegennahm. Eine steinerne Bank an der Schattenseite des Hofes machte für sie das Warten erträglicher.

Besucher höheren Ranges – Gesandte zum Beispiel oder einflußreiche Handelsleute – fanden durch das Nordtor Eingang. Hatten sie sich beim

Wachtposten legitimiert, gelangten sie über eine schmale Treppe zu einem Vorraum, wo sie sich dem Fresko eines angreifenden Stieres gegenübersahen. Ebenso wie die heutige Nachbildung dieses Freskos durch Gilliéron, dürfte einst auch dessen Urbild den Palastbesucher tief beeindruckt und ihm nachdrücklich zum Bewußtsein gebracht haben, daß er sich in der Hauptstadt der Minoer befand.

Durch den Vorraum kam man in den Zentralhof, um den die gesamte Anlage gruppiert war. Die Fassade des westlichen Palastflügels überragte ihn drei Stockwerke hoch. Innerhalb seiner prächtigen Wände befanden sich der Thronsaal, die Zeremonialräume und die Kultschreine. Gegenüber, an der Zentralhof-Ostseite, lag der auf den Abhang hinausgebaute Wohntrakt mit seinen breiten, nach unten führenden Treppenfluchten. Hier lagen das Megaron der Königin und andere Räume sowie ein wahres Labyrinth von Werkstätten, Gängen und Kammern. Wenn Evans das Luftbild betrachtete, so hielten sich seine Zufriedenheit mit dem, was er der Vergessenheit wiederentrissen hatte, und seine Betroffenheit über das, was unwiederbringlich dahin war, die Waage. Wie gemischt seine Empfindungen waren, darüber berichtet er in *The Palace of Minos:*

»Hätten die Schicksalsgöttinnen Daidalos, den legendären Erbauer und Ausgestalter des Minos-Hauses und Urvater der Luftfahrt, an diesem ... Fluge teilnehmen lassen, so hätte er manches Detail vergeblich gesucht.« Terrassen und Dachgärten, die Stierspielarena, der Tanzplatz – alle waren sie im Lauf der Jahrhunderte verschwunden. »Doch der alte Palastgrundriß«, fuhr Sir Arthur mit Genugtuung fort, »steht noch immer, teilweise sogar überdacht, wie es sein großer Planer einst wollte. Klar hebt sich der Zentralhof ab, und auch die Hauptportale im Norden und Süden sind einwandfrei erkennbar.« Daidalos – selbst ein Mann von nicht geringer Vorstellungskraft – hätte sicher wiedererkannt, was von seinem Entwurf noch übrig war.

Evans ging auf die Luftaufnahme, die Knossos aus der Vogelperspektive zeigte, im Vorwort zum Band 4 von *The Palace of Minos* ein, der 1935 in zwei Teilbänden erschien. Im selben Vorwort faßte er noch einmal mit der ihm eigenen Hartnäckigkeit seine Schlußfolgerungen über Sturz und Untergang von Knossos zusammen, wobei er energisch bestritt, daß die Mykener bis zu Knossos' bitterem Ende je schöpferische Eigenständigkeit bewiesen hätten.

»Das Ende kam plötzlich, und das Beweismaterial deutet darauf hin, daß ein Erdbeben die Ursache war, dem ein ausgedehnter Flächenbrand folgte, an den sich wiederum zweifellos die Plünderung der noch übrigen Ruinen anschloß. Zwar nisteten sich nach ein paar Jahren illegale Hausbesetzer in den Bauüberresten ein, die den neuen Bewohnern wahrscheinlich noch immer hinreichend Schutz boten, doch die minoischen Seher mögen sich damit beschieden haben, daß sich die Mächte der Unterwelt nicht besänftigen ließen. So gab man das lange Siedlungsexperiment auf, und es fehlt nicht an Gründen für die Annahme, daß die Residenz der Priesterkönige von Knossos – vielleicht zum ersten Male – an einen Punkt auf dem Festland verlegt wurde, höchstwahrscheinlich sogar nach Mykenai, das man damals nach der neuesten minoischen Mode ausschmückte.«

Band 4 von *The Palace of Minos* war Evans' literarischer Abschiedsgruß an die Minoer, leider aber auch ein Nachruf auf viele seiner Kollegen. Einundachtzig Jahre alt geworden, hatte er die meisten Vertreter seiner Generation überlebt. Er widmete den Band Federico Halbherr, dem großen italienischen Ausgräber von Phaistos. Doch seine am meisten zu Herzen gehenden Gedenkworte galten Duncan Mackenzie, der in Italien starb, als Evans gerade die Korrekturfahnen dieses Teils seiner Publikation las. »Sein« – Mackenzies – »gequälter Geist hat endlich Ruhe gefunden«, schrieb Evans über seinen langjährigen Assistenten, Freund und Kollegen, und seine Worte verraten eine Zartheit, die wenige (einschließlich Mackenzie selbst) bei ihm vermutet hätten.

»Seine Hochländertreue wankte nicht, und den einfachen Lebensumständen seiner frühen Jahre verdankte er sein tiefes Verständnis für die einheimischen Arbeiter und ein Gefühl der Solidarität mit ihnen, das sich im Verlaufe unserer Spatenforschungen als echter Vorteil erwies. Zwar war er für sie Vorgesetzter, doch gleichfalls stets ein wahrer Kamerad. Die lebhaften kretischen Tänze riefen in ihm die Erinnerung an die *reels* seiner Jugend wach. Keine Trauung, keine Taufe, keine Kirmes gab es in den Dörfern, bei denen nicht seine Anwesenheit dem Fest erst die rechte Würze gab, und immer wieder beanspruchte man seine Dienste als Trauzeuge, Pate oder Vortänzer. Noch immer höre ich ihn im Geiste mit seiner ›noch junggebliebenen‹ Stimme das Wohl auf ein glückliches Paar ausbringen, wobei er fließend den kretischen Dialekt des Neugriechischen sprach – wenn auch vielleicht nicht ganz ohne eine Spur seines weichen, gälischen Akzents.«

Pendlebury, der zur Stelle war, um Sir Arthur zu begrüßen, als dieser 1935 in der Villa Ariadne eintraf, hatte Mackenzie kaum gekannt. Im Alter stand der junge Kurator den Studenten sehr viel näher, die jetzt in der Villa Ariadne aus- und eingingen, als dem Patriarchen der kretischen Archäologie oder dessen früherem Assistenten. Indem er die Minoer jüngeren Händen anvertraute, hatte Evans bewußt oder unbewußt einen Markstein gesetzt, der das Ende einer Ära und den Beginn einer neuen signalisierte.

Dies nun war der an Ehrungen reichste aller Kreta-Besuche Sir Arthurs. Er beabsichtigte, einen steinernen Gang zu untersuchen, der in der Nähe des Tempelgrabes zum Vorschein gekommen war, wollte aber, wie er allen Ernstes erklärte, »zur Zeit« – schließlich war er immerhin schon vierundachtzig! – »keine umfangreichere Grabung« unternehmen. Die Kreter nutzten die Gelegenheit, den Mann zu ehren, der sich wie kein Zweiter als ihr Wohltäter erwiesen hatte. Er hatte ihnen in ihrem Freiheitskampf gegen die Türken zur Seite gestanden. In Jahrzehnten wirtschaftlicher Not hatte er zahlreichen Familienvätern Arbeit und Brot gegeben. Darüber hinaus verdankten sie seiner Entdeckung das Bewußtsein einstiger eigener Größe – ein Bewußtsein, das noch die Bescheidensten von ihnen mit Stolz erfüllte. So war die Zeremonie, mit der man ihn ehrte, ein gemeinsamer Dank der Bürger Candias (das jetzt wieder seinen altgriechischen Namen Herakleion [neugriechisch ausgesprochen: Iraklion] führte) an Evans.

Zehntausend Besucher drängten sich im Palasthof, in den Jahrtausende zuvor fremde Gesandte gekommen waren, um dem Priesterkönig ihre Reverenz zu erweisen. So viele Menschen hatten sich eingefunden, daß sogar das obere Palaststockwerk überfüllt war, ja – man saß noch auf Bäumen und drängte sich vor den Palasttoren. Unter den Anwesenden befanden sich Dutzende hoher Würdenträger: Professor Spyridon Marinatos, der damalige Direktor des Museums von Herakleion, der britische Konsul, der orthodoxe Bischof von Kreta, ja der Metropolit aus Athen sowie Vertreter aller gelehrten Gesellschaften auf der Insel und auf dem Festland. Die Hauptmasse aber bildeten die einfachen Leute aus Herakleion und den Dörfern der Umgebung. Aller Augen blickten gebannt auf die zierliche Gestalt mit dem weißen Haarschopf, die noch immer Energie ausstrahlte und wie stets von »Prodger« begleitet wurde.

Man ernannte Evans zum Ehrenbürger mit sämtlichen Privilegien (einschließlich der Befreiung von allen Pflichten sowie des Asylrechts!). Doch den Höhepunkt bildete die Enthüllung einer Bronzebüste des Entdeckers und Wiederherstellers von Knossos. Die Inschrift bestand aus seinem Namen – Sir Arthur Evans – und aus den sechs schlichten Worten: »Die Bewohner von Herakleion in Dankbarkeit.« Sein »ehernes Abbild«, wie Evans nach Hause schrieb, wurde »auf einem – glücklicherweise – hohen Sockel« am Eingang des Palastes aufgestellt, wo es noch heute alle Besucher grüßt. Man hielt sieben Reden – alle auf Griechisch –, und dann folgte Evans' Erwiderung, die er sich sorgfältig zurechtgelegt hatte, und zwar »in der richtigen Mischung aus Alt- und Neugriechisch«, denn sowohl die Gelehrten als auch die anwesenden Laien sollten etwas davon haben.

»Wir wissen heute, daß die alten Überlieferungen die Wahrheit sprechen«, verkündete er seinen ehrfurchtsvoll lauschenden Zuhörern. »Wir haben ein wunderbares Schauspiel vor Augen – nämlich die Wiederauferstehung einer Gesellschaft, die zweimal so alt ist wie Hellas. Zwar erblicken wir an der Stätte des alten Palastes lediglich Ruinen einer längstvergangenen Zeit, doch all dies atmet noch immer Minos' Sinn für Ordnung und Organisation und zeugt von der freien Entfaltung der auf natürlicher Begabung beruhenden hohen Kunst des großen Architekten Daidalos. Und dieses Schauspiel, das wir hier vor uns erblicken – es hat weltweite Bedeutung. Wie klein ist, verglichen mit ihm, der Beitrag jedes einzelnen! Wenn aber der Forscher Erfolg hatte, so sieht er sich lediglich als bescheidenes Werkzeug, das von einer Höheren Macht inspiriert und geleitet wurde.«

Donnernder Beifall folgte. Selten endete ein Schauspiel triumphaler. Tags darauf verlieh man bei einer weiteren Zeremonie in Herakleion Sir Arthur einen Lorbeerkranz, wonach er für Hunderte von Gästen im Garten der Villa Ariadne einen Empfang gab. Dies war nun wirklich der Schlußakt. Als Evans unmittelbar darauf Kreta verließ, war es ein Abschied für immer.

Nicht, daß er es wußte (oder daß er sich Gedanken gemacht hätte, hätte er es gewußt). Auch in Youlbury gab es für ihn noch mancherlei zu tun. England bereitete sich vor, das Silberne Jubiläum König Georgs V. zu feiern. Die Pfadfinder sollten bei dieser Gelegenheit eine Leuchtfeuerkette errichten, und eines der Feuer sollte auf Youlbury brennen.

Wie zu erwarten, begann Evans alte Aufzeichnungen zu studieren, um herauszubekommen, wie man derartige Feuerzeichen einst gemacht hatte. Dann ahmte er ein solches in Youlbury nach und schrieb darüber einen ausführlichen, *News by Fire* (»Nachrichtenübermittlung durch Feuer«) betitelten Aufsatz für die *Times*.

Er gab einen Abriß über die Geschichte des Signalfeuers in England und beschrieb genau das Modell, das er in Youlbury errichtet hatte. Nur der gerade Stamm einer eigens für diesen Zweck gefällten Eiche war geeignet. Er mußte sich 6 Meter über den Boden erheben. An seinem oberen Ende brannte ein »Feuerkorb« aus mit Pech getränkten Tauen, Holz- und Koksstückchen mehr als zwei Stunden lang. Evans wußte es ganz genau, denn er hatte es ausprobiert.

Keine der zahlreichen Ehrungen, mit denen ihn alle nur denkbaren gelehrten Gesellschaften in England überhäuften, hatte Evans glücklicher gemacht als der »Silberne Wolf«, die höchste Auszeichnung der Pfadfinder, die er im Frühjahr 1936 erhielt. Zum Dank dafür übernahm er es, einen Pfadfinder-Wanderführer für Holland zu schreiben, wo im Herbst des Jahres eine große *jamboree* (Pfadfindertreffen) stattfinden sollte. Das bedeutete natürlich, daß er nach Holland fliegen mußte, um Material zusammenzutragen – und wenn er sich schon einmal in der Luft auf Reisen befand – warum sollte er dann nicht gleich nach Göttingen weiterreisen, wo er vor ungefähr fünfundsechzig Jahren die Universität besucht hatte?
War es – wie die Rückkehr nach Ragusa/Dubrovnik – ein Stück Nostalgie? Der Abschied eines alten Mannes von den Stätten seiner weit, weit zurückliegenden Jugend? Keineswegs. Nachdem er ungerührt festgestellt hatte, in Göttingen habe sich – abgesehen von dem einen oder anderen neuen Hörsaal und dem einen oder anderen größeren Neubau – im Grunde erstaunlich wenig geändert, begab Evans sich schleunigst nach England zurück, um wieder an die Arbeit zu gehen.

21

Bomben und Granaten

1936 feierte das Britische Archäologische Institut in Athen, zu dessen Gründern Evans zählte, den fünfzigsten Jahrestag seines Bestehens. Aus diesem Anlaß veranstaltete man im *Burlington House* in London eine Ausstellung, an der sich der Ausgräber von Knossos aktiv beteiligte. Sir Arthur hatte zugesagt, die gesamte Ausstellung, soweit es um die Minoer ging, selbst zu finanzieren, während der Ausstellung einen Vortrag zu halten und für den zu druckenden Katalog den Abschnitt über die Archäologie Kretas zu verfassen, der schließlich neununddreißig Seiten lang wurde, – keine Kleinigkeit für einen Greis, der sich der Vollendung seines 85. Lebensjahres näherte. Er brauchte jemanden, der ihm zur Seite stand, doch es gab nur wenig Nachwuchs-Archäologen – insbesondere wenig männliche –, die es auf einen Versuch ankommen lassen und erproben wollten, ob Evans wirklich so schwierig und jähzornig war, wie man es ihm nachsagte. Als geeignetste Kandidatin erwies sich schließlich Mercy Money-Coutts – in der Tat nicht zuletzt deshalb, weil sie eine Frau war. Wie Evans auch immer mit Männern umsprang – Frauen gegenüber gab er sich stets ganz als Kavalier des Viktorianischen Zeitalters.

Als Studentin des Athener Britischen Archäologischen Instituts hatte Mercy Money-Coutts in der Villa Ariadne gewohnt. Sie hatte John Pendlebury bei der Riesenarbeit geholfen, die in Knossos aufbewahrten mehr als zweitausend Kästen voller minoischer Scherben zu katalogisieren. Schon auf Kreta hatte sie Beweise ihrer enormen Geduld und ihres einzigartigen Fleißes geliefert. In London verlangte man ihr all ihr Fingerspitzengefühl und Einfühlungsvermögen ab. Doch der sonst so widerspenstige Evans machte es ihr verhältnismäßig leicht. Er zeigte sich zwar nicht weniger starrsinnig als erwartet, blieb jedoch umgänglich, und Mercy Money-Coutts ging es schließlich ebenso, wie es schon vielen anderen ergangen war: sie mochte und achtete diesen schrecklichen, aber im Grunde so wohlwollenden kleinen Tyrannen.

Die heftigste Auseinandersetzung entbrannte zwischen beiden wegen der erläuternden Schildchen, mit denen die Ausstellungsstücke versehen werden sollten. Mercy Money-Coutts wollte die Fundstücke am liebsten so in den Vitrinen anordnen, daß sie optisch am besten zur Geltung kamen. Sir Arthur dagegen betrachtete die Ausstellung als eine Art Kurzfassung der minoisch-kretischen Geschichte und wollte jedem Gegenstand eine so ausführliche Erläuterung beifügen, daß in manchen Fällen das ausgestellte Objekt neben der Erläuterungstafel ganz in den Hintergrund getreten wäre. Viele Jahre später, als Mercy Money-Coutts sich an die damalige Zeit und die damaligen Auseinandersetzungen erinnerte, erwog sie, ob Sir Arthurs damaliger Wunsch nicht mit seiner Sehbehinderung zu tun gehabt haben könnte. Vielleicht sah er selbst mit Brille nur jeweils einen Gegenstand deutlich genug, so daß der Eindruck eines unübersichtlichen Durcheinanders in den Vitrinen, den andere Besucher gewinnen mußten, bei ihm gar nicht aufkam. Ja – die bisweilen allzu farbenfrohe Restaurierung der Fresken in Knossos legte sogar den Verdacht nahe, daß Evans Farben ganz anders wahrnahm als andere. Dennoch hielt Frau Money-Coutts die Restaurierungen im Prinzip für gerechtfertigt und wohlbegründet, allerdings gab es dann wieder Streit um das berühmte »Safranpflükker«-Fresko. Mercy Money-Coutts bestand darauf, der angebliche »Blaue Knabe« sei in Wirklichkeit ein blauer Affe. Schließlich gab Sir Arthur zu, sie könne vielleicht recht haben. »Doch selbstverständlich war es am nächsten Morgen dann wieder ein ›Blauer Knabe‹!«

Hartnäckig war er schon, aber vielleicht hatte dies auch seine guten Seiten. Ein weniger willensstarker Mensch seines Alters hätte vielleicht nicht an der Ausstellungseröffnung teilnehmen können. Nur ein, zwei Tage vor dem festgesetzten Zeitpunkt erkrankte er ernsthaft und wurde von Fieberschauern geschüttelt. Doch »nahm er ein Radikalmittel, aß sein Frühstück im Bett« – und war am Eröffnungsabend pünktlich zur Stelle, um einmal mehr seinem Zorn freien Lauf zu lassen. Und zwar ärgerte er sich über die Eröffnungsrede des Herzogs von Kent – eines Redners, der tatsächlich nicht die geringste Ahnung von Archäologie hatte, aber auch gar nicht erst versuchte, diesen Eindruck zu erwecken.

Nun stand Evans vor dem Rednerpult, um seinen Vortrag über die Arbeit in Knossos zu beginnen. Der Saal war zum Bersten voll. Die Sechstkläßler aus Harrow, die geschlossen gekommen waren, um den berühmten Absolventen ihrer Schule zu sehen, mußten auf dem Boden

sitzen. Zusammen mit diesen Siebzehn- bis Achtzehnjährigen hatte sich ein Vierzehnjähriger eingeschmuggelt.
Das Publikum lauschte gebannt, als Sir Arthur die 3500 Jahre alte und doch so aktuelle Geschichte der Minoer darlegte. Manche seiner älteren Zuhörer konnten sich noch daran erinnern, wie sie zum ersten Mal in der *Times* von einem Volk gelesen hatten, von dessen Existenz niemand zuvor wußte. Von einem hervorragend begabten Volk dazu. Die Tische und Vitrinen an den Wänden des Vortragssaales enthielten so feine Keramik, wie man sie später seit dem Untergang des Römerreiches bis zum 17. Jahrhundert unserer Zeitrechnung in Europa nicht mehr gesehen hatte. Der Goldschmuck war das Werk in ihrer Fertigkeit unübertroffener Goldschmiede. Herrlich geschnittene Siegelsteine und -ringe füllten einen Schaukasten nach dem anderen. Manche dieser Schätze stammten aus Sir Arthurs eigenen Sammlungen und kamen schließlich ins *Ashmolean Museum*, wo alle Welt sie bewundern konnte und kann. Die aber, die das Glück hatten, an diesem Abend anwesend zu sein, erlebten eine überwältigende Präsentation erlesenster minoischer Kunstwerke. Als der Vortrag vorbei war, mischte sich Sir Arthur unter die Menge, die eifrig die Ausstellungsstücke betrachtete. Hier und da verweilend, um mit Freunden zu plaudern, Fragen zu beantworten oder auf irgendeine Einzelheit von besonderer Bedeutung hinzuweisen, schritt er eher wie ein liebenswürdiger Gastgeber von Vitrine zu Vitrine.
Schließlich gelangte er zu dem Tisch, auf dem eine Reihe von Linear-A- und Linear-B-Täfelchen lagen. Wie festgenagelt stand hier jener erst vierzehn Jahre alte Junge, der sich vorübergehend selbst zum Mitglied der sechsten Klasse in Harrow ernannt hatte. Er hieß Michael Ventris.
Schüchtern, weil er einem so bedeutenden Archäologen gegenüberstand, doch zielstrebig, fragte der Junge, warum die Täfelchen denn noch nicht entziffert seien. Worin bestünden die Schwierigkeiten? Welches seien die Probleme? Sir Arthur erklärte, die Schriften seien sehr alt. Sie schienen mit keiner bekannten Sprache zu tun zu haben, vor allem aber gebe es keine zweisprachige Inschrift, bei der der eine Text Rückschlüsse auf den anderen erlaube und so die Entzifferung erleichtere. Michael nickte. Als er elf Jahre alt war, hatte er vom Stein von Rosette und der Felsinschrift von Behistun gelesen, sogar vorher schon hatten ihn Hieroglyphen und Keilschrift fasziniert – ja bereits im Alter von acht Jahren hatte er ein deutsches Buch über die Hieroglyphenschrift gekauft und gelesen. Sprachen interessierten ihn, ganz gleich, welche, vor allem

aber alte Sprachen. Ob man wohl je diese neuentdeckte Schrift entziffern würde? Er dankte Sir Arthur für seine Erklärungen und ging mit dem festen Entschluß nach Hause, sich eines Tages an die Entzifferung der minoischen Schrift zu wagen. Sechzehn Jahre später hatte er es geschafft. Da war es freilich zu spät für Sir Arthur – zu spät, um sich an die Fragen eines Knaben in einem überfüllten Vortragssaal zu erinnern oder über die Antworten erstaunt zu sein, die dieser Knabe schließlich gefunden hatte.

Lange, bevor Michael Ventris alt genug war, um sein Lebenswerk zu beginnen, legte Evans letzte Hand an sein eigenes. *The Palace of Minos*, dieses von Fakten und Daten förmlich überquellende Epos über die Minoer, ist vielleicht der umfassendste und gekonnteste Bericht über eine archäologische Entdeckung, der je geschrieben wurde. Doch ein Stück harter Arbeit war noch zu erledigen: Ohne *Register* waren die vier – in Wirklichkeit sogar sechs – Bände des Werkes wie eine detaillierte Straßenkarte ohne Ortsnamen. Selbst der versierteste »Reisende in die Vergangenheit« hätte sich ohne alphabetischen Index bei dem Versuch, eine bestimmte »Landmarke« zu lokalisieren, hoffnungslos im Gestrüpp der dreitausend Druckseiten verfangen, die das Werk schließlich umfaßte. Evans Halbschwester Joan nahm es auf sich, für einen Index zu sorgen.

Selbst ausgebildete Archäologin und als Bibliothekarin erfahren, brachte Joan die besten Voraussetzungen für diese Aufgabe mit. Sie hatte, wie ihr Bruder im Scherz äußerte, »einen sklavischen Respekt vor dem Alphabet« (unerläßlich für jeden, der ein Register anfertigt), und hinzu kam eine unerschöpfliche Geduld. Wie es sich bald herausstellte, zählte vor allem diese zuletzt genannte Eigenschaft. Denn Evans schwebte keineswegs nur ein Index vor, durch den man rasch mit dem Zeigefinger ging, um einen bestimmten Buchstaben zu finden, sondern eine Art komprimierter Fassung sämtlicher Informationen, die sein gesamtes, monumentales Werk enthielt.

Sich mit Evans anlegen? Lieber nicht. Joan fand einen Kompromiß. Sie sorgte dafür, daß die Hauptmasse der Registerstichwörter der alphabetischen Ordnung folgte. Die Abschnitte dagegen, bei denen es um Dinge wie Religion, Tonware, Fresken und dergleichen ging und die Evans für alphabetisch nicht aufschlüsselbar erklärte, überließ sie ihm. Beispielsweise benötigte er für das Registerstichwort *seal-stones* (»Siegelsteine«) allein achtundzwanzig Seiten – und dies hatte durchaus seinen Grund, denn es umfaßte nicht weniger als nahezu sechshundert Unterstichworte (d. h.: Erwähnungen bestimmter Einzelstücke), samt und sonders, wie Evans in Kursivsatz erklärte, *in chronologischer und annähernd typologischer Reihenfolge.* Es war, wie er es nannte, eine »ordentliche Ausbreitung« des Materials. Nach und nach bot nach Abschluß des Registerbandes auch Evans' Bibliothek auf Youlbury wieder ein ordentlicheres Bild. Nachdem *The Palace of Minos* endgültig fertig war, benötigte man die aufgebockten Feldtische nicht mehr. Einer nach dem anderen wurde zusammengeklappt und weggestellt. Obwohl Evans noch immer zum *Ashmolean Museum* hinabfuhr, um Ratschläge zu geben oder ein weiteres Stück aus seiner Sammlung in den einen oder anderen der ohnehin schon übervollen Schaukästen hineinzuschmuggeln, wurden die Abstände zwischen seinen Besuchen immer länger. Sein Augenlicht ließ mehr und mehr nach. Oft war er allein, wenn nicht seine Schwester Harriet, ein besonders guter Freund oder Candy bei ihm waren. Jimmie – einst für Evans so gut wie ein Sohn – war inzwischen verheiratet, hatte eigene Söhne, und seine Familie sowie das Molkereiunternehmen, das er aufzubauen versuchte, hielten ihn in Trab. Dennoch verbrachte er allwöchentlich einen Abend bei Sir Arthur und fand immer eine Möglichkeit, nach ihm zu schauen, sobald er nur konnte.

Die Spaziergänge, die beide miteinander unternahmen, waren nun nicht mehr so strapaziös wie einst. Evans bewegte sich nicht mehr so leichtfüßig. Seinen Spazierstock »Prodger« brauchte er jetzt nicht nur als »Fühler«, um Hindernisse aufzuspüren, die er mit den Augen nicht zu erkennen vermochte, sondern wirklich als Stütze, wenn er seine täglichen Rundgänge in den Gärten oder hinauf zum *Jarn Mound* unternahm. Besonders gern ging er, dies namentlich an zwar kalten, aber sonnigen Tagen, zu einem kleinen, aber drehbaren Sommerhäuschen – einer Art Laube, die gerade Platz für zwei Sessel bot und leicht genug war, so daß man sie ohne Anstrengung auf einer Achse drehen konnte. Hier setzte er sich in die Sonne, und wenn die Sonne weiterwanderte, drehte er ihr das Haus einfach nach. Der Punkt, den er für die Aufstellung dieses drehbaren Unterschlupfes ausersehen hatte, lag nahe bei der Stelle, wo der durch Youlbury fließende Bach in den See mündete. Hier ließ Evans Wasserfälle anlegen, denn er liebte ihr Rauschen. Und hier saß er oft, lauschte dem Gesang des Wassers, ließ sich von der Sonne wärmen und las den *Manchester Guardian,* wenn er sich nicht gerade mit der neuesten Nummer einer altertumskundlichen Fachzeitschrift beschäftigte, um sich auf dem Laufenden zu halten.

Es gab nur wenig im Bereich der Archäologie, das Evans entging.

Mortimer Wheeler, dem er zwanzig Jahre zuvor auf die Beine geholfen hatte, indem er sein jährliches Einkommen verdoppelte, stand jetzt als Archäologe längst auf eigenen Füßen. Er grub gerade die riesige Ringwallanlage von *Maiden Castle* (bei Dorchester in der englischen Grafschaft Dorset) aus. Eines Tages gab es große Aufregung an seiner Grabungsstätte: Ganz unerwartet war hoher Besuch eingetroffen – »Sir Arthur Evans. Klein und hinfällig, war er wie ein Herbstblatt von dem Südwestwind, der hier unser ständiger Begleiter war, in unser Blickfeld geweht worden.«

1938 erklärte man Evans, er müsse sich einer Operation unterziehen. Seine Schwester Harriet kam nach Youlbury, um ihm zur Seite zu stehen. Seit vor acht Jahren ihr Bruder Lewis gestorben war, waren sie und Arthur – die beiden letzten am Leben gebliebenen Geschwister, die *einer* Generation angehörten – einander immer näher gekommen. Kurz nach ihrem Eintreffen erkrankte sie jedoch und starb binnen weniger Tage. Obwohl Evans die Operation überstand – diesen Verlust verwand er nie mehr. Bisher war er einfach unvermerkt älter geworden, doch nun wurde er plötzlich zum Greis. Er hatte furchtbare Schluckbeschwerden, und James Candy schickte, von der treuen Haushälterin, Mrs. Judd, alarmiert, jeden Tage kräftige Sahne nach Youlbury, so daß sie für Sir Arthur Eiskrem zubereiten konnte. Und doch besaß der Kranke eine so ungeheure Willenskraft und Selbstbeherrschung, daß er noch immer weiter zu arbeiten vermochte.

Im folgenden Jahre übertrug er seine Sammlungen dem *Ashmolean Museum* und beaufsichtigte persönlich die Einrichtung des »Minoersaales«, wobei ihm allerdings Mercy Money-Coutts zur Seite stand. Ein paar Monate später flog er in Begleitung einer Pflegerin in die Schweiz, um eine Ausstellung von Leihgaben aus dem Madrider Prado anzusehen und vor seiner Rückkehr machte er ein letztes Mal in Straßburg Station. Ja, – er führte sogar noch eine Ausgrabung durch! Als er fast ein halbes Jahrhundert zuvor Youlbury gekauft hatte, waren ihm auf Boars Hill römische Überreste aufgefallen, und er hatte sich vorgenommen, sie später zu untersuchen. Nun stellte es sich heraus: Mitten durch sein Grundstück führte die alte Römerstraße, die einst Oxford mit der englischen Ostküste verband.

Evans' Begeisterung wurde nur von der Verzweiflung seines Chauffeurs übertroffen, denn da Evans nicht mehr imstande war, selbst querfeldein zu stapfen, sich seinen Weg durch dichtes Unterholz zu bahnen oder steile Hügel emporzuklimmen, tat er dies alles jetzt mit seinem Wagen.

Wo immer er die alte Römerstraße vermutete, ließ er seinen Fahrer ihr folgen – dies ohne jede Rücksicht auf Reifen, Achsen und Fahrzeugrahmen. Sir Arthur war fest entschlossen, den Verlauf dieser alten Straße, von der er vermutete, daß es sich um den »Schwanenweg« *(Swan-rade)* der *Beowulf*-Saga handeln müsse, kartographisch aufzunehmen. Mit Hilfe einiger Studenten aus Oxford legte er die alte Trasse sogar an mehreren Stellen frei. So wach sein Geist noch immer auf jede Anregung reagierte – seine physische Widerstandskraft war dahin. Es konnte gar keinen überzeugenderen Beweis seiner schwindenden Kraft geben als den, daß er es unterließ, öffentlich auf eine archäologische Herausforderung allerersten Ranges zu reagieren.
Carl Blegen hatte seine Arbeiten fortgesetzt. Sie galten der mykenischen Kultur, die Evans für einen bloßen Ableger der minoischen hielt. Mehr noch: Ebenso wie sein britischer Kollege Alan Wace hatte auch Blegen weiteres Material gesammelt, das gegen Evans »knossozentrische« These einer kretischen Kolonisation des griechischen Festlandes sprach. 1939 veröffentlichten Wace und Blegen gemeinsam einen Artikel unter dem Titel: *Pottery as Evidence for Trade and Colonization in the Aegean Bronze Age* (»Töpferware als Beweis für Handel und Kolonisation in der ägäischen Bronzezeit«). Mit peinlichster Sorgfalt hatten sie zusammengetragen, was an mehreren Punkten Ägyptens von ausländischer Tonware aus der Mitte des 2. Jahrtausends v. Chr. zum Vorschein gekommen war. Dabei stellte es sich heraus. Die Gefäße festlandgriechischen Ursprungs überwogen gegenüber denen aus Kreta im Verhältnis fünf zu eins. Kein Zweifel: Ganz im Gegensatz zu Evans sahen die Altägypter in Mykenai einen wichtigeren Handelspartner als in Knossos. »Die These einer kretischen Eroberung oder Kolonisation des Festlandes hat man allzusehr für unumstößlich gehalten«, schrieben Wace und Blegen. »Daher sollte man es nicht länger zulassen, daß sie die historischen Folgerungen umnebelt, die aus dem archäologischen Belegmaterial der Spätbronzezeit in der Agäis zu ziehen sind.«
Der Zufall wollte es, daß noch im selben Jahre der »Gegenschuß« erfolgte: John Pendlebury veröffentlichte sein hervorragendes Buch *The Archaeology of Crete* (»Die Archäologie Kretas«). In ihm hielt er Evans' Lieblingsidee fest. »So sehr wird der Rest der Ägäis minoisiert, daß sich der Schreiber dieser Zeilen zumindest nicht der Schlußfolgerung erwehren kann, daß sie auch politisch unter Kretas Herrschaft stand.« Außerdem schien es Pendlebury absurd, »beim derzeitigen Stand unseres Wissens« Evans' Nomenklatur umzustoßen. »Bevor wir nicht etwas

Besseres an ihre Stelle setzen können, muß die Terminologie, die sich so lange so gut bewährt hat, beibehalten werden.« Allerdings übernahm auch Pendlebury »ohne Gewissensbisse« den Terminus »Späthelladisch« (mit der Unterteilung des Späthelladikums in die Phasen I, II und III) zur Kennzeichnung deutlich abgegrenzter Perioden der mykenischen Geschichte. Wenn man die Bezeichnung »helladisch« verwende, so schrieb er, bedeute dies nur, daß man nicht versuchen wolle, »einer ganzen Landschaft den Namen einer Stadt aufzuzwingen, und wie wir sehen werden, haben wir zwischen Kreta und dem Festland einige Unterschiede zu machen«. Er wagte es sogar, Evans' These in Zweifel zu ziehen, ein Erdbeben habe Knossos' Untergang verursacht: »Alles deutet vielmehr auf eine gewaltsame Zerstörung durch Feinde hin ...«
Diesen Auseinandersetzungen folgte Evans jedoch gleichsam aus weiter Ferne, wenn er sich in seinem verstellbaren Sommerhäuschen am See der Sonne nachdrehte oder, eine warme Decke auf den Knien, in seiner Bibliothek saß, einsam eine Patience legte, den Eichhörnchen zusah, die herbeikamen, um Nüsse zu sammeln, oder der Musik aus seinem Radio lauschte.

Am 4. April 1939 führte Blegen an der Bucht von Navarino (an der Westküste der Peloponnes) Grabungen durch. Schon wenige Stunden nach Anlage des ersten Stichgrabens wußte er: Hier mußte einst ein riesiges Bauwerk – vielleicht ein ganzer Gebäudekomplex – gestanden haben, das (bzw. der) gegen Ende der Bronzezeit, etwa um 1200 v. Chr., niedergebrannt war. Lage, Überlieferung und weitere Ausgrabungen ließen ihn schließlich die Anlage mit dem Palast des homerischen Helden Nestor, des Königs von Pylos, identifizieren. Doch die eigentliche archäologische »Bombe« platzte bereits am allerersten Grabungstage. Sir Arthur war nun schon viel zu alt, um noch dazu Stellung zu nehmen.

Mit unwahrscheinlichem Glück, das sich nur mit Evans' Ausgräberglück in Knossos vergleichen läßt, legten Blegens Leute die Überreste eines kleinen Raumes frei, in dem Hunderte zerbrochener Tontäfelchen mit Linear-B-Schrift lagen. Der Fund als solcher, so bemerkenswert er war, hätte sich vielleicht ganz einfach erklären lassen, ja man hätte ihn sogar zur Bekräftigung der Evans'schen These anführen können – doch angesichts der Datierung des Palastes bereitete er Kopfzerbrechen. Wenn der Palast von Pylos um 1200 v. Chr. niedergebrannt war, was hatten dann Linear-B-Täfelchen wie die aus dem zweihundert Jahre früher zerstörten Palast von Knossos in ihm zu suchen? Konnte es sein, daß Evans'

Chronologie nicht stimmte? War Knossos vielleicht erst nach 1400 v. Chr. untergegangen? Und wenn ja, wann? Evans, nunmehr achtundachtzig Jahre alt, behielt für sich, was er davon hielt.
Aber auch Blegen konnte im Schicksalsjahr 1939 nicht viel mehr tun als sorgfältig kleine Gruppen von Täfelchen zu entnehmen, sie in der Sonne zu trocknen, zu fotografieren, zu skizzieren und zu numerieren. Adolf Hitler drohte, ganz Europa seinem »Dritten Reich« einzuverleiben. Krieg lag in der Luft. Blegen deponierte seine kostbaren Linear-B-Täfelchen in den Safes der Bank von Griechenland und reiste mit den Fotos der Schrifttafeln nach Amerika. Nur ein paar Monate später detonierten die ersten Granaten.
Zum zweiten Male mußte Evans es erleben, wie Panzer jene Länder überrollten, die er am meisten liebte, und wie Bomben ihr Erdreich zerwühlten. Nur einundzwanzig Jahre – ein winziger Ruck des Sekundenzeigers der Weltzeituhr – trennten das Ende des Ersten Weltkrieges vom Ausbruch des Zweiten.
Ein zweites Mal in seinem Leben war Evans von Kreta abgeschnitten. In Knossos gab es einen neuen Kurator, Robert W. Hutchinson, einen Archäologen und Prähistoriker aus Cambridge, der, bereits über das entsprechende Alter hinaus, nicht mehr befürchten mußte, zum Militärdienst eingezogen zu werden. Seine Freunde gaben ihm den Spitznamen »der Junker«. Hutchinson tat, was in seiner Macht lag, damit an der Grabungsstätte ebenso wie in der Villa Ariadne alles beim alten blieb, und bewahrte dabei angesichts der obwaltenden Umstände bemerkenswerte Ruhe. Über der Insel lag das Gefühl unmittelbar drohender Gefahr.
Am 6. April 1941 drangen deutsche Truppen in Jugoslawien und Griechenland ein. Zwei Wochen später kapitulierte die griechische Armee, und König Georg II. floh nach Kreta. Die von Sir Arthur als Forschungszentrum geplante Villa Ariadne wurde zum Zufluchtsort der griechischen Königsfamilie. Doch konnte Knossos nur kurzfristig Schutz bieten. Als der Donner deutscher Geschütze und das Dröhnen der Panzerketten immer näher kamen, floh die griechische Königsfamilie weiter ins Exil.
Es war Nacht, als am 20. Mai 1941 der deutsche Angriff auf Kreta begann. Im Handumdrehen wurde die überlegene deutsche Luftwaffe mit den britischen Kreuzern und Zerstörern fertig, die in kretischen Gewässern vor Anker lagen. Die Villa Ariadne wurde Hauptquartier der Deutschen.
Jugoslawien, Griechenland, Kreta – Länder, die Evans liebte und wo er die Namen der winzigsten Weiler kannte – sie alle waren in Feindes-

hand. Ein letztes Mal in seinem Leben packte Zorn den alten Mann. Die Barbarei der Gegenwart schien ihm Verrat an der langen, schöpferischen Vergangenheit der Menschheit. »Zivilisation«, hatte er 1919 geschrieben, »läßt sich vielleicht als Form des sozialen Zusammenlebens definieren, die sich aus einem langen Leben in einem geordneten Gemeinwesen ergibt.« Wenn diese Definition zutraf, war die Menschheit wieder in den Urzustand roher Wildheit zurückgefallen.

Geschwächt, kränkelnd, fast blind begab sich Evans Ende Mai 1941 nach London, um sich bei der *Hellenic Society* (der »Hellenischen Gesellschaft«) nach Freunden und Kollegen zu erkundigen, die er in Griechenland und auf Kreta wußte. Der Tod John Pendleburys, dieses so vielversprechenden jungen Mannes, der nicht älter als sechsunddreißig Jahre geworden war, war für ihn ein Schicksalsschlag, der das Herz stocken ließ. Auch Manolakis Akoumianakis, achtundfünfzig Jahre alt, war gefallen. Beide waren Helden des kretischen Widerstandes. Beide als Forscher, Fährtensucher und Ausgräber hochbegabt, waren sie Opfer einer Gegenwart geworden, die an Unmenschlichkeit die Vergangenheit, der sie ihr Leben geweiht hatten, weit übertraf. Sich mit Prodger vorantastend, ging Sir Arthur von der *Hellenic Society* zum Britischen Museum. Es war zum Teil durch Feuer und Bomben zerstört. Der Numismatische Saal (das Münzkabinett), zu dem er und sein Vater so manche antike Münze beigesteuert hatten, war nur noch eine qualmende Ruine. Unersetzliche Werke in der Bibliothek waren nichts mehr als ein Häuflein Asche. Wie leidenschaftlich war Sir Arthur im Ersten Weltkrieg dagegen Sturm gelaufen, daß man das Museum zu militärischen Zwecken requirierte, was er als Bedrohung der »Heiligtümer der Wissenschaft« empfand. Wie vergeblich erschien eine solche Verteidigung der Wissenschaft und ihrer Tempel in einem Kriege wie diesem!

Am 8. Juli 1941 beging Arthur Evans, von einer nochmaligen Operation genesen, seinen 90. Geburtstag. John Myres, der ihm besonders nahestand, befand sich unter der Gruppe von Kollegen, die nach Youlbury gekommen waren, um ihm eine Urkunde zu überreichen, die seine außerordentlichen Leistungen auf so vielen Gebieten hervorhob – Leistungen, die der Wahrung des gemeinsamen Kulturerbes der gesamten Menschheit zugutekamen. Vor allem aber, so schloß das Dokument, sei es seinen Freunden eine »Freude, seiner niemals fehlgehenden Inspiration und der Ermutigung« zu gedenken, die »alle auf diesem weiten Feld Arbeitenden« Sir Arthur verdankten, desgleichen »seiner Initiative und seines oft erteilten weisen Rates zu Nutz und Frommen der Wissenschaft sowie seines lebenslangen eifrigen Eintretens für die Sache der Freiheit im Denken und Tun.«

Evans empfing seine Freunde in seiner Bibliothek, wo er emsig die Überreste der Römerstraße kartographiert hatte, die seinen Besitz durchquerte. Sie fanden ihn an seinem Schreibtisch sitzend. Myres schildert die Szene: »Auf seinen Knien lag ein abgegriffenes Meßtischblatt, in das er seine Römerstraße eingetragen hatte, und als man ihn fragte, wies er die Reinschrift seines Aufsatzes über diese Straße vor und sagte strahlend: ›Er ist fertig, er geht an die *Oxoniensia*‹*. Es war seine letzte wissenschaftliche Arbeit.«

Drei Tage später war Evans tot. Forscher bis zuletzt, hinterließ er ein ganz außergewöhnlich von seiner Persönlichkeit geprägtes Erbe, ein Erbe, das auch heute noch zur Stellungnahme herausfordert und niemanden unbeteiligt läßt, so daß man mit Recht sagen kann, im Geiste sei Sir Arthur auch heute noch anwesend, wenn es auf archäologischen Kongressen um kretische Archäologie geht. Jahrzehnte sind vergangen, seit Sir Arthur das Signal zu seiner letzten »massierten Attacke« in Knossos gab. Zahlreiche Teams jüngerer Feldarchäologen, ausgestattet mit dem allerneuesten Rüstzeug, das sie der Entwicklung der Naturwissenschaften und der Technik verdanken, haben überall auf der Insel neue archäologische Stätten ausgegraben. Es ist ihnen gelungen, das immer noch unvollständige Bild der ägäischen Bronzezeit durch neues Belegmaterial zu erweitern und zu vervollständigen, doch damit gossen sie nur Öl in Feuer, die Sir Arthur Evans entzündete – einer ihrer größten, wenn auch umstrittensten Vorgänger.

Evans überragte alle Fachgenossen seiner Zeit. Was er über minoische Gefäßscherben äußerte, schien ebenso für die Ewigkeit bestimmt zu sein wie die den Jahrtausenden trotzenden Scherben selbst. So mächtig war der Impuls, der von ihm ausging, daß Archäologen sogar heute noch über seine Thesen und Rekonstruktionen, seine Zeitansätze und seine Methoden debattieren. Oft reden sie sich dabei noch immer in Hitze, selten jedoch erreichen die Diskussionen einen solchen Grad von Schärfe wie beim Ersten Kretologischen Kongreß, der 1961 stattfand. Schade, daß Sir Arthur, dem Gelehrtenstreit und Kampfdebatten so viel Vergnügen bereiteten, nicht mehr dabei sein und an den Versammlungen teilnehmen konnte.

---

* Ein Oxford-Jahrbuch.

22

Auf Evans' Spuren nach Knossos

Der 1961 in Herakleion abgehaltene kretologische Kongreß war der erste seiner Art, doch reichte sein Widerhall bereits recht weit. Erstmals brachte er nicht nur Vertreter der Archäologie des ägäischen Raumes an einen Tisch, sondern auch Experten aus anderen Bereichen der Wissenschaft, und dies aus mehr als einem Dutzend verschiedener Länder. Die Delegierten waren in der Villa Ariadne untergebracht. Diese gehörte seit neun Jahren dem griechischen Staat, seit das Britische Archäologische Institut in Athen die Schlüsselgewalt übergeben und so die letzte Brücke zwischen diesem massiven Steinbau und dem Mann abgebrochen hatte, der ihn ein halbes Jahrhundert zuvor hatte errichten lassen. Den Kongreßteilnehmern freilich schien es, als ob Sir Arthur, wenn auch unsichtbar, noch immer ihr Gastgeber sei und den Vorsitz führe. Nur wenige der Geladenen empfanden nicht, daß ausgerechnet die Villa Ariadne ein ganz außergewöhnlicher Ort sei, um an Evans Kritik zu üben – bisweilen sogar sehr heftige Kritik. Als beispielsweise Leonard Palmer, Professor für vergleichende Sprachwissenschaft in Oxford, seinen Vortrag beendet hatte, waren seine Zuhörer viel zu geschockt, um zu applaudieren.

Außerordentlich lebhaft sprach sich Palmer gegen Evans' Zeitansatz der Linear-B-Schrift aus (Evans hatte die Erfindung dieses Schriftsystems in die Zeit um 1450 v. Chr. gewiesen). Um 1450 v. Chr., so behauptete Evans, habe eine Katastrophe zur Zerstörung sämtlicher kretischer Paläste geführt – mit Ausnahme von Knossos, wo »ein Wandel der Dynastie« stattgefunden habe. Die Täfelchen – so immer noch Evans – verdankten ihre Erhaltung dem letzten Großbrand, der 1400 v. Chr. Knossos endgültig in Schutt und Asche gelegt habe. Anders Palmer. Aufgrund philologischer Folgerungen aus den Täfelchen, die Blegen in Pylos und ein paar Jahre später Wace in Mykenai ans Licht gebracht hatten, schlug er für die Archive von Knossos eine sehr viel spätere Zeitstellung vor. Seiner Ansicht nach hatte man die endgültige Zerstörung des Minos-Palastes in die Jahre um 1150 v. Chr. – also ganz ans Ende der Bronzezeit – zu weisen. Und als ob dies nicht schon Heiligtumsfrevel genug wäre, ließ Palmer mehr als nur durchblicken, daß Evans' Grabungsmethoden unvermeidlich zu Irrtümern führen mußten. Die Kretologen, vor denen er seinen Vortrag hielt, waren entsetzt. Vor allem die anwesenden Archäologen waren zutiefst bestürzt – darunter Sinclair Hood, Direktor des Britischen Archäologischen Institutes in Athen, und John Boardman, Lektor für Klassische Archäologie in Oxford. Als das Schweigen der ersten Bestürzung vorüber war, brach ein wahrer Sturm los – durchaus nicht nur ein Sturm der Entrüstung, sondern die widerstreitendsten Gefühle machten sich Luft, und bald war ein erbittertes Wortgefecht im Gange. Dabei überschritt man so oft die Grenzen der gebotenen Sachlichkeit, daß Palmer warnte: »Meine Herren! Dies sind keine Methoden wissenschaftlicher Auseinandersetzung!«

Die beiden einzigen, die in diesem Kampfgetümmel hätten die Führung übernehmen können, waren tot: Der gefürchtete Evans selbst, aber auch Michael Ventris, der als Schuljunge von vierzehn Jahren bei Evans' Vortrag in London angefangen hatte, sich über Linear B den Kopf zu zerbrechen. Ventris' erst fünf Jahre zurückliegender, tragischer Tod (er war bei einem Autounfall ums Leben gekommen) lag noch wie ein Schatten über diesem Kongreß und bedrückte die Teilnehmer um so mehr, je öfter sein Name genannt wurde. Und er wurde oft genannt, denn schließlich war es Ventris' erstaunliche wissenschaftliche Leistung, an der sich der nun tobende Streit entzündet hatte.

Obwohl als Architekt ausgebildet, hatte Ventris es geschafft, die Linear-B-Schrift zu entziffern. Er hatte zwar früh begonnen, sich mit dieser Schrift zu beschäftigen – seine Bemühungen wurden aber erst intensiver, als 1951 die Veröffentlichung der Pylos-Täfelchen vorlag. Zufällig forderte ihn ein Jahr später die BBC (der Londoner Rundfunk) auf, die von John Myres besorgte Ausgabe des zweiten Bandes der von Evans begonnenen Publikation *Scripta Minoa* im Dritten Programm zu besprechen. Myres hatte mit dieser Arbeit das Werk Sir Arthurs fortgesetzt und Ventris die Belege geliefert, die ihm noch gefehlt hatten und ihm nun die Feststellung ermöglichten: »Während der letzten Wochen bin ich zu der Folgerung gelangt, daß die Täfelchen aus Knossos und Pylos eben doch griechische Aufschriften tragen – zwar in einem verquasten und sehr frühen Griechisch, schließlich ist es ja auch 500 Jahre älter als Homer, aber nichtsdestoweniger eine Form des Griechischen.«

Prompt reagierte einer von Ventris' damaligen Zuhörern – John Chadwick, ein junger Altphilologe aus Cambridge, der sich auf altgriechische Dialekte spezialisiert hatte. Er und Ventris kamen miteinander in Kontakt, und es entwickelte sich eine äußerst fruchtbare Zusammenarbeit, die weitreichende Auswirkungen auf die gesamte künftige Altertumsforschung im ägäischen Raum haben sollte. Ihr mehr als fünfhundert Seiten umfassendes Gemeinschaftswerk *Documents in Mycenaean Greek* (»Dokumente in mykenischem Griechisch«) erschien 1956 – im selben Jahre, als Ventris tödlich verunglückte. Ventris, dieser hochbegabte junge Gelehrte, hatte gerade lange genug gelebt, um die aufsehenerregende Entdeckung zu machen: Die Sprache der Texte auf den Schrifttafeln war nicht, wie Evans angenommen hatte, minoisch, auch nicht etruskisch, indogermanisch, hethitisch oder baskisch, wie andere Gelehrte vermuteten, sondern ein archaisches Altgriechisch!
Was für Fragen warf erst dies wieder auf! Wenn man in Knossos griechisch geschrieben hatte, war Griechisch offensichtlich die Sprache der zur fraglichen Zeit dort herrschenden und über das Privileg der Bildung verfügenden Oberschicht. Doch was für Menschen griechischer Zunge konnten dieser angehören, wenn nicht Eroberer, die vom Kontinent gekommen waren? Besagte dies, daß Knossos nicht von einem Erdbeben zerstört worden war, sondern von fremden Invasoren?
Schon vor dem »Ersten Kretologischen Kongreß« des Jahres 1961 hatte Palmer viel Staub aufgewirbelt, indem er Fragen dieser Art stellte und in seiner eigenen Weise beantwortete. Um zu beweisen, daß Evans unrecht habe, hatte Palmer auf Mackenzies Original-Tagebücher zurückgegriffen, die nun in den Archiven des *Ashmolean Museum* in Oxford lagen. Zwischen ihnen und Evans endgültiger Zusammenfassung des Belegmaterials, so Palmer, gebe es schwerwiegende Unstimmigkeiten und Ungenauigkeiten. Er ließ durchblicken, man habe gewisse Tatsachen unterschlagen, ja manche sogar verfälscht. Bei seinen eigenen Untersuchungen der Täfelchen und ihrer archäologischen Fundzusammenhänge sei er, Palmer, zu dem Ergebnis gelangt, Knossos müsse nach 1200 v. Chr. zerstört worden sein. Jedenfalls werde man Evans' Thesen noch einmal gründlich zu überdenken haben.
So der Philologe Palmer. Nun hatten die Archäologen das Wort. Unter der Leitung von Sinclair Hood hatte das Britische Archäologische Institut in Athen soeben erst einige neue Ausgrabungen beendet, die zumindest in die von Evans' Kritikern neu aufgeworfene Datierungsfrage Klarheit brachten. Evans hatte behauptet, alle anderen bedeutenden

Ansiedlungen auf Kreta seien um 1450 v. Chr. zerstört worden. Allein Knossos habe unter einer machtvollen neuen (und wie Evans meinte: minoischen) Dynastie noch fünfzig Jahre weiterbestanden. In diesen fünfzig Jahren sei nicht nur die Linear-B-Schrift, sondern auch die prächtige, ja geradezu grandiose »Palaststil«-Keramik geschaffen worden, die ausschließlich in Knossos hergestellt worden sei. Dies treffe nicht zu, widersprachen die Kritiker, und auch sie beriefen sich auf das Zeugnis der die Zeiten überdauernden Tonware – nur spreche dieses ihrer Ansicht nach eher dafür, daß sämtliche kretischen Paläste ausnahmslos zur gleichen Zeit zerstört worden seien.
Evans, wandten sie ein, habe einen bestimmten Gefäß-Dekorstil als »spätminoisch I b« bezeichnet und den Jahren 1500–1450 v. Chr. zugewiesen. Tonware dieser Art sei fast überall aufgetaucht, nur in Knossos nicht. Warum, wollten die Kritiker wissen, fehlte sie im »Haus des Minos«? Legte dies nicht die Vermutung nahe, daß Evans' vielgerühmter »Palaststil« einfach mit der weniger glanzvollen Keramik des Stiles »spätminoisch I b« zeitgleich war? Und folgte daraus nicht, daß sämtliche Paläste um 1400 v. Chr. von derselben Welle in Kreta eingedrungener Invasoren zerstört wurden?
Doch nun hatte Sinclair Hood den fehlenden Vasentyp in Knossos nachgewiesen! Ob sein Bericht über diesen Fund, den er 1962 in *The Illustrated London News* veröffentlichte, die Zweifler an Evans' Theorien überzeugte oder nicht – sein bloßer Titel »Sir Arthur gerechtfertigt« spiegelt etwas von der Kampfstimmung, die sich breitgemacht hatte. Die jüngst abgeschlossene britische Grabung habe, so Hood, der erneuten Überprüfung der Stratigraphie in Knossos gegolten und zu »einer bemerkenswerten Entdeckung« geführt: einem Hort der Vasen, um die es ging, und zwar genau in der Schicht, in der sich diese Vasen auch befinden mußten, um Evans' Datierung zu bestätigen. »Mit einem Schlage fanden so, mehr als 60 Jahre, nachdem er mit seinen Ausgrabungen in Knossos begonnen hatte, Evans' Auffassungen auf eine höchst unerwartete und dramatische Weise Bestätigung.« Hood fuhr fort: »Diese Deponie von Vasen des Typs ›Spätminoisch I b‹ ist wohl die bedeutendste ihrer Art, die je auf Kreta gefunden wurde. Wenn das Material, das sie birgt, erst einmal voll aufgearbeitet sein wird, könnte es durchaus eine kleine Revolution der Minoer-Forschung hervorrufen. Zutreffender wäre es allerdings, von einer Konterrevolution zu sprechen, da die Belege, die es enthält, letztlich die Richtigkeit der Auffassungen Sir Arthur Evans' bestätigen.«

Doch Palmer wirbelte nur um so dickere Staubwolken auf. Als die Auseinandersetzung begann, hatten er, der Philologe, und John Boardman, ein Dozent für Klassische Archäologie in Oxford, eine gemeinsame Buchveröffentlichung geplant, in der es um die Linear-B-Täfelchen gehen sollte. Als Boardman sich jedoch eingehender mit dem Material beschäftigte, sah er sich außerstande, weiterhin Palmers Ansichten zu teilen. Der Ausweg aus diesem Dilemma waren *zwei* einander kraß widersprechende Bücher, die 1963 in *einem* Band bei *Clarendon Press* in Oxford erschienen. Das Verlagshaus erklärte: »Professor Palmer und Mr. Boardman fanden, daß sie nicht nur in den Schlußfolgerungen voneinander abwichen, die sie aus den zugrundeliegenden Belegen zogen, sondern auch hinsichtlich der Art und Weise, wie sie diese ihre Belege verwendeten. Da sie andererseits darin übereinstimmten, daß ihre Darlegungen so rasch wie möglich der Öffentlichkeit zugänglich zu machen seien, einigten sie sich darauf, zwei voneinander unabhängige Untersuchungen vorzulegen. Keine der beiden wurde vor der Drucklegung vom Autor der anderen eingesehen.«

Duncan Mackenzie hätte Boardmans Verteidigung seiner Tagebücher sicher wohlgetan. »Mackenzie schrieb klar und lesbar«, heißt es hier beispielsweise. Seine Notizbücher seien »eine Fundgrube interessanter Informationen über die Ausgrabungen und enthüllten Mackenzies Sorgfalt ebenso wie seine Detailgenauigkeit, die ihrerseits wieder das Urteilsvermögen bezeugt, das Evans einst bewies, indem er ihm [Makkenzie] so lange den Posten eines Grabungsleiters anvertraute.« Boardman hob hervor, Mackenzies tägliche Tagebucheintragungen gäben zwangsläufig nur unmittelbar vor Ort gewonnene Eindrücke wieder. War die Arbeit weiter fortgeschritten, konnte es bei nochmaligem, gründlichem Überdenken zu Meinungsänderungen kommen. Nach zwei Seminaren über dieses Thema, nach Berichten in Presse, Rundfunk und in der Fachzeitschrift *Antiquity* faßte Boardman seine Ansicht nun dahingehend zusammen, die Gelehrtenwelt habe »allgemein die Korrektheit der Datierungen Evans' akzeptiert«.

Inzwischen tauchten weitere Schrifttafeln auf. Im selben Jahr, in dem Palmer und Boardman ihren inhaltlich so widerspruchsvollen Doppelband veröffentlichten, entdeckte der griechische Archäologe Nikolaos Platon Linear-B-Täfelchen in den Ruinen eines mykenischen Palastes in Theben. In derselben Schicht befand sich ein babylonischer Siegelzylinder, der sich der Zeit um 1350 v. Chr. zuweisen ließ. War Linear B also mit einem weiteren Datum verknüpft? Es schien, als ob jeder Neufund

die Verwirrung nur vergrößerte. Erbittert stritt man sich weiter. Der einzige »Rufer im Streit«, dessen Stimme man ganz gewiß nicht überhört hätte, die man aber nun nicht mehr vernahm, war Sir Arthur. Mehr noch als über die herzhafte Polemik hätte Evans sich ganz gewiß über das zutage gekommene Material gefreut, das immer mehr Licht auf die Geschichte der Minoer warf. 1962 entdeckte Platon einen weiteren Palast in Zakros (Zakro) an der kretischen Ostküste. Wenn auch nicht so glanzvoll wie Knossos oder Phaistos und etwas kleiner als Mallia, war er jedoch ebenso sorgsam geplant. Es gab Zeremonialräume, einen Wohntrakt, den Mittelhof, dazu Magazine, Werkstätten und Kulträume. Ja mehr noch: Weil dieser Palast um 1450 v. Chr. durch Feuer zerstört worden war, waren die unter seinen Trümmern verborgenen Schätze Plünderern verborgen geblieben. So kamen ganz außerordentliche Funde zum Vorschein. Hierzu gehören eine mit unter Luftabschluß konservierten Oliven gefüllte Schale und ein herrliches Rhyton aus Bergkristall mit einem schmuckstückähnlich aussehenden Henkel aus Bergkristall-»Perlen«.
Von Zakros im Osten bis Kastellion im Westen – überall waren nun Ausgrabungen im Gange. Überall kamen minoische Höhlenheiligtümer und Berg-Kultstätten, minoische Häuser und minoische Dörfer – aber auch über ihnen jüngere Siedlungsschichten – zum Vorschein. Ein Grabungsteam des Britischen Archäologischen Institutes zu Athen begab sich sogar noch einmal nach Knossos, um Evans' »unerforschtes Haus« zu untersuchen, und die Ausgräber fanden: Es handelte sich, genau wie Evans schon mehrere Jahrzehnte zuvor vermutet hatte, um ein Bauwerk griechisch-römischer Zeit. 1977 lag dann auch dieses »unerforschte Haus« ganz und gar frei, und die von Evans beschriebene Wanddekoration (Wandmalereien, die Marmor vortäuschten) war noch dort vorhanden, wo Evans seinerzeit nicht weitergekommen war. Und noch immer geht die Suche weiter – eine Suche, die bisweilen auch Details ans Licht bringt, die den großen Entdecker der Minoer möglicherweise um einen Teil seiner Begeisterung gebracht hätten. So beendete 1979 das griechische Archäologenpaar Ioannis und Effie Sakellarakis sein 15. Grabungsjahr im Gebiet des Dorfes Archanes am Fuße des Juktas-Massivs. Beim Freilegen eines bronzezeitlichen Friedhofes stießen sie dort auf einen Kultschrein, in dem allem Anschein nach etwa im 17. Jahrhundert v. Chr. ein Menschenopfer dargebracht wurde, das allerdings von einem Erdbeben unterbrochen wurde. Und zwar fanden die beiden Archäologen die Skelette zweier Männer und einer Frau. Zwei

dieser drei Personen – vermutlich eine Priesterin und ein Priester – waren umgekommen, als die Decke barst und auf sie herabstürzte. Dem dritten Anwesenden dagegen hatte man die Halsschlagader durchgeschnitten. Der schwere Dolch lag noch quer über seinen Rippen.

Ein Jahr später, also 1980, legte Professor P. M. Warren von der Universität Bristol unmittelbar westlich von Knossos bei Sir Arthurs »Kleinem Palast« ein noch beunruhigenderes Depot menschlicher Gebeine frei. Messerspuren an ihnen legten die Vermutung nahe, daß hier sogar Kannibalismus im Spiel war. Selbstverständlich behalten die Gelehrten auch weiterhin diese grausige Möglichkeit im Auge, doch wissen wir andererseits noch immer viel zu wenig. Glücklicherweise scheint Kretas Erde geradezu unerschöpflich zu sein. Jedenfalls nimmt das uns zur Verfügung stehende Informationsmaterial unablässig zu. Fakten, von denen noch Evans, Hogarth und Halbherr, ja sogar Wace und Blegen nicht das mindeste ahnten, kommen zum Vorschein. Freilich trägt ihre Fülle durchaus nicht nur zur Klärung unseres Bildes der geschichtlichen Sachverhalte bei, sondern bewirkt nicht selten eher eine Verunklärung und Komplizierung. Jede Lösung eines Problems wirft neue, andere Fragen auf. Eine der bohrendsten – die Frage nach dem »Wann« und »Wie« des Unterganges dieser so glanzvollen Zivilisation – erhielt eine ganz neue, dramatische Dimension durch den griechischen Archäologen Spyridon Marinatos, der 1967 auf der auch unter ihrem italienisierten Namen Santorini (bzw. Santorin) bekannten Insel Thera zu graben begann. Immer mehr Gelehrte erblicken in dieser Insel (mehr aber noch: in dieser Insel plus Umfeld, einschließlich Kreta) sogar das legendäre Atlantis, das durch die Altersdialoge des griechischen Philosophen Platon (427–343 v. Chr.) in die Weltliteratur eingeführt, seitdem durch die Köpfe ernster und weniger ernst zu nehmender Forscher und Mythomanen geistert und in alle erdenklichen Erdteile und Weltmeere verlegt worden ist.

Thera ist die südlichste der neununddreißig als Kykladen bezeichneten Inseln, die einen Teil der ägäischen Inselwelt bilden. Nur 112 km offener See trennen die Insel von der kretischen Nordküste. Klein, doch voller Anmut, hatte Thera einst einen Durchmesser von schätzungsweise 15 km und wurde von steilen Gipfeln überragt. Seine bedeutendste Erhebung war ein mächtiger Vulkangipfel. In den tiefeingeschnittenen Inseltälern gedieh Wein, wie denn das vulkanische Erdreich überhaupt außerordentlich fruchtbar war. Die Inselbewohner führten ein unbeschwertes Dasein, und ihre Kultur blühte, bis irgendwann um 1500

v. Chr. eine der furchtbarsten Naturkatastrophen der Menschheitsgeschichte dieses kleine Paradies heimsuchte.
Begleitet von einem entsetzlichen Erdbeben, explodierte der Thera-Vulkan unter dem Druck im Erdinnern zu hoch gespannter Gase in einer Reihe dermaßen heftiger Eruptionen, daß das Zentrum der Insel buchstäblich einstürzte, so daß dort, wo einst Land gewesen war, eine riesige, kraterförmige *caldera* (Einbruchskessel) entstand, in die mit ungeheurer Gewalt das Meer nachströmte. Durch das Zusammenwirken von Vulkan-Explosion, Erdbeben und Wassereinbruch in die *caldera* kam es zu gewaltigen Seebebenwogen (der dem Japanischen entnommene wissenschaftliche Fachausdruck dafür lautet *tsúnami*) von unvorstellbarer Höhe, die sich in immer breiter werdenden Ringen vom Herd der Katastrophe aus ausbreiteten und gegen die Küsten der benachbarten Inseln brandeten. Welche Kräfte damals entfesselt waren, könnte man sich kaum vorstellen, gäbe es nicht einen Parallelfall in allerjüngster Zeit: den Ausbruch des Krakatau (eines Inselvulkans in der Sundastraße zwischen Java und Sumatra) im Jahre 1883.
Damals wurden zwei Drittel der Vulkaninsel Krakatau, die ebenso wie Thera auf einer der großen Verwerfungsspalten unserer Erde liegt, einfach in die Luft gesprengt bzw. ins Meer geschleudert, wo sich neue Inseln bildeten. Die Vulkantätigkeit steigerte sich, bis sie am 26.–28. August ihren Höhepunkt erreichte. In diesen drei Tagen verschwand die Insel fast von der Landkarte, und das brüllende Donnern der ungeheuren Explosionen war nicht nur bis in Alice Springs (Zentralaustralien) zu hören, das 3500 km vom Ort des Ausbruchs entfernt lag, sondern sogar auf der 4800 km vom Krakatau entfernten Insel Rodriquez (südöstlich von Mauritius) vernahm man noch ihren Schall. Nicht weniger als 25 km, später sogar 80 km Höhe erreichte schätzungsweise eine Wolke aus dichten, schwarzen Schwaden, die sich über dem Schauplatz der Katastrophe bis weit in die Stratosphäre erhob. Küstenstädte auf den benachbarten Inseln wurden von nahezu 30 m hohen Seebebenwogen hinweggefegt. Diese *tsúnami* waren von solcher Gewalt, daß sie beispielsweise in Telukbetung auf Sumatra das niederländische Kanonenboot *Berouw*, das dort festgemacht hatte, aus seiner Vertäuung rissen und es 3 km weit landeinwärts trugen, wo es schließlich 9 m über dem Meeresspiegel mitten im Walde »strandete« und liegenblieb. Noch Monate nach diesem verheerenden Vulkanausbruch kreisten feinste Aschenteilchen hoch in der Stratosphäre rings um die Erde und riefen stimmungsvolle Lichteffekte hervor. Auch die Schallwellen der Explo-

sion liefen als zwar nicht mehr mit bloßem Ohr vernehmbare, aber immerhin meßbare Luftvibration mehrmals rings um den gesamten Erdball, bis ihre Energie erschöpft war.

Dieser Krakatau-Ausbruch fand zu Evans' Lebzeiten statt – geologisch gesehen also heute. Und sicher wäre Sir Arthur fasziniert von Marinatos' Funden auf Thera, das – allerdings 3500 Jahre früher – das gleiche Schicksal erlitt: Unter mächtigen Schichten vulkanischer Asche kamen hier die Überreste zwei bis drei Stockwerke hoher Häuser zum Vorschein, Reste von Räumen, deren Wände Fresken trugen, nach Ausweis ihrer Naturverbundenheit unverkennbar minoische Fresken, und doch erfüllt von einem schöpferischen Ingenium ganz eigenständiger Prägung. Marinatos fand wunderschöne Gefäße aus Keramik, Stein und Bronze. Einige stammten aus den Werkstätten einheimischer Künstler, andere waren aus Kreta oder vom Festland importiert und zeugten so von dem Handel, den Theras wohlhabende Seefahrer seinerzeit trieben.

Stark unter minoischem Einfluß stehend, hatten Theras bronzezeitliche Bewohner zu dem Kapitel der Menschheitsgeschichte, das von den Minoern handelt, zumindest eine glanzvolle »Fußnote« beigesteuert. Dann war durch Naturgewalten fast außerhalb unseres Vorstellungsvermögens (nach Marinatos' Schätzungen könnte die Thera-Eruption die vierfache Stärke des Krakatau-Ausbruchs erreicht haben!) um 1500 v. Chr. diese hochentwickelte Kultur urplötzlich wie vom Erdboden gefegt worden. Ganz genaue Daten zu geben, ist unmöglich. Zwar stimmen die Vulkanologen darin überein, daß zwischen dem Beginn des Thera-Ausbruchs und seinem explosionsartigen Höhepunkt, der die *caldera* entstehen ließ, eine gewisse Zeit verstrichen sein muß, doch vermag niemand sicher anzugeben, wie groß der fragliche Abstand zwischen den genannten beiden Zeitpunkten wirklich war.

Nach Marinatos' Ansicht waren es die furchtbare Eruption des Thera-Vulkans sowie die riesigen Flutwellen in ihrem Gefolge, die der einst so glänzenden Kultur der Minoer ein jähes Ende bereiteten. Das Erdbeben, das – sei es als auslösender Faktor des Vulkanausbruchs, sei es als seinerseits erst durch die vulkanischen Kräfte ausgelöstes Sekundärphänomen – die Vulkankatastrophe begleitete, sei auch auf Kreta spürbar gewesen und habe die großen Paläste der Insel dem Erdboden gleichgemacht. Anschließend teilweise von den Wassermassen der den Erderschütterungen folgenden Seebebenwogen überflutet, hätten sich diese Paläste nicht mehr aufbauen lassen. Knossos allein sei erhalten geblie-

ben, weil es durch seine etwas höhere Lage geschützt war. Seine Position sei jedoch durch die Naturkatastrophe dermaßen geschwächt gewesen, daß es eine leichte Beute vom Festland her eindringender mykenischer Eroberer wurde.
Also wurde Knossos letztlich doch von Invasoren der Todesstoß versetzt, nicht durch ein Erdbeben, wie Evans angenommen hatte? Zwar akzeptieren nicht alle heutigen Archäologen Marinatos' Rekonstruktion der Ereignisse, aber die meisten stimmen darin überein, daß Mykener oder (mit anderen Worten) »Proto-Griechen« aus irgendeinem Zentrum auf dem Festland irgendwann im 15. Jahrhundert v. Chr. die Minos-Residenz erobert und damit auch den Thron in Besitz genommen haben müssen. Es gab also tatsächlich jenen »Wandel der Dynastie«, den Evans um 1450 v. Chr. ansetzte und der zur Einführung der glänzenden »Palaststil«-Keramik führte, nur waren die neuen Herrscher auf Minos' Thron keine Minoer mehr, sondern vom Festland her eingedrungene Invasoren, die eine sehr frühe Form des Griechischen sprachen. Nach einer weiteren Theorie, der unter anderem Wace anhängt, wurde Knossos zwar erst gegen 1400 v. Chr. zerstört, aber nicht etwa von Invasoren, sondern von deren einheimischen, kretisch-minoischen Untertanen, die sich gegen die Fremdherrscher erhoben und Feuer an den von den Eroberern beschlagnahmten Palast legten. Kurz: Es gibt noch keine einheitliche, verbindliche Antwort auf die Frage, wann und wie der Palast von Knossos – und mit ihm eine der außergewöhnlichsten Kulturen des Altertums – sein bzw. ihr Ende fand.
Ja – ein Skeptiker bezweifelte gar, daß es überhaupt ein Palast war, was Evans gefunden hatte. Und zwar verfaßte der deutsche Geologieprofessor Hans Wunderlich ein *Wohin der Stier Europa trug* betiteltes Buch, das beweisen sollte: Die minoischen Paläste – allen voran Knossos – waren gar keine Wohnstätten für Lebende, sondern aufwendige Grabstätten für Tote. Eines seiner Hauptargumente – schließlich war Wunderlich immerhin Geologe – besteht darin, daß man in Knossos Alabaster (eine in der Natur vorkommende Form des Gipses) als Baumaterial verwendete – einen so weichen und porösen Stein, daß er als Baustoff für ein von Hunderten von Menschen bewohntes Bauwerk völlig ungeeignet erscheint. Dies brachte Wunderlich auf den Gedanken, die Paläste seien möglicherweise überhaupt nicht als Wohnstätten Lebender geplant worden. Auch andere Argumente führte er an – so beispielsweise, daß die meisten Räume fensterlos waren und lediglich durch Luftschächte indirektes Licht erhielten, was sie mehr für den Totenkult denn als

Wohnräume für Lebende geeignet mache, daß es Magazine gab, aber nicht eine einzige Küche und dergleichen mehr. Manches von dem, was Wunderlich vorbrachte, klang so überzeugend, daß sein Buch, das von Autor und Verlag als »Provokation« in die Welt gesetzt wurde, in der Tat beträchtliches Aufsehen hervorrief, besonders in der Laienwelt. Die englische Archäologin Jacquetta Hawkes dagegen konnte sich in ihrer Rezension des Eindruckes nicht erwehren, Professor Wunderlich trage seinen Namen mit Recht. So mit Fakten umzuspringen, »denen Hunderte tüchtiger Archäologen, Historiker und Epigraphiker ihr gesamtes Forscherleben geweiht« hätten, sei ebenso phantastisch wie absurd. Doch das Buch zeigt immerhin, welchen Herausforderungen – von Datierungsproblemen ganz abgesehen – sich ein Archäologe plötzlich gegenübersehen kann.

Der Streit geht weiter. Manche heutigen Gelehrten bezweifeln sogar Ventris' Entzifferung der Linear-B-Schrift. Ist die Sprache dieser Täfelchen *wirklich* ein sehr frühes Griechisch? Und auch über die Thera-Katastrophe ist man geteilter Meinung: Einige Kenner der ägäischen Archäologie sind der Ansicht, Thera-Eruption und Zusammenbruch der minoischen Kultur hätten ganz und gar nichts miteinander zu tun. Politologen und Wirtschaftswissenschaftler bereichern die Palette der vorgetragenen Theorien, indem sie ihre Auffassung von der Aushöhlung der minoischen Vormachtstellung in der ägäischen Welt beisteuern. Der Wirbel all dieser Kontroversen gibt Evans' Beitrag zum Wissen der Menschheit über sich selbst nur um so größeres Gewicht. Mag sein, daß Sir Arthurs Begeisterung für seine Minoer und seine Überzeugung von ihrer Bedeutung gewisse Züge von Besessenheit hatten, doch im großen ganzen haben seine Entdeckungen und die Schlüsse, die er aus ihnen zog, der Belastung durch die Zeit und der Nachprüfung durch moderne Forschungsmethoden standgehalten.

Der Spaten kann Fakten lediglich aufdecken, nicht deuten. Um seine Funde interpretieren zu können, verfügt der heutige Ausgräber über Helfer und Hilfsmittel aus mehr als einem Dutzend Naturwissenschaften – ein Angebot, das es zu Evans' Zeit noch nicht gab. Der Nuklearphysik verdankt er unter anderem die Radiokarbondatierung. Mit Hilfe der Spektroskopie vermag er festzustellen, woher der Ton stammte, den ein Töpfer vor Jahrtausenden verwendete. Anhand der Thermolumineszenz läßt sich bestimmen, wann Tongefäße gebrannt wurden. Restaurierungen führt man heute teilweise in regelrechten Laboratorien durch, und steinerne Gegenstände bekommen Injektionen von Konservierungsmitteln. Luftbildtechnik, Unterwasserarchäologie, elektronische Datenverarbeitung – dies alles gehört heute zum Rüstzeug des Archäologen. Vertreter ganz neuentstandener Forschungszweige wie Paläoethnobotanik oder Paläopathologie suchen Antworten auf ebenso neue Fragen, und damit ist es der langen Fachbegriffe dieser Art (wie Archäoastronomie [eine freilich von manchem mit gewisser Skepsis betrachtete Richtung], Archäomagnetismus oder Dendrochronologie) noch keineswegs genug, vielmehr umspannt die Liste der naturwissenschaftlichen Disziplinen, die dem aus dem »Antiquar« vergangener Zeiten hervorgegangenen heutigen Archäologen zur Seite stehen, das gesamte Alphabet von *A* wie *Atomphysik* bis *Z* wie *Zoologie.*

Nicht alle Archäologen sind davon begeistert. So warnt Jacquetta Hawkes, der Anwendung all der modernen Techniken verdanke man zwar ein enormes Detailwissen, doch fehle »der große Humanist, der allein alles zusammenzuschweißen vermag, damit es Geschichte wird«. Und der Stonehenge-Experte R. J. C. Atkinson macht sich Sorgen, das neue Handwerkszeug könne »zu etwas führen, das ich als bloßes Herumtüfteln bezeichnen möchte – mit anderen Worten: man verwechselt die Mittel mit dem Zweck«.

Eines steht fest: Für Spürsinn und Intuition gibt es keinen Ersatz in der Archäologie. Auch nicht für umfassendes Wissen und Fingerspitzengefühl im Hinblick auf die Typologie. Alle diese Fähigkeiten aber besaß Sir Arthur in überreichem Maße. Wenn er heute noch lebte, wäre er, aufgeschlossen, wie er war, sicherlich der erste, der jede Hilfe durch die Naturwissenschaft dankbar begrüßen würde. Und er vermöchte es, den mit Hilfe all der modernen Techniken ermittelten Daten jenes besondere Quantum Inspiration einzuflößen, das dem zu untersuchenden Gegenstand erst Aussagekraft verliehe, ja – ihn und die Menschen, die ihn einst schufen und benutzten, wieder zum Leben erweckte.

Evans war bei weitem nicht der einzige Archäologie-Pionier, der den Tag vorausahnen ließ, an dem Archäologie einen unauflöslichen Bund mit den exakten Wissenschaften schließen werde. Er war auch nicht die einzige überragende Gestalt der »Pionierzeit«, deren Namen auf immer mit der Stätte ihrer Entdeckung verknüpft sein wird, vielmehr gilt für Schliemann und Troja sowie Mykenai, für Flinders Petrie und Ägypten schlechthin, für Austen Henry Layard und Ninive sowie für Leonard Woolley und Ur das gleiche. Doch Evans ist der einzige große Archäologe, bei dem Arbeit und Vision so miteinander verschmolzen, daß beide fast nicht mehr auseinanderzuhalten sind. Seine Intuition und Imagination gaben dem, was sein Spaten fand, die Dimension des Sichtbaren, bis aus freigelegten Originalruinen und kühner Rekonstruktion König Minos' Haus und Hof neues Leben gewannen. Knossos ist heute wieder ebenso Kretas Kronjuwel, wie es dies vor rund 3500 Jahren war.

Evans' Candia ist das heutige Herakleion, die Hauptstadt der Insel. Hotels drängen sich hier am Strand. Vor den Läden hängen Stoffe in leuchtenden Farben und reichbestickte Gewänder. Fremde feilschen, kaufen und fragen in allen erdenklichen Sprachen nach dem Weg. Doch wie Kreta insgesamt, bewahrt auch Herakleion – trotz des Wirrwarrs der Fernsehantennen auf seinen Dächern, der Jumbo-Jets auf seinem Flughafen, der Autovermietungen und der Autobahnen, über deren noch so neu aussehender Zementdecke an heißen Tagen die Luft flimmert – ein gutes Stück Erinnerung an eine ferne, uralte Vergangenheit. Auch bei den Souvenirs in den Touristenläden handelt es sich um Nachbildungen alter Götterdarstellungen und Gebrauchsgegenstände. Streift man durch Herakleions Straßen und Alleen mit ihren vielsilbigen Namen – Paraskevopulu-, Themistokleus-, Xanthudidis- oder Konstantinu-Straße –, wirkt der Name der Evans-Straße plötzlich wie der Ton eines Hammers in einer Versammlungshalle, der die Anwesenden zur Ordnung ruft. Dieser Name bedeutet einem etwas. Und tatsächlich – in dem städtischen Omnibus, der durch die Evans-Straße hinaus nach Knossos rollt, könnte auch jeder einheimische Fahrgast dem Fremden sagen, wer Evans war. Vielleicht fiele es ihm schwerer, einen durch Knossos zu führen – aber das ist ja bekanntlich ein Labyrinth.

Evans selbst wäre wohl ein wenig außer Fassung, müßte er sich heute zwischen Cafés, Kiosken, Toiletten, Souvenirläden und all das aufgeblähte Darum und Daran zu seiner Grabungsstätte hindurcharbeiten, wo Omnibusse ganze Touristenschwärme ausspeien und Fremdenführer ihre Opfer in Gruppen einteilen. Auf dem Palastgelände selbst wäre der Altmeister dann aber wohl zufrieden. Noch immer steht Minos' legendäres Haus, und noch immer steht es ganz so da, wie er es freilegte und neuerstehen ließ. Die großartige Treppe ist noch dieselbe, um deren Erhaltung sich Sir Arthur mühte. Gleiches gilt für die Kulthörner und Doppeläxte. Betrachtet man all dies heute, so kann man durchaus einen gewissen Anflug von Besitzerstolz verstehen, der die Züge der Bronzebüste Evans' zu umspielen scheint, und vermag sich des Gefühls nicht ganz zu erwehren: Sir Arthur behält Knossos noch immer im Auge.

Auch auf Boars Hill spürt man noch immer seine Anwesenheit, obwohl es Youlbury nicht mehr gibt. Nachdem Evans gestorben war, beschlagnahmte die *Royal Air Force* das Haus. Schließlich war Zweiter Weltkrieg. Ganz gewiß wäre Evans nicht die Ironie entgangen, die darin lag, daß seine Villa Ariadne auf Kreta Hauptquartier der Besatzungstruppen geworden war, die Kretas Freiheit unterdrückten, während nun hier in seinem »Oxforder Labyrinth« Männer aus- und eingingen, die die Verteidigung der Freiheit (und damit auch die Wiederbefreiung Kretas) auf ihre Fahne geschrieben hatten! Nach Kriegsende fehlte es nicht an beherzten Versuchen, Youlbury zu erhalten. Beispielsweise dachte man daran, die Villa in ein Genesungsheim oder in eine Jugendherberge umzuwandeln. Ein Komitee bildete sich, das aus ihr ein Heim für Rekonvaleszenten machen wollte. Doch dieses wuchernde Haus mit seinem Pomp – es gehörte einer vergangenen Zeit an. Die Kosten für seine Unterhaltung waren viel zu hoch. So verschwand Youlbury, das Haus, wo Sir Arthur so großzügig und souverän seine Gäste bewirtet hatte, von der Bildfläche. Nur zwei Hinterlassenschaften des berühmtesten Bewohners von Boars Hill bestehen weiter: *Youlbury Camp*, das ausgedehnte Terrain, das Sir Arthur den Pfadfindern als Übungsgelände zur Verfügung gestellt hatte und das in ein internationales Camp umgewandelt worden war, mit allem, was dazugehörte. Und sein zweites Vermächtnis ist *Jarn Mound.*

Noch immer scheint einen Arthur Evans' leichtfüßiger Schritt zu begleiten, wenn man die gewundenen Pfade entlangschlendert und manchmal innehält, um Kirschbäume, Eichen, Bergeschen, Sumpfweiher, den Steingarten und all die zart hingetupften Farbflecke der Wildblumen zu bewundern, die zum Teil noch von Sir Arthur persönlich eingepflanzt worden sind. Am 17. Juni 1978 versammelten sich hier dankbare Mitglieder des Boars-Hill-Vereins im Beisein Dutzender von Würdenträgern und Wissenschaftlern, um den Mann zu ehren, der *Jarn Mound* geschaffen hatte. Einige der Anwesenden konnten sich noch an die Zeit erinnern, als die ausladenden Bäume erst schmächtige Setzlinge waren. Sie hatten noch die Tafel gesehen, die den Hügel krönte und auf wichtige Landmarken hinwies. Und sie gedachten der Weihnachtsfeiern in Youlbury, der Cricketkämpfe und Blumenausstellungen. Niemand freilich war mit Sir Arthur enger verbunden gewesen als James Candy.

Das Komitee zur Erhaltung Oxfords hatte Candy gebeten, ein geeignetes Denkmal vorzuschlagen. In einem nahen Steinbruch wählte man einen *Menhir* von tadelloser Beschaffenheit aus – einen Monolithen von etwa 2,50 m Höhe und mehr als 10 Tonnen Gewicht – ein Steinmal, so dauerhaft wie jene Grabsteine aus der Bronzezeit, die sich noch immer in

Irland und Südwestengland erheben. In seiner Schlichtheit, Würde und Zeitlosigkeit hätte sich kein geeigneteres Denkmal finden lassen.
Der als Ehrengast geladene Botschafter Griechenlands überbrachte die Dankesgrüße eines Volkes, zu dessen heutiger Freiheit Evans ebenso beigetragen hatte wie zur Erkenntnis seiner einstigen Größe. Man hatte gehofft, auch Joan Evans werde zugegen sein, um die Gedächtnistafel für ihren Bruder zu enthüllen. Doch leider war es für sie zu spät. Kurz ehe sie – ein Jahr zuvor – starb, hatte sie, weil sie wußte, daß es mit ihr zu Ende ging, den Wunsch geäußert, sie wolle durch jemanden vertreten sein, der Evans' Werk auf Kreta voll zu würdigen wisse. Die Wahl fiel auf Sinclair Hood. Dieser hatte Evans nie persönlich kennengelernt. Dennoch sagte er: »Für uns alle, die – wie ich nun schon seit mehr als dreißig Jahren – in Knossos auf Kreta gearbeitet haben, ist Sir Arthur noch immer äußerst lebendig.« Allen denen, die damit fortfuhren, die unerschöpflichen Schätze zu erforschen, die Knossos' Erde barg, sei er ein stets gegenwärtiger Führer und eine nie versiegende Quelle geistiger Anregung, und dies gelte ebenso für die Menschen in Oxford und Umgebung, bezeuge doch sogar der Grund und Boden, auf dem man stehe, welchen Dank man Evans schulde. Außerdem hob Hood hervor, welchen Anteil Evans an der Gründung des heutigen Jugoslawien habe, daß er durch seine grundlegenden Untersuchungen der römischen Altertümer Dalmatiens Anerkennung erworben und wieviel er für die Pfadfinderbewegung, das Britische Archäologische Institut in Athen sowie für das *Ashmolean Museum* in Oxford getan habe. Joan Evans blieb es vorbehalten, all das, was ihr Bruder in seinem so reichen Leben vollbracht hatte, in Worten zusammenzufassen. Bereits krank, hatte sie die Inschrift entworfen, die nun in die Tafel des Denkmales eingraviert ist:

FÜR
ARTHUR JOHN EVANS
1851–1941
ER LIEBTE DAS ALTERTUM, DIE NATUR, DIE FREIHEIT
SOWIE DIE JUGEND UND SCHUF ALLEN ZUR ERHOLUNG
DIESEN AUSSICHTSPUNKT UND LANDSCHAFTSGARTEN

Ein paar Stufen führen zu diesem Steinmal hinab. Heidekraut bildet eine dichte Decke über dem Boden. Man kann sich hinsetzen. Man kann nachsinnen, die Aussicht genießen, den Landschaftsgarten bewundern und immer wieder die in ihrer lakonischen Schlichtheit so beredte

Inschrift lesen. Altertum, Natur, Freiheit und Jugend – Worte, die über diesen Platz in seiner stillen Schönheit hinausweisen, hinaus, wo sich Evans' weitere Perspektiven eröffnen. So kurzsichtig Evans war – seine innere Vision umspannte das gesamte Abenteuer der Menschheitsgeschichte seit dem Werden der minoischen Kultur bis heute, ja bis hinein in die Zukunft.

Zeittafel (Minoische Kultur)

Bearbeitet von Joachim Rehork

Datum v. Chr. Bis etwa ...	*Kreta*	*Altägypten*
3500 v. Chr. (oder später)	Neolithikum (Jungsteinzeit)	Neolithikum (Jungsteinzeit)
3500–2600	Übergangszeit bis Vorpalastzeit (frühminoisch 1)	Vor- bis frühdynastische Periode (ab etwa 3000: Dynastien I–II)
2600–2400	Vorpalastzeit (frühminoisch 1)	Altes Reich (Dynastien III–IV)
2400–2200	Vorpalastzeit (frühminoisch 2)	Altes Reich (Dynastien V–VI)
2200–2100	Vorpalastzeit (frühminoisch 3)	Zusammenbruch des Alten Reiches und Erste Zwischenzeit (Dynastien VI–IX)
2100–2000	Vorpalastzeit (frühminoisch 3)	Erste Zwischenzeit und Gründung des Mittleren Reiches (Dynastien IX–XI)
2000–1900	Ende der Vorpalastzeit (frühminoisch 3/ mittelminoisch 1a)	Mittleres Reich (XII. Dynastie)
1900–1800	Ältere Palastzeit (mittelminoisch 1b/ mittelminoisch 2a)	Mittleres Reich (XII. Dynastie)
1800–1700	Ältere Palastzeit (mittelminoisch 2a/ mittelminoisch 2b)	Mittleres Reich (Ende) und Beginn der Zweiten Zwischenzeit (Dynastien XII–XIII)
1700–1550	Jüngere Palastzeit (mittelminoisch 3a und 3b)	Zweite Zwischenzeit, Hyksoszeit (Dynastien XIII–XVII)

1550–1500	Jüngere Palastzeit (spätminoisch 1a)	Neues Reich (frühe XVIII. Dynastie)
1500–1450	Jüngere Palastzeit (spätminoisch 1b)	Neues Reich (XVIII. Dynastie [Hatschepsut und Thutmosis III.])
1450–1400	Zerstörung der kretischen Paläste. Fortsetzung der »Jüngeren Palastzeit« (spätminoisch 2) nur in Knossos. Wiederaufbau in Knossos unter mykenischen Herrschern; Linear-B-Schrift	Neues Reich (Höhepunkt der XVIII. Dynastie)
1400–1250	Jüngere Palastzeit und Nachpalastzeit (spätminoisch 2 und spätminoisch 3a–b)	Ende des Neuen Reiches, Amarnazeit (Amenophis III., Echnaton, Nofretete und Tutanchamun) sowie Beginn der Ramessidenzeit (bis zu Ramses II. [Dynastien XVIII bis XIX])
1250–1100	Nachpalastzeit (spätminoisch 3b bis 3c)	Ramessidenzeit (XIX.–XX. Dynastie). Biblischer Auszug der Isrealiten aus Ägypten. »Seevölkersturm« unter Merenptah und Ramses III. Unterbrechung der Beziehungen zwischen Ägypten und der Ägäis

Anmerkung der Verfasserin: Bei neueren Archäologen, die Evans' chronologisches System für allzu schematisch und in einigen Punkten unkorrekt halten, besteht die Tendenz, folgende Zeitansätze und Nomenklatur zu bevorzugen:

Neolithikum (Jungsteinzeit) . . . . ?–2600 v. Chr.
Präpalastzeit (Vorpalastzeit) 2600–2000
Protopalastzeit (Ältere Palastzeit) 2000–1700
Jüngere Palastzeit 1700–1400
Nachpalastzeit 1400–1100

Nachtrag des Übersetzers: Die in obiger Zeittafel enthaltenen Angaben zur altägyptischen Geschichte wurden für die deutsche Ausgabe dieses Werkes auf den neuesten Stand gebracht.

Literaturverzeichnis

ALEXIOU, STYLIANOS: *Minoan Civilization.* Herakleion: Spyros Alexiou & Söhne 1973.

ALSOP, JOSEPH: *From the Silent Earth.* New York: Harper & Row 1964; London: Secker & Warburg Ltd. 1965.

Annual of the British School at Athens [Jahrbuch des Britischen Archäologischen Institutes in Athen, mehrere Bände von Bd. 6 über Bd. 12 bis Bd. 31] London: Macmillan & Co 1900–1931.

BOARDMAN, JOHN: *The Date of the Knossos Tablets,* in: BOARDMAN, JOHN, und PALMER, LEONARD R.: *On the Knossos Tablets.* Oxford, Clarendon Press 1963.

BOSANQUET, R. C.: *The Realm of Minos,* in: *Edinburgh Review* (Juli 1922).

BURROWS, RONALD W.: *The Discoveries in Crete.* London: John Murray 1907.

CASSON, S. [Hrsg.]: *Essays in Aegean Archaeology.* Oxford: Clarendon 1927; Darby, Pa.: Arden Library 1978.

COTTRELL, LEONARD: *Der Faden der Ariadne (The Bull of Minos* [deutsch]; deutsch von Micaela Mohr-Wille). Stuttgart und Konstanz: Diana-Verlag 1954.

COTTRELL, LEONARD: *Realms of Gold.* Greenwich, Conn.: New York Graphic Society Publishers Ltd. 1963.

COTTRELL, LEONARD: *Reading the Past.* New York: Macmillan 1971; London: J. M. Dent & Sons Ltd. 1972.

DANIEL, GLYN: *The Idea of Prehistory.* London: C. A. Watts 1962; Baltimore: Penguin 1964.

DEUEL, LEO: *The Treasures of Time,* London: Pan Books Ltd. 1964.

EVANS, ARTHUR: *Through Bosnia and Herzegovina on foot.* London: Longmans, Green & Co. 1877.

EVANS, ARTHUR: *The Slavs and European Civilization* [am 23. Februar 1878 am Sion College gehaltener Vortrag]. London: Longmans, Green & Co. 1878.

EVANS, ARTHUR: *Illyrian Letters.* London: Longmans, Green & Co. 1878.

EVANS, ARTHUR: *The Ashmolean Museum as a Home of Archaeology in Oxford* [Antrittsvorlesung als Kurator des Museums]. London: Parker & Co. 1884.

EVANS, ARTHUR: *Letters from Crete* [nur zur privaten Verwendung gedruckt]. Oxford: Horace Hart [Universitätsdruckerei] 1898.

EVANS, ARTHUR: *Scripta Minoa.* Oxford: Clarendon 1909.

EVANS, ARTHUR: *The Adriatic Slavs and the Overland Route to Constantinople,* in: *The Geographic Journal* (London: April 1916).

EVANS, ARTHUR: *The Palace of Minos.* London: Macmillan & Co. Ltd. 1921–1936.

EVANS, ARTHUR: *Work of Reconstruction in the Palace of Knossos,* in: *Journal of the Society of Antiquaries* 7,3 (Juli 1927).

EVANS, ARTHUR: *The Shaft Graves and Beehive Tombs of Mycenae and Their Interrelation.* London: Macmillan & Co. Ltd. 1929.

EVANS, ARTHUR: *Jarn Mound.* Oxford: Joseph Vincent 1933.

EVANS, JOAN: *Time and Chance.* London und Toronto: Longmans, Green & Co. 1943.

EVANS, JOAN: *Prelude and Fugue.* London und Toronto: Longmans, Green & Co. 1943.
FAURE, PAUL: *La Vie quotidienne en Crete au temps de Minos.* Paris: Librairie Hachette 1973.
GRAHAM, JAMES WALTER: *The Palaces of Crete.* Princeton, New Jersey: Princeton University Press 1962.
HALL, H. R.: *Aegean Archaeology.* London: Philip Lee Warner 1915.
HARDEN, D. B.: *Sir Arthur Evans Centenary Exhibition.* Oxford: Ashmolean Museum 1951.
HAWES, CHARLES HENRY, und HAWES, HARRIET BOYD: *Crete, the Forerunner of Greece.* New York: Harper & Brothers 1922.
HAWES, HARRIET BOYD: *Memoirs of a Pioneer Excavator in Crete,* in: *Archaeology* 18,2 (Juni 1965).
HAWKES, JACQUETTA: *The World of the Past.* New York: Alfred A. Knopf 1963.
HAWKES, JACQUETTA: *Dawn of the Gods.* New York: Random House 1968.
HAWKES, JACQUETTA, unter Mitarbeit von TRUMP, DAVID: *Bildatlas der frühen Kulturen (The Atlas of Early Man* [deutsch], übertragen von Joachim Rehork [u. a.]). Gütersloh: Bertelsmann Lexikon-Verlag 1977.
HIGGINS, REYNOLD: *Minoan and Mycenaean Art.* New York: Oxford University Press 1967; London: Thames & Hudson 1967.
HOGARTH, D. G.: *Accidents of an Antiquary's Life.* London: Macmillan & Co. Ltd. 1910.
HOOD, SINCLAIR: *Sir Arthur Evans Vindicated,* in: *The Illustrated London News* Nr. 2080 (17. Februar 1962).
HOOD, SINCLAIR: *The Minoans.* New York: Praeger 1971; London: Thames & Hudson 1971.
LUCE, J. V.: *Atlantis–Legende und Wirklichkeit (The End of Atlantis* [deutsch]. Übersetzung und Bearbeitung der deutschen Ausgabe von Joachim Rehork). Bergisch Gladbach: Gustav Lübbe Verlag 1969 *(Neue Entdeckungen der Archäologie).*
LUDWIG, EMIL: *Schliemann. Geschichte eines Goldsuchers.* Wien: Zsolnay 1932.
MARINATOS, SPYRIDON: *Kreta, Thera und das mykenische Hellas* (2. überarbeitete und erweiterte Auflage). München: Hirmer Verlag 1973 (Erstauflage: 1959).
MARINATOS, SPYRIDON: *Some Words about the Legend of Atlantis.* Athen 1972.
MARINATOS, SPYRIDON: *Excavations at Thera VI (1972 Season).* Athen 1974.
MCDONALD, WILLIAM A.: *Progress into the Past.* New York: Macmillan 1967.
MELLERSH, H. E. L.: *Minoan Crete.* London: Evans Brothers Ltd. 1967; New York: G. P. Putnam 1968.
MYRES, JOHN LINTON: *The Cretan Labyrinth: A Retrospect of Aegean Research,* in: *Journal of the Royal Anthropological Institute* 57 (London: Juli–Dezember 1933).
MYRES, JOHN LINTON: *Sir Arthur Evans,* in: *Proceedings of The British Academy* 27 (London: Milford Amen House 1942).
PALMER, LEONARD R.: *The Find-Places of the Knossos Tablets,* in: BOARDMAN, JOHN, und PALMER, LEONARD R.: *On the Knossos Tablets,* Oxford: Clarendon Press 1963.
PENDLEBURY, J. D. S.: *The Archaeology of Crete.* London: Methuen & Co. 1939; New York: Norton 1965.
PENDLEBURY, J. D. S.: *A Handbook to the Palace of Minos.* Toronto: Clarke, Irwin 1954; London: Max Parrish & Co. Ltd. 1954.
PLATON, NIKOLAOS: *Crète.* Genf: Les Éditions Nagel 1968; New York: Hippocrene Books 1968.
POWELL, DILYS: *The Villa Ariadne.* London: Hodder & Stoughton 1973.
RENAULT, MARY: *The King Must Die.* New York: Pantheon Books 1958.
RENAULT, MARY: *The Bull from the Sea.* New York: Pantheon Books 1962.
SANDARS, N. K.: *The Sea Peoples.* London: Thames & Hudson 1978.
WACE, A. J. B.: *The Date of the Treasury of Atreus,* in: *The Journal of Hellenic Studies* 46 (London: 1926).

WHEELER, MORTIMER: *Still Digging.* London: Michael Joseph Ltd. 1955.

WILLETTS, R. F.: *Cretan Cults and Festivals.* New York: Barnes & Noble 1962; London: Routledge & Kegan Paul Ltd. 1962.

WILSON, DAVID: *The New Archaeology.* New York: Alfred A. Knopf Inc. 1974.

WOOLLEY, LEONARD: *A Survey of Eighteen Archaeological Sites.* London: Ernest Benn Ltd. 1958.

WOOLLEY, LEONARD: *History Unearthed.* London: Ernest Benn Ltd. 1958; New York: Praeger 1962.

WOOLLEY, LEONARD: *As I Seem to Remember,* London: George Allen & Unwin Ltd. 1962.

WUNDERLICH, HANS GEORG: *Wohin der Stier Europa trug – Kretas Geheimnis und das Erwachen des Abendlandes.* Reinbek bei Hamburg: Rowohlt 1972.

Bildnachweis:

Heinz-Friedel Vogenbeck:
S. 65, S. 66 (unten), S. 67 (unten), S. 198

Bildarchiv preußischer Kulturbesitz (Berlin):
S. 66 (oben), S. 67 (oben), S. 68, S. 197

Hirmer Fotoarchiv (München):
S. 195 (unten), S. 199 (oben), S. 200; Schutzumschlag

Register